U0907627

济南大学高等教育研究院青龙书系

学术本位视域中的大学章程研究

A Study on the University Statutes in the Perspective of Academic Orientation

张继明　著

山东人民出版社
国家一级出版社　全国百佳图书出版单位

图书在版编目（CIP）数据

学术本位视域中的大学章程研究/张继明著. --济南：山东人民出版社，2015.5
ISBN 978-7-209-07350-9

Ⅰ. ①学… Ⅱ. ①张… Ⅲ. ①高等学校-章程-研究-中国 Ⅳ. ①G649.2

中国版本图书馆CIP数据核字（2015）第114029号

学术本位视域中的大学章程研究

张继明　著

主管部门　山东出版传媒股份有限公司
出版发行　山东人民出版社
社　　址　济南市经九路胜利大街39号
邮　　编　250001
电　　话　总编室（0531）82098914
　　　　　市场部（0531）82098027
网　　址　http://www.sd-book.com.cn
印　　装　莱芜市华立印务有限公司
经　　销　新华书店

规　　格　16开（169mm×239mm）
印　　张　18
字　　数　300千字
版　　次　2015年5月第1版
印　　次　2015年5月第1次
ISBN 978-7-209-07350-9
定　　价　42.00元

序

在建设现代大学制度过程中，一个很重要的问题甚至是前提性的问题就是讲清楚现代大学制度是什么。关于现代大学制度，人们对它做过种种美好的猜想，如认为现代大学制度就是一种好制度，所谓的好，就是指对大学发展有利，对社会进步有利，当然对国家和民族发展也是有利的，更大一点说是对于促进人类文明进步也是有利的。这样的好制度当然不是空想的，应该是能够落实的，能够解决大学发展中面临的实际问题的，这当然就是一种有效的制度了。因此，好制度就应该是有效的，不是一种空想。这种好制度的理想就是现代大学制度追寻的目标。但它究竟体现在什么地方呢？答案就是它必然体现在大学与外部关系的处理上和大学内部关系的处理上！这些就是现代大学制度的实质内涵。

大学要有效地开展工作，当然不可能离开内、外部两方面的有机配合。大学内部关系处理得好，则大学的工作才能正常开展，才能担负社会所寄予的希望。大学与外部关系处理得好，大学才能获得源源不断的资源支持，因为大学工作是从事知识生产，不是其他形式的物质生产，无法达到自给自足的状态不可能走自给自足的封闭式发展路线。这一特征要求大学一开始就应该是一个开放的系统，而不能变成一个自我封闭的系统，因为那样的大学是不可能真正生存的。

大学要处理好这两方面的关系，也需要一个摸索的过程，它不是天生就具有这个能力，而且大学本身也是处于不断演化之中。大学开始时只是追求知识的一群人的联合，他们为了求知的目标而走到一起来的。但他们首先需要生存下来，所以生存就是第一位的需求。如何才能更好地生存呢？建立社会联合是一个比较理想的模式，因为这可以大大超出个体的能力，特别是能够产生一定的社会影响力。这就是大学社团最初产生的动因。有了这个组织的愿望后，大家需要建立章程约束自己，使自己的行为符合集体的规定，从而便于统一行动，以便于更好地保护自己的利益。这种内部协定具有一种契约的效力，从而对参与社团的人具有约束力。在此情境下产生了学生联合体，之后又产生了教师联合体，这种联合体与知识的性质相关，有很大的不同。这种联合体在中世纪有一个独特的名称，即行会。大学最初的意思就是行会。到中世纪晚期，“大学”这种联合体的含义才最终演变为追求知识的共同体。

在大学含义演变过程中，曾发生了一系列剧烈的冲突事件，这些冲突主要是在大学成员与当地城市居民及市政当局之间展开的。大学成员因为经济利益比如房租或食物价格与当地市民产生了纠纷，或因为一些学生的行为不检点与当地居民发生了冲突，并引发了多次暴力事件，常常因为城市当局处置不当引发了更大的冲突，如引发了大学罢教罢课乃至大学迁徙事件的出现。这种两败俱伤的后果促使双方反思，并请求教会调停及世俗王权的保护等，最终大学获得了自治权，大学也承诺遵守教会的规定或王权的指令，这样大学获得了教会的或王权的特许状，大学自己订立的规章也获得了大学内部宪法的地位。

大学章程首先就是对大学使命和宗旨的宣称，同时宣告为了实现自己的使命而采用的组织方式和组织原则，并规定了具体的教学活动行为方式，最重要的是宣告自己具有知识探索的权利，认为这种权利直接来源于上帝，从而也承认教皇的统治地位，进而也才受到教会的保护。它常常也宣布对世俗权威的责任，因此也能够享受来自世俗政权方面的恩惠和保护。这样，大学就确立了自己的独立法人地位、自己的组织方式，确立了大学内部关系处理的原则和外部关系的基本框架，成为大学运行的法典。

之后的大学章程都是依照这一逻辑设立的，从而使大学建立了比较稳定的内、外部关系，这保证了大学正常学术活动的维持，从而使大学的学术影响力开始展现出来。中世纪的经院哲学兴盛与此关系密切，后世的大学学术繁荣也与此紧密相关。可见，没有比较稳定的内、外部关系，大学学术兴旺发达是不可能的。可以说，大学章程能够保护大学的自治地位，能够使学术活动免受外界的干扰。

有了大学的自治地位，大学章程才能够扮演大学宪法的角色，也才有了自我规范的意义。没有大学的自治地位，大学章程的效力就大打折扣。在西方国家，大学自治传统得到较好的遵循。而在经历过社会剧烈变动的国家，大学的自治地位往往难以保证，大学章程性质也发生了变化，要么是名存实亡，要么仅是一种内部管理规定，而缺乏外在的约束力。

大学作为一种学术组织，需要具有一种独立自主的能力，不然学者就不可能具备一种独立的学术审判能力，因为他会担心他发表不同意见后遭受到打击报复，威胁到自身的安全和其他方面的利益，那样的话他就不敢坚持自己的主张，如此的话就不再有真理了。在缺乏安全保障的大学，人们就会变得唯利是图，那样就没有真正的学术，就只能存在一种学问：投机钻营！这个时候阿谀逢迎之辈就会如鱼得水，真正的学人则保持缄默，否则就会遭到排斥孤立。如此则学术将逐渐失去活力。

中国大学长期以来受政治干扰比较大，受行政干预比较多，难以保持自己的独立判断立场，大学的自主权相对有限。但要激发大学的创新活力，就必须赋予作为学术活动主体的大学以充分的自主权，必须尊重教授的学术自由，必须使大学具有管理自己的能力。这正是大学去行政化的内在动力，也是建设现代大学制度的出发点，当然也是大学章程建设的落脚点。

然而，大学要打破传统的运行惯性并不容易。在长期的行政主导的体制下，大学已经失去了自主能力，大学习惯于听从上级指令，无论这种指令是有形的还是无形的，因为大学没有自己的内在约束机制，缺乏一种内在的命令，从而缺乏独立判断能力，因此也没有自己的独立意志，无法抵御外界的干预。这就迫切需要建立一种内在的规范。这种规范就是大学内部的最高法令，即大学章程。

大学章程，就是大学内部的宪法，它应该由大学内部全体成员参与制定，反映大学内部的共同意志，形成大学自己的组织规定，成为大学运转的规则，规范大学的所有行为。这种规则的制定过程，实质上就是大学内部的自我认同过程，也是大学内部关系调整的过程，同时也是对大学成长历史的积极审视过程，进而也是对大学未来发展的规划过程，从而也是凝聚大学精神、确立大学文化的过程。不仅如此，大学章程的制定过程，也是大学主动审视与外部社会关系的过程，从而也就变成了一种与外部达成理性契约的过程。在这个契约中，大学进行理性的自我定位，宣布自己的使命和职责，提出自己的行动原则，请求社会外部给予认同和支持并履行他们应担负的义务。如此，大学章程制定过程也是一种与外部达成协议的过程。显然，大学章程需要得到主管部门的认可才能生效，如果大学章程条文违背法律规定或与国家的教育宗旨存在分歧或冲突显然是不被允许的。可以看出，大学章程的制定过程也是大学与社会方方面面积极互动的过程，只有大学章程制定行为自身具备交往理性，才能是有效的。

如何规范大学内部的行为？如何与外部达成和谐的关系？如何超越传统的行为框框束缚？显然，这些都不是一个简单的事情，这些都需要参照一些成熟的经验。国内大学在历史上曾进行过这方面的探索尝试，也取得了一些成功的经验，但总体上仍然是经验不足的。而国外大学在这方面具有长期的历史积淀，具有比较丰富的经验而且比较成熟，成为我们可以大量借鉴的资源。当然，在借鉴过程中需要照顾到中国国情，需要考虑到中国大学的建设现状，因此不能照搬照抄。但大学章程建设的基本原则是确定的，即都是维护大学作为一个学术组织的本体地位，使它与行政组织、企业组织或商业组织明确区别开来，从而完成大学所担负的知识创新、人才培养任务和社会服务及文化引领等的社会职责。

大学章程建设的急迫性就在于眼下中国大学似乎与学术组织的本质距离越来越远，所以，大学章程建设必须高举以学术为本的旗帜。换言之，大学如果不坚持以学术为本，大学组织性质就容易发生异化，就难以承载国家、社会、民族和人类精神的重托。

张继明就是基于上述认识开始了对大学章程的系统探索，并以此作为自己博士论文的内容。他首先是对大学组织特性展开了历史的分析和理论的探讨，确认学术本位理念作为大学章程建设的指导思想；之后对我国大学发展中面临的困境展开了批判性分析，指出目前大学发展困境的根源在于背离了“学术本位”这一大学组织的基本特性；然后又对世界上一些著名大学的章程建设进行了文本分析，提出了大学章程建设必须遵循的一些基本原则；最后针对我国大学章程建设中存在的问题提出了自己的建设性意见，如此就完成了关于大学章程建设的系统研究。显然，这一工作有助于大学章程建设方面的探索持续深化，并最终助成中国各大学章程的顺利出炉，促进中国的现代大学制度建设向前推进，因此，具有非常急迫的现实意义，也具有很强的学术价值。

张继明在博士学习期间非常刻苦用功，也表现出了坚实的学术功底和优秀的学术素养，发表了 CSSCI 论文十余篇，其他论文多篇，取得了非常优异的学业成绩，不仅获得了校内多项奖励，而且还获得了国家奖学金。今天，他的博士论文即将出版，也是对他的学术探索的再一次肯定。我作为他的硕士和博士指导教师，借此祝愿他在学术探索中取得更大成绩，为社会做出更大贡献。

王洪才

2014.3.23

前言

大学章程建设反映的是我国高等教育改革和发展的内在要求。作为大学制度改革的具体步骤,大学章程建设将推进我国现代大学制度建设,是推动我国高等教育和大学走出当下困境,进而加快建设世界一流大学和提升高等教育质量的重要举措。月前我国大学章程建设实践已然展开,本书的目的在于为我国大学章程建设实践提供一个区别于政策、法规等外部规则的内在规范,这个内在规范就是大学章程建设必须以大学的学术组织属性为根据,遵循学术本位之逻辑。唯如此,我国大学章程建设才可能充分实现其大学治理价值。

本书首先论证了大学作为一个学术组织的学术本性。中世纪大学是真正意义上的大学的肇始,从中世纪大学的诞生与初步发展来看,知识发展是大学诞生并持续演化、发展的根本性促因,基于此我们认为大学作为一个社会组织,其根本组织属性体现为学术性;从当代大学职能或价值体系的角度来看,无论是人才培养、社会服务,还是文化传承、国际交流,大学的这一切职能均源自其固有的、独特的学术功能,简言之,大学的存在价值源于其学术生产和创造的能力。从历史与现实这两个角度出发,我们认为大学的本质是学术组织,大学制度建构必须以其学术组织属性为最终依据。在当前关于“大学是什么”出现多元标准的背景下,明确大学的学术组织属性具有根本性的意义。

大学的学术本性决定了其学术本位的内在逻辑。学术本位是本研究的视角和分析工具,本书对其内涵、规定性及其制度表征进行了深入阐释。大学制度的建构或改革亦必须遵循着学术本位的内在逻辑,德国、美国大学之所以能先后代表世界大学发展的最高水平,正源于其学术本位的理念与制度体系。但现实中大学的运行常常偏离学术本位,从而危害大学的学术本性,阻碍其功能的发挥。基于制度的固有功能,我们认为大学的逻辑离不开制度的维系,而大学章程正是制度实现组织维系价值的具体载体,基于学术本位的大学章程建设是大学保持学术本位的制度保障。研究中通过分析中世纪大学章程的源起和发展历程发现,大学章程从一开始就是应维护学者学术自由权和大学自治而生的，反映了大学章程的本质与内在逻辑。大学章程在本质上就是在特定价值取向下关于大学场域的秩序安排。坚持学术本位是大学章程规制大学利益相关主体权力、建构大学文化的前提。

当前我国大学发展正面临困境，甚至说陷入了重重的危机之中，这正源于现实中大学的运行和管理背离了学术本位，导致了大学组织的异化，即遮蔽甚至背弃了学术性这一大学组织的内在属性。大学组织发生异化，这就对大学章程建设提出了要求。从理想角度而言，我国大学章程建设将担负起推动大学回归学术本位的使命。但受体制束缚、路径依赖及章程本身的行政化取向等因素的影响，当前我国大学章程建设并不顺利，这进而提出了寻求经验借鉴的要求。以学术本位视角来分析国际上大学章程建设情况是本书的主要内容。世界上发达国家和地区的大学都非常重视大学章程建设；通过对柏林洪堡大学、伯明翰大学、加州大学、耶路撒冷希伯来大学以及我国台湾地区数所大学的章程进行文本解读，发现其有着显著的一致性，主要表现在对大学治理结构的重视以及在治理结构设计上的共通性，例如协调政府与大学关系时强调大学的独立和自治，在建构大学内部权力秩序时强调教授治校、学术自由等。总之，各章程都不同程度地反映了学术本位思想，在大学治理中扮演重要角色。这启示我们，我国大学章程建设要取得突破，必须贯彻学术本位的精神和理念。

基于学术本位的大学章程建设就是以学术本位为章程建设的价值导向，设计出一个反映学术本位理念的大学治理结构，在实施中维系或促使实现大学学术本位。在大学治理结构设计中，首先是清晰划定大学各利益相关主体权责边界，在协调其间矛盾关系的基础上突出大学自主权、基层学术组织的管理自主权、学术主体的学术主导权及其参与大学管理的话语权；其次是要提供一个有序的权力运行格局，在突出学术主体在大学管理中的参与权、话语权的同时，贯彻权力制衡、民主决策等基本原则；最终，通过对大学各方主体权责的合理分配及权力运行方案的科学设计，确立起学术本位的大学治理结构，这是我国大学章程建设的核心内容，也是本研究的归宿和最终的价值所在。在制定大学章程过程中，多主体共同参与是基本原则，而为学术力量的参与提供充分空间、使大学章程充分反映学术诉求，则是根本的指导思想。在我国大学章程实施过程中，一方面要通过技术手段增强章程的规范效力，另一方面则要求政府积极组织和推动章程实施，这是我国大学章程建设取得突破的关键。当然，贯彻学术本位是大学章程建设保证科学性的根本前提，也是本研究的初衷，如何增强其实效性则有待于继续深入探索。

目录

绪　论

现代大学的直接渊源是12、13世纪的欧洲中世纪大学[①]，大学章程的源头亦在中世纪的欧洲，至今已有千余年历史。欧、美国家继承了希腊罗马文化传统，普遍重视法治，依据章程办学是其高等教育传统。大学章程在我国也有着较长的历史，清末时期新建的新式高等学堂、民国时期的近代大学，一般都制定了自己的章程。[②] 只是在新中国成立后，我国大学章程建设进入了一段空白期。[③] 随着当前我国高等教育改革发展的不断深化，大学章程建设被再度提上议事日程。2010年印发的《国家中长期教育改革和发展规划纲要(2010－2020年)》明确提出："各类高校应依法制定章程，依照章程规定管理学校"。那么，在新的历史条件下，我们重提大学章程建设，动因是什么，大学章程建设意义何在，具有中国特色的大学章程如何构建，大学章程如何以及怎样才能充分发挥其作用？也即，我们制定大学章程必然要遵循某种逻辑，以确保大学章程建设有价值、有意义，那么这是一个什么逻辑？如何依此逻辑来制定大学章程？要对这一系列问题作出科学的应答，就必须进行系统的大学章程研究。

一、研究的主要背景与意义

大学章程建设首先是在我国高等教育发展与改革这一大背景之下提出来的，承载着推进我国高等教育改革、提高高等教育发展水平的众望；在现代大学制度建设成为我国高等教育制度改革核心的历史条件下，大学章程建设又具体承担着推进现代大学制度建设的重任；我国现代大学制度建设在于促使大学回归学术本位，大学章程建设将以学术本位为根本原则，促使形成学术本位的大学

① 张斌贤.现代大学制度的建立和完善[J].国家教育行政学院学报，2005(11)：32-40.

② 张国有，胡少诚.中国大学章程建设的历程与形态[J].北京大学教育评论，2012(2)：140-144.

③ 张国有.大学章程：第1卷[M].北京：北京大学出版社，2011：序8.

治理结构。大学章程研究将为我国大学章程建设提供理论借鉴，在根本上反映着我国高等教育改革和发展的需要。

(一)研究的主要背景

1. 高等教育的深化改革要求推进现代大学制度建设

改革开放以来，我国高等教育发展取得了巨大进步，尤其是20世纪末的高等教育扩招，使我国高等教育迈入了国际公认的大众化阶段。但与此同时，在高等教育发展过程中存在的一系列问题，阻碍着我国高等教育的持续、健康发展，远远落后于欧、美、日等国家和地区的高等教育发展水平，在国际高等教育体系中处于边缘位置。随着大众化的不断深入，这些问题愈发凸显。例如，传统的高等教育管理体制束缚了大学的自主性和创造性，政府的大学管理权与大学的办学自主权之间的矛盾始终未得到较好协调；大学封闭办学，缺乏与市场间的交流，面向社会需求自主办学能力不强；不同类型和层次的高校存在严重的同质化倾向，高校间难以形成良性竞争，办学特色匮乏；人才培养模式单一，培养质量不能适应经济社会发展的需求；在大学内部，不同权力之间存在着严重的关系异化现象，即行政权力高度专制，其他权力普遍弱化，尤其是学术权力式微甚至处于失语状态，等等。可以说，我国大学正处于内外交困之中。因此，要提高我国大学发展水平、促进高等教育质量，就必须进行高等教育体制机制改革，推动高等教育的内涵式发展。

实际上，我国高等教育制度改革始终处于积极探索之中。例如，改革开放以来我国高等教育改革的重点之一就是扩大高校办学自主权，1985年《中共中央关于教育体制改革的决定》和1993年《中国教育改革和发展纲要》先后提出建立政府宏观管理、学校面向社会自主办学的体制；1998年的《高等教育法》，对高等学校的办学自主权作了明确的规定。此外，大学在面向市场办学、实施教师聘任制改革及后勤社会化改革等方面，都进行了努力探索。但客观地说，这并没有促使我国高等教育从根本上得到改观，一个集中表现就是我国高校的"行政化"问题始终没有得到解决，严重制约着我国大学的发展和高等教育质量提高，这要求我们必须切实深化高等教育改革，建立起符合高等教育发展规律的大学制度体系。也即，大学制度建设是我国高等教育改革攻坚阶段取得实质进展的突破口。在此背景下，建设现代大学制度从被提出至今，逐渐成为当前我国高等教育体制机制改革的核心。2010年《国家中长期教育改革和发展规划纲要(2010—2020年)》(下文简称纲要)中明确提出，要推进政校分开、管办分离，落实和扩大高校办学自主权，完善中国特色的现代大学制度。刘延东在一次讲话中提到，"深化高等教育改革，推动高等教育内涵式发展，需要建立现代大学制度，破解体制机制障碍，为提高质量提供持续和稳定的保障”。① 现代大学制度以建立合理的大学内、外部治理结构为主要任务，深刻反映了长期以来我国高等教育改革和发展的客观要求，反映了当前我国高等教育体制与机制改革取得实质性进展的迫切需要。从高等教育或大学的发展到大学制度改革，再到现代大学制度建设，是提出大学章程建设和大学章程研究的大背景。

2.现代大学制度建设的推进要求加强大学章程建设

(1)现代大学制度建设的法治化需要大学章程建设

在高度集中的高等教育管理体制下，政府是大学制度改革的主导者，政策的制定和改革的推行具有鲜明的行政化特征，这使得政策与措施的实施带有相当的随意性和人治色彩，从而导致产生政策性失误，增加改革代价，因而在我国逐步走向法治社会的过程中，实现大学制度改革的法治化是高等教育发展面临的一个重要课题。② 同样，在行政权力主导的大学内部，政策制定与制度实施同样有着明显的行政化、随意化和人治化特征，制度和规划的科学性缺乏保障，也需要一种力量来规范权力运行。此外，近些年大学经历了越来越多的法律诉讼案件，③表明传统的大学管理制度已经不适合社会文明的进步要求。在此背景下，现代大学制度建设要适应当前大学制度改革的要求，就有必要走法治化的路径。一方面，从国家法律法规的层面而言，通过制定《大学法》或修改《高等教育法》，明确大学的法律地位，在法律上规定大学与政府的有关权限职责，使大学与政府的关系构筑在法律的基础之上；另一方面，通过大学章程建设，规定大学内部相关主体的权限职责，通过大学章程的法治效力，促使各权力主体间的关系构筑在法治化框架之下。《纲要》就明确提出，“要建立完善符合法律规定、体现自身特色的学校章程和制度，推进依法治校”，表明了章程建设在我国大学制度法治化建设中的重要角色。

(2)现代大学制度的完善与转化要求以大学章程作为实施机制

构建具有中国特色的现代大学制度，其主要内容是正确处理政府与大学、社会以及大学内部权力主体间的关系，这是提高我国高等教育质量、推进世界一流

---

① 刘延东：深化高教改革，推动高等教育的内涵式发展[EB/OL]. http://www.gov.cn/ldhd/2012—05/16/content_2138330.htm

② 胡建华.大学制度改革的法制化问题探讨[J].高等教育研究，2005(2)：27-31.

③ 高军.高校被诉问题背后的思索[EB/OL]. http://www.law—lib.com/hzsf/lw_view.asp? no=1322.

大学建设的制度要求。从理念上确立现代大学制度的基本框架,为现代大学制度的实施铺设可行路径,是我国现代大学制度建设的两个核心内容。现代大学制度建设只有以科学的理念为先导,才可能设计出合理的制度体系,只有具备切实可行的运行路线,现代大学制度才能落到实处。当前我国大学制度改革困难,其一在于现代大学制度建设在制度方案的设计上仍有待于完善,也就是说对现代大学制度的认识还存在着一系列"误区"①;其二是由于改革涉及利益的重新分配,现代大学制度建设受到某些基于利益动机的阻碍,②例如对于我国大学"行政化"与"去行政化"问题,仍存在不同的声音、立场,这就造成大学制度改革的设想无法顺利转化为制度实践。本研究为,大学章程建设将有效推进我国现代大学制度的合理架构与实施。一方面,大学章程对大学治理结构做出科学设计,作为现代大学制度的文本化,提供制度建设的依据;另一方面,大学章程通过其独特的权力规制功能、文化建构功能,推动现代大学制度走向实践。

(3)现代大学制度建设目标的实现要求大学章程建设立足学术本位

为何是基于学术本位的大学章程?本研究认为,现实中我国高等教育或大学发展过程中遇到的问题从根本上说是由于缺乏对大学本质的尊重,将外在的价值观强加于大学,导致大学的运行背离应有的逻辑,最终导致大学的异化。现代大学制度建设就是要以大学的组织特性为依据,遵从大学的内在逻辑,促使大学由异化回归本真,成为真正意义上的大学。而大学的基本组织特性就是其学术本性,大学的内在逻辑就是学术本位。所以,现代大学制度建设必须以大学的学术本位作为导向。因此,作为现代大学制度的实施机制,大学章程建设也必须反映大学的学术本性,并以保障和推动实现大学学术本位为鹄的。例如,"行政化"是当前我国大学面临的核心问题,大学章程就要通过其治理功能促使实现大学的"去行政化"。此外,从我国大学章程建设现状来看,也存在着一定的"行政化"取向,要提高大学章程建设质量,就要使其转向学术本位的取向。从这两个角度出发,本研究提出"基于学术本位的大学章程研究"。

3. 大学章程建设要求大学章程研究提供理论指导

改革开放后,为了加快转变政府管理大学方式,扩大高校办学自主权,国家在法规、政策上提出和推进大学章程建设。20 世纪 90 年代出台的《教育法》和

---

① 王洪才. 现代大学制度的内涵及其规定性[J]. 教育发展研究,2005(11):41-44.

② 祁占勇. 法治化现代大学制度的体制障碍与机制选择[G]//劳凯声. 中国教育法制评论. 北京教育科学出版社,2011.

《高等教育法》都明确要求大学制定章程；其后出台的一系列政策都提出大学必须依据章程办学。为了深化大学制度改革、加快现代大学制度建设步伐，2010年，中共中央、国务院颁布《纲要》，明确要求"各类高校应依法制定章程，依照章程规定管理学校"。

在此背景下，2009年12月，教育部划定了包括北京大学、北京师范大学、湖南大学在内的26所部属重点高校，进行建立健全大学章程的试点工作①。为了指导大学章程建设，教育部于2011年审议通过了《高等学校章程制定暂行办法》(以下简称《办法》)，并于2012年1月1日起施行。该《办法》从实体和程序两个方面，对高校章程制定的原则、内容、程序以及核准和监督中所涉及的主要问题、主要环节进行了全面规范。教育部办公厅发出通知，号召全国高校深入开展《办法》的学习、宣传工作，形成推动高等学校章程建设、内部管理体制改革的大讨论。实际上，在《办法》出台之前，部分高校已经建立了自己的章程，如《吉林大学章程》(2005)、《上海交通大学章程(试行)》(2006)、《中国政法大学章程》(2007)等。可以说，目前我国大学章程建设已经取得了初步进展。但不容否认的是，我国大学章程建设在总体上并不顺利，大学章程的功能远未得到较好发挥(关于我国大学章程建设的现状，将在第四章第四节进行较详细的交代)，而大学章程建设在我国现代大学制度建设和高等教育改革中的潜在意义又是显而易见的，因此我们必须加强大学章程研究，为大学章程建设实践提供理论指导。也即，大学章程理论研究反映了我国大学章程建设实践的直接要求。

2013年10月，教育部批准了中国人民大学等六所高校的章程，从一些高校章程的文本内容来看，既显示出明显的进步之处，同时也存在诸多值得思考和改进之处。而这都需要我们进一步加强大学章程理论探讨，明确大学章程的本质、使命及其建设路径。

(二)研究的意义

从最根本的意义上说，大学章程建设是我国高等教育改革和发展的产物，大学章程研究也是我国高等教育改革实践不断推向深入的客观需要，有着重要的实践意义和理论意义。

---

① 郭少峰.26所高校将建大学章程[EB/OL].http://www.lianghui.org.cn/news/edu/2010-12/17/content_21560872.htm.

1. 理论意义

从世纪之交现代大学制度在我国初受关注[①]，到今天成为我国高等教育改革实践与理论探索的重点内容，人们关于现代大学制度已经形成了初步共识，认为构建现代大学制度就是“科学界定政府与大学的关系，有效设计外部对大学治理的参与，明晰内部治理结构”。[②] 然而，从实践角度来看，我国现代大学制度建设并没有很好地解决我国高等教育发展中的一系列历史和现实问题，这就要求我们继续深化探索现代大学制度建设，完善中国特色现代大学制度。本研究中，大学章程关于大学内外治理结构的方案设计，既以大学的理想为指导，又立足于我国大学发展的现实，以促成我国大学的学术本位为归宿，反映了当前我们深化探索现代大学制度建设的努力。落实不力是我国大学章程建设面临的主要障碍，因此摸索出一条可行的现代大学制度实施路径是制度建设的关键，本研究将大学章程建设作为大学制度改革的实践运行机制，反映了我国现代大学制度建设探索的努力方向。因此，本研究将有助于推进我国现代大学制度探索。

从殷爱荪和许庆豫在《苏州大学学报（哲学社会科学版）》（1997 年第 4 期）上发表《试论我国高等学校章程的制定和实施》[③]一文至今，大学章程研究产生了丰富的成果。相比而言，本研究以学术本位为视角来研究大学章程，提供了一个较为新颖的研究视角；本研究从历史角度探寻了大学章程的发生发展逻辑，并进一步明确大学章程的本质和功能，将推进大学章程的理论建设。本研究以推进章程实践为目标，设计了大学章程建设的方案，包括章程的文本建设、程序建设和保障机制建设。这样，本文就对大学章程的理论问题和实践应用问题作了较为系统化的研究，在一定程度上丰富了大学章程理论体系。

2. 实践意义

从实践的角度而言，我国高等教育改革和发展要求建立起现代大学制度，而现代大学制度建设又要求以大学章程为实施机制。因此大学章程建设直接关系到我国高等教育体制机制改革的进程，关系到我国大学办学质量乃至高等教育的发展水平。问题在于，当前我国大学章程建设正处于初级阶段，存在不少亟须改进之处。在此背景下，研究大学章程，其直接的意义在于为我国当前大学章程建设的实践提供理论上的指导或借鉴。进一步讲，大学章程建设质量的提高，将促使大学章

---

① 张斌贤. 现代大学制度的建立和完善[J]. 国家教育行政学院学报，2005(11)：32-40.

② 马陆亭. 我国现代大学制度的建设框架[J]. 国家教育行政学院学报，2009(5)：35-41.

③ 殷爱荪，许庆豫. 试论我国高等学校章程的制定和实施[J]. 苏州大学学报：哲学社会科学版，1997(4)：16-21.

程更加充分地发挥其作为现代大学制度实施机制的作用，推进现代大学制度建设；现代大学制度建设作为一种以不断调适性、有机开放性及逻辑自洽性为基本特征的先进制度体系[①]，将成为我国高等教育长期稳定发展的重要机制。高等教育机制的完善将为我国大学整体发展水平和高等教育质量的提升提供制度保障。

在现代大学制度建设中，优化大学治理结构是改革的核心，而这在很大程度上表现为大学的“去行政化”，这是当前我国大学制度改革的一个难题。如何协调政府与大学间的关系，还原大学作为学术组织的本性，如何协调行政权力与学术权力的关系，给学术权力以自主运行的空间，给学术权利以充分的表达空间，这是大学治理结构改革的核心内容。大学章程将在大学治理结构的优化中扮演重要角色，关于大学章程如何实现优化大学治理结构，本研究将提供一个合理的方案设计。因此，本研究将有助于加快解决当前我国大学制度改革面临的一些核心的、具体的问题。

二、基本概念的阐释

（一）大学

从中世纪大学仅作为“原生态的知识传播机构”，到后来法国的专门学院、德国的工科大学、英国的“新大学”和多科技术学院、美国的州立大学和社区学院等后生型高等教育机构的诞生，大学始终处在不断分化之中，“整个高等教育发展史就是一部大学分化的历史”。[②] 本研究并不对“大学”这一独特的社会组织进行深入探析，而是借鉴“高校分类理论”对本文所涉及的“大学”进行界定。

所谓高校分类，就是按某种标准将高校分为不同类型和层次。潘懋元教授以人才培养类型和层次为理论依据，将高校分为三类：综合性研究型大学，着重基本理论研究，培养自然、社会科学和人文学科的研究型人才；多科性或单科性专业型院校，着重应用理论研究，培养不同层次的专门人才；多科性或单科性职业技术型或技能型专科学校或学院：着重职业技能能力的实训，培养不同层次生产、管理、服务第一线的技术人才。[③] 马陆亭教授以学术水平作为高校层次分类标准，提出了21世纪前期中国普通高校层次结构为：20—30所研究型大学，60—80所教学研究型大学，500—600所教学型本科院校，1000所以上的高职院

① 王洪才. 再论现代大学制度的结构特征[G]//袁振国. 中国教育政策评论(2012). 北京：教育科学出版社，2012：44-55.

② 邬大光. 大学分化的复杂性及其价值[J]. 教育研究，2010(12)：17-23.

③ 陈厚丰. 高等教育分类的理论逻辑与制度框架研究[D]. 厦门：厦门大学，2009：11.

校和社区学院。[①] 从国际上看,联合国教科文组织发布的《国际教育标准分类法》将高等教育分为两个阶段,第一阶段(序数5)相当于专科、本科和硕士生教育;第二阶段(序数6)相当于博士生阶段。第一阶段分为5A、5B两类,5A类是理论型的,5B类是实用技术型的,5A类又分为5A1与5A2,5A1一般是为研究做准备的,5A2一般是从事高科技要求的专业教育。在此分类框架下,5A1类相当于我国的学术性研究型大学,5A2类相当于我国的工、农、医、师等本科以及硕士生培养院校,培养各行各业的高级专门人才;5B相当于我们的高职高专。[②] 在以上的国内外高校分类体系中,高职院校单独归为一类,其他类型高校根据其办学使命与核心社会职能进行下一级类层的区分。

本研究认为,高校分类在本质上是以知识活动的不同性质或类型为依据的。所谓知识活动,即知识的发现与创造、传播、转化,以及对物化的知识产品的使用。大致来讲,普通类高校以知识的创造、传播和转化为活动内容,而高职类高校则以知识产品的使用为内容。从普遍意义上讲,大学是一个以知识为逻辑起点的,通过知识活动来培育人才、推进科学进步和服务社会的高等教育机构的总称。其中,"研究型大学"重在从事基础理论研究,是知识的发现者、创造者;"多科性或单科性专业型大学或学院"在一定范畴之内从事较为基础性的理论探索,但更强调应用研究和知识的传播、转化;而高职院校则主要是对知识产品如专利、技术、程序、工艺流程等的应用。本研究中的"大学"不包括高职院校,特指发现知识、应用知识的大学系统,无论985、211院校,还是地方本科院校,都归于此列。在这个体系里,虽然知识活动类型在研究型大学与教学型等其他类层院校中表现不同,但作为知识活动外在表现形式的学术研究,同知识本身一样,对这类大学都有着根本性的价值,是其职能发挥的基础。

此外,由于我国民办高校在管理制度上与公办高校存在很大差异,民办高校章程与公办高校章程必然也存在不小的区别。本研究只对公立高校章程建设进行研究,民办高校章程建设将作为后续研究的对象。

(二)学术与学术本位

1.学术

在《现代汉语大词典》中,"学术"有七种解释:治国之术;学习治国之术;教化;学问、学识;观点、主张、学说;学风;法术、本领。这其中包含了现、古代汉语

---

① 马陆亭.高校分层与管理[M].广州:广东教育出版社,2004:前言1.

② 潘懋元,吴玫.高等学校分类与定位问题[J].复旦教育论坛,2003(3):5-9.

语境中的学术之义，显然存在很大差异，“学问、学识、学说”虽与今天的“学术”有相通之处，但并不能涵盖其丰富内涵。《辞海》对“学术”的解释较接近我们一般思维中学术的含义，专指“有系统的、较专门的知识”，强调学术的系统性和专门性。德语中，学术就是以追求系统知识为目的的认知活动，本质是指：在一定知识基础上，以系统的批判性思维方式追求真理和不断充实知识，探寻的真理、方法以及其批判本身即构成学术。[①] 也就是说，学术既包括知识，又包括知识的创造、应用和传播等知识活动，这与博耶的观点具有一致性。博耶认为，学术包括了通过研究来发现新知的学术、通过课程发展来综合知识的学术、发现一定的方法将知识和问题联系起来的应用知识的学术和传授知识的学术。[②] 但需要强调的是，学术语境下的知识是那些内在的、普遍的“高深学问”，它是经过理性探索而产生的，是人类在不同时代认识客观世界所达到的最高程度。

然而，以其价值取向为依据，知识或学术又有着所谓纯科学、纯粹知识及其之外的科学知识。追求纯知识是自古希腊就有的传统，古希腊人认为追求知识的终极目标在于“和世界本身生活在一起”，他们反对将知识作为满足物质欲望的工具[③]。德国人也有着明显的追求纯学术的传统。1810 年柏林大学创立时，洪堡把“追求最高形式的纯粹知识”作为大学最高目标，并提出“教学与科研相统一”，此处的科研即纯科学研究，是以世界和生命的根本意义为归宿的探索、思辨活动；同时，柏林大学按纯科学原则发展学科，排斥应用学科进入大学，有意识地中断纯科学与应用的联系。[④] 在洪堡的大学理念里，追求知识和智能本身是教育的目的，大学教育强调对永恒真理的追求，非为职业做准备，所以要抛弃教育中的实用性和职业性，甚至为维护这一追求的纯洁性而极力主张知识与市场和政治分离。就如雅斯贝尔斯认为的，德国大学的科学研究以“精神贵族”为指向，只有极少数人甘愿寂寞地选择它。[⑤]

但纯科学、纯粹知识的观点并不能否定那些为改变人类生存、使人们生活幸福的“技术知识”“技术科学”，甚至是“工具性知识”存在的意义。应该说，这类知识与纯粹知识的共存是一种本源性的状态。我们在反对技术主义或工具主义的时候，往往是基于人对知识的过度或不当征用并对自身带来了危害。因此，本研

---

① 林杰.西方知识论传统与学术自由[M].北京：北京师范大学出版社，2010：6-7.
② 博耶.关于美国教育改革的演讲[M].北京：教育科学出版社，2002：65.
③ 钟祥财.人类文明的两种知识[N].光明日报，2011-11-24.
④ 万力维.控制与分等——大学学科制度的权力逻辑[M].南京：南京师范大学出版社，2005：78.
⑤ 苏智先，等.现代大学制度创新研究[M].成都：四川人民出版社，2008：155.

究中的学术并不止于纯粹知识及其活动。梁启超在《学与术》中对“学术”一词这样解释:“学也者,观察事物而发明其真理者也;术也者,取所发明之真理而致诸用者也”,“学者术之体,术者学之用”。[①] 蔡元培亦认为:“学为学理,术为应用,学必借术以应用,术必借学为基本”[②]。在这种解释中,学与术各有其义:一是形而上“学”,二是形而下“术”[③],但二者并非层次之差。即使是柏林大学,在19世纪后半期以后,也开始远离创办之初的崇尚纯粹科学的学科制度,转而重视发展自然科学和实用技术学科。本研究中“学术”是“学”与“术”的统一,除了纯知识的活动外,还包括知识的应用,并主张大学的知识应该在政治、经济和社会文明进步中发挥作用,因为这是知识或学术价值的体现;只不过在这个过程中大学知识应该遵其内在逻辑,而不能成为服务于外在欲求的东西。

在英语中,“学术”对应的单词为“academic”,其意义是指进行高等教育和研究的科学与文化群体;在《朗文当代英语词典》中,学术也特指“学院或大学教育”。因此,学术与大学之间有着一种必然的联系。“大学者,研究高深学问者也”,大学学术就更加凸显了知识的高端性和这种知识劳动的复杂性。在大学,既有探索和创造知识的学术,也有依据基础理论成果来开发技术和工艺的学术,还有传播知识的学术,即教学学术。在本研究中,学术主要是指大学中知识的创造和生产,也包括知识的应用,如知识向技术、工艺、程序、专利的转化,同时也包括知识的探讨,因为合格的大学教学本质上就是一种知识探讨,是一种学术活动。但需要强调的是,此处“知识的应用”不涉及知识转化物的生产与交换,而只是“发现一定的方法把知识与当代问题联系起来”,从本质上讲,这种知识应用是另一种形式的知识创造。

2.学术本位

“本位”即“以……为根本”“以……为衡量的标准”,由此,“学术本位”即以学术为根本,以学术作为衡量标准。学者夏仕武对学术本位做了专门解释,具体包含三层意思:第一,学术机构和学术人员(即学术主体)在从事系统专门的学问活动中居于主体和中心的地位;第二,学术主体的学术利益是衡量一切活动实施与否的标准;第三,学术主体的学术活动与政党、政府或某种利益集团发生价值追求上的冲突时,后者要尊重前者的意愿而不能干涉。[④] 本研究认为,这个界定在

---

① 李伯重.论学术与学术标准[J].社会科学论坛,2005(3):40.

② 高平叔.蔡元培教育论著选[M].北京:人民教育出版社,1991:329.

③ 王恩华.大学学术失范与学术规范[M].长沙:湖南师范大学出版社,2010:7.

④ 夏仕武.大学教师学术权利的制度设计研究[M].北京:北京师范大学出版社,2011:48.

很大程度上是从外延的角度来描述学术本位的，而对于学术本位的“质”即其“内在规定性”缺乏关照。所谓内在规定性，是指事物自身的限定，是“决定此事物之所以为此事物以及同他事物相区别的特性”①。“学术本位”的内在规定性首先是一种价值取向，就是指学术主体（学术机构或学术人）把学术追求作为最高的价值追求，学术价值是根本。从外延的角度来说，要实现学术价值，就必须维系学术主体的学术本性及其价值取向，而这又进一步呼吁相应的思想、理念的引导，设置一定的规则和制度，来保障学术主体以追求真知为第一目标并为达到这个目标而持续努力。夏仕武对学术本位的三个角度的阐释就是由内在规定性所衍生出来的外延性的界定。

因此，本研究认为学术本位的含义包括：①学术主体以学术价值为根本，这一价值指向内在地引导和规范着主体的思想与行为，即学术主体始终以追求真知、推进知识进步为使命；实现自身学术价值是学术主体获得存在的意义的根基。②学术主体在学术活动中贯彻学术自由理念，学术自由是知识探索这一过程的内生性要求，是实现知识进步的必然性条件；而且，学术主体在从事知识活动时应遵循内在的组织或行为规则，以维系其学术本性。③建构起反映学术自由理念和学术主体组织或行为规则的制度、规范体系，以确保学术主体按知识发展规律进行学术活动，最终能够推动知识进步；这种制度体系具体表现为保障学术权利而建立的各种规则和措施。这样，学术本位就是由学术价值为根本的价值指向、学术价值实现的内生性要求及其制度保障三个部分有机组成。而大学学术本位就是以大学为学术主体的学术本位，关于大学学术本位的含义将在第一章第一节详细阐释。

（三）学术权利与学术权力

权利（right）是指在社会中产生，并以一定社会承认作为前提的，由其享有者自主享有的权能和利益。这种承认可能是法律的，也可能是习惯的、道德的及宗教的。根据其承认方式的不同，权利可分为习惯权利、道德权利、宗教权利和法律权利等。在外在表现上，权利是享有权利的公民有权作出一定的行为和要求他人（或相关机构）作出相应的行为。权力（power）则是一个政治概念，一般是指能够支配他人的强制之力，其具有多层含义：一是政治上的强制力量，如国家权力，就是立法权、司法权、行政权等国家强制力量；二是职责范围内的支配力量，它同一定的职务相联系，即有了一定职务就有了相应的某种权力；此外，主体

① 刘炳瑛. 马克思主义原理辞典[M]. 杭州：浙江人民出版社，1988：446.

因为垄断性的不可替代的能力而获得权力,如专业权力。从二者的关系来看,权力来源于权利,权力是为权利维护而生的,因此,权利优位于权力。

就学术权而言,也存在学术权力同学术权利之分。学术权利主要是指学术主体基于法律规定、约定俗成的学术秩序及其独特专业能力而享有的那些权能和利益;而学术权力则是保障学术主体享有权利的强制力,学术权力的来源包括国家法律法规和政策、学术组织内的规制体系,以及基于专业能力、专业贡献而形成的学术或社会声望,这种声望有时表现为一种权威、威望。在本研究中,更多强调的是学术权力,一方面是基于同行政权力相对应的需要,另一方面,我国相关的法律文件赋予了大学学术主体以学术权利(尽管未必是全面的、充分的),但从现实来看,学术主体并未真正享有权利,究其缘由,在于学术权力未得到有效的维护和保障,包括法律法规和章程的缺失或缺位、制度性安排的不当,抑或"行政化"模式下行政权力的僭越和挤压,都会限制学术权力作用的发挥。因此,当前重建我国大学学术秩序,关键是增强学术权力以保障学术权利。无论是深化体制改革,还是完善国家法律法规体系,以及本研究提出的建设基于学术本位的大学章程,立意首先在于此。

(四)大学章程

章程是组织、社团经特定的程序制定的关于组织规程和办事规则的法规文书,是一种根本性规章制度。《现代汉语词典》的解释是:"书面写定的组织规程或办事条例。"较早对学校章程进行系统研究的陈立鹏博士将学校章程定义为"为保证学校正常运行,主要就办学宗旨、主要任务、内部管理体制及财务活动等重大的、基本的问题,做出全面规范而形成的自律性文件。它是学校自主管理、自律及政府监督管理的基本依据。"①该定义强调章程的目的、内容和性质,成为大学章程研究者广泛参照的一个框架。

马陆亭、范文曜等学者强调大学章程的功能和意义,指出"大学章程是推动和规范高校面向社会依法自主办学的基本依据,是处理学校与政府、社会及其内部关系的准则,是高等教育机构在法律框架下行使自治权利的自我规范"②。而朱家德博士则更加关注大学章程在国家法律法规与学校规章制度体系中的地位,认为大学章程是"大学最高权力机构依据国家法律法规、尊重大学组织特性、遵守行政法规制定程序,制定出来的上承国家法律法规、下启内部各项规章制度

① 陈立鹏.学校章程[M].北京:光明日报出版社,1999:7.

② 马陆亭,范文曜.大学章程要素的国际比较[M].北京:教育科学出版社,2010:21.

的大学最高纲领”①。

总的来讲，上述关于大学章程定义的界定对章程的价值主体缺乏足够关照，即偏重于对“章程”进行界定，而缺乏对“大学的章程”的深刻解读，忽略了“大学”这一主体对大学章程的规定性。基于此，首位以大学章程为博士论文题目的米俊魁博士从本质意义上来认识大学章程，认为大学章程的本质是“对大学内部以及大学有关的教育利益的调整和分配”②。在以上观点基础上，本研究对大学章程含义的基本界定是：立足大学的组织特性和内在逻辑，依照法定程序制定的具有一定法治效力的组织规则，它通过规范大学及其利益相关主体的价值取向与行为选择，保障大学按应有的逻辑来运行，并充分发挥其正向功能。“学术本位的大学章程”是指以大学的组织特性为依据来认识大学章程，以大学的逻辑来理解大学章程的逻辑，并以大学章程功能发挥来维护大学的本性与逻辑。所谓大学的组织特性就是学术性，而大学的逻辑即学术本位。学术本位是大学作为一个学术共同体的基本逻辑，这决定了大学章程的建设也必须遵从学术本位。对于大学章程本质及其功能的详细阐释将在后文中进行。

三、大学章程研究综述

2010 年《纲要》颁布后，大学章程问题成为当前我国高等教育研究领域的热点。学界从历史的和现实的、国内和国际的角度，从教育学、法学等不同学科视角出发，围绕大学章程的内涵、法律性质、内容、功能或价值、制定方法等问题展开探讨，加深了人们对什么是大学章程、为何进行大学章程建设等基本问题的认识。但总的来说该主题还有进一步研究的空间，一方面，研究应进一步深入和系统化，探索大学章程的本质、逻辑等基础性问题；另一方面，研究应增强其针对性和适切性，即大学章程研究应从我国大学发展面临的核心问题出发，并以解决这些问题为归宿。而要进一步提高大学章程研究的效益，就必须以学术本位为研究视角，因为我国大学所面临问题的本质就是学术本位的背离，而促使大学回归学术本位则是我国大学制度改革的目标。从大学章程的既有研究来看，这还是一个相对新颖、值得关注的研究视角。

(一)国内关于大学章程的研究

1.关于大学章程内涵的研究

---

① 朱家德.权力的规制：大学章程的历史流变与当代形态[D].武汉：华中科技大学，2011：7-8.

② 米俊魁.大学章程价值研究[M].青岛：中国海洋大学出版社，2006：18.

研究大学章程要求首先把握大学章程的含义，只有明确了大学章程是什么，才有可能对如何制定它、如何发挥它的作用等问题展开进一步的研究。少数学者将大学章程界定为“学校的管理制度”[①]，这种观点抹杀了大学章程与一般规章制度相比所具有的特殊地位，因为它是学校规章制度体系中的“母法”“宪法”，是其他规章制度制定的依据。目前来看，最普遍的界定方式是以陈立鹏关于“学校章程”的定义为基础，强调大学章程的目的、内容、性质，认为大学章程是指为了保证大学正常运行，规定大学重大、基本问题的自律性、规范性文件，[②]这种界定缺乏对大学章程本质的关照。米俊魁对此进行了补充，认为大学章程的本质是以大学为核心的教育利益关系的调整；同时，他还强调大学章程不仅是自律性文件，还是一种他律性文件，认为大学章程对大学的举办者、办学者都具有规范作用，它既规范了学校中重大、基本问题，又是政府、社会及学校依法治校的重要依据。[③] 这种界定方法值得称道的是指出了大学章程的他律性，因为我们所寄予大学章程的厚望之一就是要对更广泛的大学利益相关主体进行规制。

大学章程还是一种法律性文件。有学者指出，大学章程上承国家法律法规，下启学校规章制度，一方面它作为大学自治的总纲领，是大学内部制定规章制度所依据的“宪法”或“母法”；另一方面，大学章程又是国家法律法规的下位法，是国家法律在大学的进一步延伸和具体化。[④] 大学章程的法律地位问题是一个关键点，因为我们认为我国大学章程要发挥效能，其基本前提就是具有区别于一般性校规校纪的法治效力。但单纯从法律角度来认识大学章程，而忽略了大学章程的服务对象——大学——的特殊性，会导致大学章程建设中法治性要求与大学的内在规定性间的矛盾，这实质上仍是对大学章程本质的关照问题。因而，法治视角下的大学章程研究应同时兼顾大学的本质要求，立足于大学章程的本质。

还有的学者从历史角度考察大学章程的原初形态。最普遍的观点是，大学章程的最初形态是中世纪欧洲大学从教权或王权那里获得的特许状、敕令。[⑤]有学者指出，我国大学章程的最初影像可以在战国时期稷下学宫的《管子一弟子职》中寻找到，而相对独立的可被视作中国大学的章程，则属源于唐盛于宋的书

---

① 唐朝纪，等. 依法治教：中华人民共和国教育法学习问答[M]. 北京：人民教育出版社，1995：120.

② 陆俊杰. 论大学章程的形式合法性[J]. 现代教育管理，2009：39-41.

③ 米俊魁. 大学章程价值研究[M]. 青岛：中国海洋大学出版社，2006.

④ 周光礼，等. 大学章程的法律透视[J]. 高教探索，2004(3)：39-41.

⑤ 孙华. 特许状：大学学术自由的张力和社会控制的平衡[J]. 教育学术月刊，2010(3)：24-26.

院院规或训示，如《白鹿洞书院揭示》。① 笔者比较赞同的观点是，由于京师大学堂作为我国现代意义上的大学的肇始，《大学堂章程》是我国"第一个正式的大学章程"②，从该章程的具体内容来看，已经具有了现代大学章程的基本要素。

总的来说，关于大学章程含义的研究从现象到本质、从历史到现实，较全面地呈现出了什么是大学章程，但相对来说，关于大学章程本质的探索还略显不足，有待于进一步思考，因为大学章程的本质是大学章程建设的立足点，没有对大学章程本质的科学把握，就不可能提出合理的章程建设方案。而要深刻认识大学章程的本质，就要以学术本位为视角，学术本位反映着大学的内在逻辑，而这一逻辑正是大学章程建设的根据。

2.关于大学章程法律地位的研究

大学章程的法律性质与法律地位关系到其适用范围和规范效力。因为不同性质的法律规范适用于不同领域的法律关系，在效用大小上也具有差别。而大学章程要发挥其大学治理功能，其法治规范效力是重要基础，这也是我国大学章程建设所着重强调之处。关于大学章程的法律性质存在一定分歧，主要存在"契约说""自治说""行政法说"和"多重性质说"等不同意见。

(1)契约说

这种意见认为大学章程是大学举办者与办学者在协商的基础上就学校如何举办达成的一致意见，是其共同意思的表示，本质上是"举办者与办学者在法律约束下的'契约'，是办学者对举办者的一种行为承诺与法律保证。"③

(2)自治法说

这种意见认为大学章程属于自治规章，是根据国家法赋予大学自治立法权而制定的、规范大学组织及其内部活动的自治法，学校的规章制度建设、教育教学活动都须以章程为依据。④ 在此，大学章程作为大学的自治规章，强调的是大学章程的自律性。

(3)行政法说

这种意见认为大学章程的生效以通过教育行政主管部门的审核为前提，教育行政主管部门对大学章程的审核属于行政法上的行政许可行为，因而大学章程隶

① 邓洪波.中国书院章程[M].长沙:湖南大学出版社,2000:3.

② 季玲燕,陆俊杰.大学章程的历史生长逻辑与价值预期[J].教育学术月刊,2009(7)::41-44.

③ 王国文.学校章程的法律分析[J]//中国教育法制评论:第2辑.北京:教育科学出版社,2003:107.

④ 王国文.学校章程的法律分析[J]//中国教育法制评论:第2辑.北京:教育科学出版社,2003:118.

属行政法范畴，在司法实践中具有可诉性，能够作为司法判决的有效依据。①

(4)多重性质说

湛中乐在认可大学章程的抽象行政行为性质的同时，指出由于高校是在法律授权下享有广泛自主管理权的自治主体，大学章程兼具有自治规则的性质；②米俊魁也认为，大学章程并非是单一法律性质的文件，而是兼具契约和行政法的性质。

大学所反映的法律关系客观上存在不同性质的行政法律关系和民事法律关系，很难简单地说大学章程属于行政法还是民事法，因而其具有多重法律性质的观点越来越被认可。对于我国而言，大学章程作用的发挥客观上要求具有可诉性，这是大学章程建设的一个重要方向。同时，科学完备的大学章程具有他律性作用，它是大学自治的依据，也是规范大学外部相关主体的依据，对于我国大学章程建设来说，更需具备更加广泛的规制效力。还需强调的是，法学视角下的大学章程研究应关照大学本质，从大学内在规定性出发，如果单纯以法的逻辑来指导章程建设，很有可能与教育或大学的逻辑是相悖的，理想的做法是将两个逻辑作为章程研究和建设的共同指导思想。

3.关于大学章程的内容结构的研究

内容是否科学完备直接决定着大学章程的质量，文本建设是大学章程建设的主要内容和首要步骤，文本建设要求在内容上正确反映现代大学制度的核心要素。我国《高等教育法》关于章程基本内容的规定是研究者探索大学章程内容的重要依据。如张建初认为，高校章程的基本要素就是《高等教育法》规定的条款，包括学校的名称和校址、办学宗旨和培养目标、规定大学和政府的关系、学校经费来源及其使用、学校内部管理体制、大学校长的产生与权责、师生权利和义务以及章程修改程序等。③

大学章程有着明确的价值指向，这应该是确定章程内容的根据。焦志勇在研究公立大学章程时指出，大学与政府的关系是大学章程反映的本质关系，因而公立大学章程既要反映公立大学投资者和管理者的意志，即确定政府的教育行政权，又要在法律规范下充分体现学校的自治权。也就是说，大学章程的主要内容是对政府、大学的权利与义务进行科学详尽的规定。④ 当然，无论公立高校还是私立高校，其章程的根本价值指向都应该是符合大学的学术本性要求的，是学术本位的。

---

① 陈学敏.关于大学章程的法律分析[J].武汉大学学报：哲学社会科学版，2008(2)：169-172.

② 湛中乐.通过章程的现代大学治理[J].法治与社会发展，2010(3)：106-124.

③ 张建初.论高等学校章程[J].教育研究，2009(2)：88-92.

④ 焦志勇.论我国公立大学章程的地位和作用[J].山东科技大学学报：社会科学版，2009(8)：86-91.

国外经验是我国大学章程建设的重要参照。有学者介绍了国外大学章程的内容，教育部教育发展研究中心马陆亭在其研究成果中，提取了德、法、美、英、日等国大学章程的基本要素，如英国大学章程基本要素包括社会的发展决策机制、校长负责的行政执行机制、教授治学的学术自治机制、监管分离的财务安全机制和秩序公平的人事管理机制等；美国大学章程主要包含学校办学目的及主要任务、学校内部管理及运行机制、学校与外部关系、学生权益及相关事务等。①

本研究认为，确定大学章程内容有两个基本依据：其一，大学的本质及其要求是根本依据，其二，我国大学面临的实际问题和改革的核心任务是直接依据。而大学的内在要求、我国大学问题的核心及改革的走向，显然是以学术本位为关键词的。无论是法律规定的标准还是国际经验，都不应该成为我国大学章程内容或文本建设的束缚；在大学章程文本中，绝对必要记载事项应详略得当、突出重点，相对必要记载事项则充分体现章程自由性，发挥改革者的能动性和创造性，最重要的是要贯穿学术本位这一理念。

4.关于大学章程的功能定位的研究

大学章程从其雏形起至今已经经过了千余年历史，当代高等教育发达国家仍十分重视章程的作用，目前我国也已经进入了大学章程建设的实践阶段。那么，大学章程建设对于大学乃至一个国家的高等教育发展有何价值？这主要体现在其功能上。如何赋予或完善大学章程的功能，关系到大学章程建设在建构现代大学制度进程中的角色与价值。

(1)推动大学管理模式转变。张晓鹏指出，制定大学章程是依法治教的基础环节，关系大学存在、运行的合法性。② 牛维麟也指出，大学章程是国家教育法律得以落实和发挥作用的需要。③ 米俊魁指出，大学要成为面向社会自主办学的法人实体，必须有自己的章程。④ 陈立荣强调，大学独立法人地位的确立和办学自主权的扩大、教育主管部门管理方式的转变，从法律关系上都需要大学章程。⑤ 依法治教、政府管理大学方式的转变以及大学自主权的扩大，都意味着大学外部治理结构的调整，反映了大学外部关系的变化。

(2)规范大学内部的运行与管理。张文显等指出，大学章程明晰了学校内部

---

① 马陆亭.大学章程要素的国际比较[M].北京：教育科学出版社，2010：93-104，252-254.

② 张晓鹏.大学章程不可无[N].中国教育报，2005-06-03(3).

③ 牛维麟.现代大学章程与大学管理[J].中国高等教育，2007(1)：13-14.

④ 米俊魁.大学章程价值研究[M].青岛：中国海洋大学出版社，2006.

⑤ 陈立荣.大学章程：落实高校办学自主权的制度保障[J].现代教育科学，2009(3)：56-61.

治理结构与管理体制，包括明晰了党委和行政、学校和学院及学部学术与行政权力的关系等，并对学校师生的权益、义务进行保护和规范，促进了大学管理科学化。① 季玲燕等人认为大学章程以"软法"形式理顺了内部利益相关主体的权利义务关系，推动各种力量通过有效互动而生成一种创造性的"自发秩序"，构筑了开放、民主的自治性治理结构。② 内部治理结构优化是我国大学制度改革的核心，是大学内部关系调整的反映。

(3)协调大学内、外部关系。有学者指出，大学章程缺位是大学内部管理制度与国家法律法规冲突的重要原因，导致高校在处理相关问题时无法可依、无章可循。这在前几年发生的若干起学生起诉大学的案件中有所反映。大学章程上承国家法规，下启大学一般规章制度，为学校管理提供了翔实可稽的依据，有利于大学依法管理，实现和谐的大学管理和制度建设。③ 这反映的是大学内、外部关系的调整。

本研究认为，大学治理结构调整过程中，从内部来讲主要是协调不同权力主体间的关系，达到权力间的制衡，而需要指出的是"制衡"不等于均衡，大学作为学术组织，要求其权力格局必然是以学术权力为本的，因而章程研究必须坚持学术本位的指导思想。此外，制度性问题是我国大学发展中面临的根本问题，然而制度性问题背后更深层次的问题则是大学文化的问题，包括大学管理传统、价值观等，文化因素从最深处影响着大学的制度安排，因而大学章程的功能除了调整大学治理结构，还表现在建构反映大学本质的大学文化上，这是大学章程研究的一个重要视角。

5.关于大学章程制定方式的研究

大学章程的制定需要遵从何种原则，由谁来制定，如何确保其规范效用的发挥，这是大学章程建设所必须考虑的问题。实际上，制定大学章程的过程就是一个大学管理或大学治理的过程，因而大学章程制订首先要使其符合大学的逻辑要求，同时从法治化视角增强其可行性、高效性。

(1)大学章程建设的原则。金一超认为大学自治是大学的内在要求，是大学制度改革的重要目标，同时也是现实中我国大学所普遍缺乏的，因而制定大学章程的基本原则就在于保障大学的自治权，确保大学能够按照学术与教育的自主规律性，自行组织教育教学和科研。④ 米俊魁则指出，大学章程建设在满足大学

---

① 张文显等.大学章程：现代大学制度的载体[J].中国高等教育，2006(20)：1-4.

② 季玲燕，等.大学章程的历史生长逻辑与价值预期[J].教育学术月刊，2009(7)：41-44.

③ 潘艺林.大学章程：构建和谐高校的制度保障[J].大学教育科学，2010(1)：44-48.

④ 金一超.从审核到立法——论大学章程的生效程序[J].中国高教研究，2008(12)：41-43.

作为一个独特组织的需要的同时，还要遵循法定的程序，做到章程制定合法性与合理性的统一。①

（2）大学章程制定的主体。由谁来制定大学章程，这关涉到大学权力分配问题，而权力格局是我国大学治理结构改革所面临的核心问题，因而章程制定主体的讨论有着非同寻常的意义。围绕制定主体问题，目前存在着“单主体”“双主体”和“多主体”等不同观点。“单主体说”或主张由大学的举办者即政府制定章程，②或主张由办学者即大学来制定章程；③“双主体论”则认为大学的举办者和办学者共同作为章程制定主体；④“多主体说”则主张政府、社会和大学都应参与章程制定。⑤

（3）大学章程的效用产生方式。大学章程建设除了自身的科学性外，还要具有切实的可行性，没有可行性的章程是无价值的，因而章程效用问题必须予以重点讨论。大学章程的产生具有不同方式，如大学内部通过而在教育主管部门核准备案、由政府直接颁布、立法机关审议通过等。不同的产生方式其效用也有所不同。其中，由立法机关审议通过的大学章程效力等级最高。⑥ 所以，金维才主张，我国大学章程应通过程序立法形成，以确保其规范效力。⑦ 王春业则认为，实现高校章程的地方法规化，使其真正具备法律规范的身份，是章程发挥效能的重要途径。⑧

本研究认为，大学章程建设既要体现大学的本质要求，又要遵循作为一个法律性文件的法制化要求，但前者是根据，因为大学章程建设的根本逻辑是由大学本性决定的，是学术本位的逻辑，这是章程的价值源泉。至于法的逻辑，则应主要着眼于章程的效力建设。关于大学章程制定主体，显然多主体说更符合大学管理制度改革的趋势即大学治理。总的来说，大学章程制定主体多元化、过程民主化，以及程序法制化、实施法治化，都是本研究所赞同的观点。需补充的是，一方面，基于我国的体制环境和管理传统，在我国大学章程制定主体和效力保障方面，必须将政府放到一个关键位置；另一方面，基于学术本位的要求，在主体多元

---

① 陆俊杰．法理视阈大学章程的合理性[J]．现代教育管理，2010(11)：51-54．

② 米俊魁．大学章程价值研究[M]．青岛：中国海洋大学出版社，2006．

③ 张文显，等．大学章程：现代大学制度的载体[J]．中国高等教育，2006(20)：1-4．

④ 陈立荣．大学章程：落实高校办学自主权的制度保障[J]．现代教育科学，2009(3)：56-61．

⑤ 湛中乐．通过章程的大学治理[M]．北京：中国法制出版社，2011：181．

⑥ 陈学敏．关于大学章程的法律分析[J]．武汉大学学报：哲学社会科学版，2008(2)：169-172．

⑦ 金维才．高校自主办学与大学章程的合法性[J]．安徽师范大学学报：社会科学版，2010(3)：254-257．

⑧ 王春业．论高校章程法律化及其实现路径[J]．中国高教研究，2011(6)：37-40．

化原则下如何突出学术主体的核心地位，必须做出合理安排。

6. 关于大学章程建设策略的研究

我国《教育法》《高等教育法》明确规定，设立大学必须具备章程，大学依照章程自主管理。但当前我国高等学校的章程建设仍处于“初始阶段”，从整体上说存在诸多亟须改进之处，主要表现在章程建设缺乏充分的科学性和实效性上。关于现阶段我国大学章程建设不力的问题，将在本书第四章详细介绍。针对我国大学章程建设过程中面临的一系列问题，学者们提出了各自的建议。

(1)优化章程建设的外部环境。杨军等人提出，大学重视和积极进行章程建设并主动依章办事，首先需要教育主管行政部门转变管理方式，为大学按章办学提供制度环境。① 焦志勇等人也提出了创设良好的教育法制环境、规范公立大学的公务法人制度等建议。显然，大学独立法人地位的确立、政府管理大学方式的转变，是大学章程发挥效能的外在条件，但反过来讲，大学章程的效能也体现在推动政府改变大学管理方式和保障大学真正获得法人地位上。可见我国大学制度改革实质上是不同主体的博弈过程，大学章程建设亦是如此。

(2)提高大学章程建设的科学性。牛维麟提出，必须要加强大学章程制定的科学性，而这首先要求章程建设立足于大学的历史和现实，其次要广泛吸收各利益相关者的意见。② 从本大学发展的实际需求出发是大学制定章程的基本原则，有利于增强章程的针对性和适切性，广泛吸收多方意见以体现过程民主化，则是大学章程科学性与可行性的共同要求；而加强大学章程研究，为章程建设实践提供理论指导当然也是不可或缺的。陈立鹏则强调文本建设的科学性，提出章程文本应对大学领导体制、教授治校等作出重点规定。③ 文本建设是大学章程建设的首要步骤，对大学治理结构做出合理设计是文本建设的主要任务，大学自治、学术自由及教授治校等大学理念是包括文本建设在内的整个大学章程建设的思想指导。

(3)提高章程实施效率。增强章程实施的有效性，保证其科学性是前提，而增强其规范效力则是保障，其中增强其法治规范效力又是关键。强调制定大学章程走立法程序，以及将大学章程纳入地方法规体系，有助于增强章程的法治规范效力，这在上文中有所述及。此外，张德祥还主张，要推进大学章程的实施，就有必要制定大学章程实施的细则，并抓好落实和监督。④ 大学章程建设是一个

① 杨军.我国公立大学章程制定中存在的问题及对策[J].中国高等教育，2008(19)：50-52.

② 牛维麟.现代大学章程与大学管理[J].中国高等教育，2007(1)：13-14.

③ 陈立鹏.关于我国大学章程几个重要问题的探讨[J].中国高教研究，2008(7)：19-22.

④ 张德祥.关于高等学校章程制定与实施的几个问题[J].高等教育研究，2006(9)：52-56.

系统性工程，作为主体工程的章程建设需要有相应的配套工程，建立大学章程的监督机制是不可缺少的环节。

本研究认为，我国大学章程建设要取得积极进展，需要从内、外两个角度来考虑。从内部即大学章程本身而言，就是要提高其科学性和有效性，从根本上说就是使章程本身体现学术本位理念；从外部来讲，就是要提供一个适宜的大环境。而在整个过程中，政府都扮演着一个关键角色，包括：章程制定必须关照政府的利益和意志；章程实施必须借助政府所掌握的国家权力或权威；至于章程建设的大环境，政府是当然的支配者和主导者。当然，大学在此过程中必须发挥其专业优势，影响政府，推动改革。大学章程建设是一个自上而下、自下而上两条路线相互促进的过程。

7. 关于境外大学章程建设的研究

相对来说，大学章程在我国的历史较短，大学章程建设需要从他国汲取经验。欧、美等国家和地区的大学章程建设经历了一段较长的历史时期，章程建设对于其高等教育或大学治理发挥了重要作用，因而对我国大学章程建设具有重要的启发意义。

(1)在宏观层次上，学者对发达国家的大学章程进行了整体研究。马陆亭等在探索英、德、美、日等国大学章程的案例、社会与体制背景、法治精神等基础上，提炼出了大学章程的本质要素；[①]刘承波追溯美国殖民地时期学院特许状的内容及作用，剖析了现代美国大学章程现状，认为大学章程对保障美国大学法律地位、明确大学运行机制发挥了重要作用；[②]范文曜等人分析了大学章程对于英国大学治理结构的规约作用；[③]陈立鹏等人抽取了日本大学章程的共性，如重视对学术追求和学术权力的规定、大学社会职能规定等。[④]

(2)在微观层次上，有学者分析了具体大学的章程。于丽娟对牛津大学章程进行了文本分析，介绍了该章程的构成要素，指出该章程在效能上的严格性和权威性、在校内外关系界定上的明确性等特征；[⑤]王晓燕以日本东京大学章程为例，介绍了该章程的制定过程、要素及特色等，指出大学章程是大学在法人化改

---

① 马陆亭. 大学章程要素的国际比较[M]. 北京：教育科学出版社，2010：93-104，252-254.

② 刘承波. 大学治理的法律基础与制度架构：美国大学章程透视[J]. 国家教育行政学院学报，2008(5)：84-90.

③ 范文曜. 大学章程的治理意义——英国大学章程案例研究[J]. 理工高教研究，2008(6)：1-8.

④ 陈立鹏. 日本的大学章程建设[J]. 中国高等教育，2010(17)：61-62.

⑤ 于丽娟. 国外大学章程文本探析：以牛津大学和康奈尔大学为主要案例[J]. 高教探索，2009(1)：76-80.

革的法律框架下行使自治权的自我规范；[①]此外，刘文娟分析了加州大学章程；[②]曲耀华介绍了香港科技大学章程。[③] 关于具体大学章程的深度分析，对我国大学章程建设尤其具有启发价值，本研究也正是以其他国家和地区大学章程的深度解读为重要内容的。

不同国家和不同大学的章程建设，是基于不同国情、不同校情的，但在内容上存在共通性，如规定了大学的发展理念、主要目标、组织结构等基本事项，大学内部管理机制和大学与外部的关系，学生与教师权益，以及章程的制定和修订程序等。这在一定程度上表明，大学作为一个普遍的学术组织，在基本的制度构成上也具有非常大的一致性。这对于我国大学章程建设如何反映大学的普遍性要求提供了借鉴。当然，大学章程具有本土化的特征，反映着一个国家或地区体制、文化等因素，我们在借鉴国外经验时应坚持批判吸收的眼光，强调经验引进的适切性。

（二）国外关于大学章程的研究

需要强调的是，以上是对国内学界关于大学章程研究的梳理，从国外研究情况来看，专门以大学章程为对象的研究非常少，因而本研究将“国外研究文献”单独列出，仅在此简要提及。笔者以“university statutes”“university constitution”“university charter”为搜索词，利用 SDOL（Science Direct）和 Springer Journal 数据库资源平台进行检索，只检索到一篇期刊论文涉及大学章程研究。该文讲到，在英国，负有核准大学章程之责的枢密院正给予大学更多自主管理内部事务的权力，文章强调，大学章程同公司法人章程一样，政府无权做出单方面修改，这在一定程度上反映了大学章程在保护大学自主权、影响大学与政府间关系方面的作用；但同时文章也指出，在大学日益强调实施“风险管理”的背景下，牛津、剑桥等古老大学必须引入市场化思维，提高政府拨款的使用效率，因而不能固守通过旧有的法案或章程所建立的办学模式，也就是说大学章程应随着社会变化及其与大学间关系的调整而进行调整。[④] 需要指明的是，本研究主题为政府管理方式和大学办学模式的调整，大学章程并非核心议题，但所反映出的大学章程的地位、作用等与我们关于大学章程的基本共识是一致的。此外，波兰中世纪史教授亚历山大·盖伊托尔在希尔德·德·里德-西蒙斯主编的《欧洲大学史》（第一

① 王晓燕.日本国立大学法人化改革中的大学章程建设[J].全球教育展望，2009(4)：60-67.

② 刘文娟.加州大学章程的“思想”给我国公立大学的启示[J].辽宁教育研究，2007(7)：101-103.

③ 曲耀华.香港科技大学章程对我国大学章程建设的启示[J].曲靖师范学院学报，2008(5)：14-17.

④ Evans G R Running their own affairs? [J] Perspectives: Policy & Practice in Higher Education, 2006, 10(3)：79-83.

卷)中从历史的角度提到了“章程”问题,但对于本研究而言并无多少启发价值。他的观点是:由于大学章程很少由13世纪流传至今,很难通过章程来了解中世纪大学组织和管理;早期的大学章程往往是教皇单方面制定;早期的大学章程因非常“不正规和支离破碎”而难以延续;制定大学章程的一个重要目的是进行改革以革除弊端,有的章程使得大学的管理渐趋稳定(如图卢兹大学)。①

四、我国大学章程研究反思

总的来讲,目前关于大学章程这一主题的研究所形成的大量成果,对于指导我国大学章程建设和大学制度改革都有着重要的理论指导意义,对本研究也具有重要的启发和借鉴价值。但要进一步提升该主题研究的价值,还需要在学术本位的视角下进行更加深入、系统的研究,从根本说这是由大学的内在逻辑和我国大学改革的现实需要决定的。从研究的角度来看,当前关于大学章程的探索对学术本位这一视角的关照相对匮乏,一方面是因为研究者偏于关注“章程”,对大学章程所服务的对象——大学——的内在规定性关照不足,另一方面则缺乏对我国大学异化危机的本质——学术本位的背离——这一研究基点的充分考虑;而且,当前关于大学章程的研究很多是从技术角度入手的,将大学章程建设看做一种技术性问题,强调大学章程的形式与制定程序合乎法律规定,但这往往导致法学的思维凌驾于教育学思维之上,以法律条文来取代大学规范,这是不符合大学作为学术组织的内在要求的。显然我国大学章程建设是有着价值期许的,促使大学走向学术本位是我国大学章程建设的根本价值,因此从价值的角度来研究大学章程比技术的角度更为迫切。鉴于此,本研究提出了基于学术本位的大学章程建设。

(一)大学章程研究应明确问题意识

大学章程有着悠久的历史渊源。现代意义上的大学起源于欧洲中世纪大学,大学章程的源头亦在中世纪的欧洲,也就是说,大学章程已经有了一千多年的历史。如今,欧、美、日等国家和地区都非常重视大学章程建设,包括哈佛大学、牛津大学、东京大学等国际一流大学在内的世界大学都有着自己的章程。在我国,大学章程也有一段较长的历史,清末近代新式高等学堂、民国时期的大学,一般都有自己的章程。新中国成立后,大学章程建设进入了一段空白期。直到

① 里德-西蒙斯.欧洲大学史:第一卷 中世纪大学[M].张斌贤,等,译.保定:河北大学出版社 2008:124-125.

21世纪初我国高等教育迈入大众化时代，大学章程问题又被重新提起。2010年《纲要》中明确提出大学要制定章程，同年12月，教育部指定北大等26所部属院校作为制定大学章程试点；2012年，教育部《高等学校章程制定暂行办法》颁布施行。从大学章程的研究来看，较早对高校章程问题进行研究的是殷爱荪和许庆豫，他们在《苏州大学学报（哲学社会科学版）》1997年第4期上发表《试论我国高等学校章程的制定和实施》一文，探讨了高校章程的目标、内容及意义等。① 其后在较长一段时期内，关于高校章程主题的研究并不多。进入高等教育大众化阶段之后，大学章程问题逐渐成为一个重要的研究主题。2010年《纲要》颁布后，大学章程问题愈发成为当前高等教育研究领域的热点。

然而，时过境迁，新的历史时期重建大学章程必有其内在动因，如今再建的大学章程必然承担新的历史使命，那么制定大学章程要遵循何种逻辑才能确保章程有价值、有意义？对于研究者而言，必须具有明确的问题意识，因为研究的过程是一个解答问题的过程，因此明确问题所在是前提。从目前大学章程研究的现状来看，很多研究缺乏背景分析，问题意识不强。笔者认为，重提大学章程建设是以大众化阶段高等教育的体制性问题日益凸显、高等教育质量出现下滑危机为背景的，反映了构建现代大学制度建设的集中要求。但大学章程仅仅是泛泛地反映现代大学制度的要求，并不足以表征章程建设的具体逻辑。笔者认为，现代大学制度从根本上说要维系大学本性或促使异化的大学本性的回归，而大学章程的基本价值也正在于此。笔者认为，大学的本性首先在于其学术性组织特性，大学章程研究的主导问题意识即为如何通过章程建设涵养大学的学术本性和学术功能。

（二）大学章程本质尚需明晰

大学章程研究具有显著的跨学科研究特征，很多学者尤其从法学的视角来解读大学章程。② 客观地说，制定大学章程是我国《教育法》和《高等教育法》的明确要求，反映了法治思想。同时，要充分发挥大学章程的价值，也是着眼于科学完备的大学章程与一般的学校规章制度相比所具有的法治效应。所以，明确大学章程的法律性质、法律地位以及在章程制定过程中反映法治的思想与方案，也是大学章程研究的重要视角。然而，必须加以强调的是，大学章程首先是“大学”这一特殊的社会组织的章程，作为区别于其他组织章程的章程，作为一个独

---

① 殷爱荪，许庆豫．试论我国高等学校章程的制定和实施[J]．苏州大学学报：哲学社会科学版，1997(4)：16-21.

② 陈学敏．关于大学章程的法律分析[J]．武汉大学学报：哲学社会科学版，2008(2)：169-172.

特的学术和文化组织的章程，势必也存在着独特之处，例如它体现大学的精神和理念，体现以人为本的教育属性，体现知识探索的大学品性等，这是大学章程建设过程中必须观照的核心、本质问题。从现实中制定大学章程的根本目的而言，制定大学章程在于促使我国异化的大学重拾其固有的逻辑，回归学术本位，维系大学存在的价值基础。因此，大学章程的制定与实施，从根本上要受大学逻辑的主导。这决定了大学章程研究同样必须从大学的本质出发去认识大学章程的本质，关于大学章程的方案设计应体现并服务于大学的本性和逻辑，缺少大学本质观的规范，大学章程的实践与研究则易陷入另一种异化。

从目前来看，大学章程研究偏重研究"章程"，而对"大学"关照不足。例如，对大学章程内涵的界定，普遍缺乏对其本质特征或根本价值的观照，而更多地从法学视角去强调大学章程所反映的法律关系，却忽视大学章程反映大学本性的价值指向，这样的内涵界定是没有处理好内容与形式、目的与手段间的关系的。又如，关于大学章程的效用问题，很多研究同样强调法律意义上的章程效应，而忽视关于大学章程与整个高等教育体制改革或现代大学制度建设的内在联系，及其在大学制度变革中的角色与使命，教育视角的淡化导致大学章程研究的价值观发生旁落。因此，基于大学章程研究法治视角的客观需要和教育视角的本质需要，大学章程研究既要研究作为一个规范性文件的章程，关照章程制定的程序及合法性等问题，又要研究大学及大学与章程的关系等问题。而且，后者是大学章程研究之本，大学章程的法律关系研究从根本上服务于大学章程价值的研究。

（三）大学章程本体研究亟待加强

从大学章程的形式价值来看，通过其法治效应促成现代大学制度由理念形态向实践形态的转化是大学章程的主要价值所在。同样，大学章程的效应能否充分发挥，是章程建设的关键性问题。也就是说，大学章程的价值要充分发挥，必然涉及执行效力问题，因为只有章程的精神和条文顺利转化为大学利益相关者的行为，大学章程的建设才是有价值、有意义的。所以，关于如何促使大学章程发挥作用的研究是大学章程研究所必然要涉及的。从现有的研究来看，研究者提出了增强大学章程执行可能性的各种设计和建议，例如吸引政府和社会利益相关者共同参与章程制定；完善大学章程的制定、修改程序；建立保障大学章程落实的配套机制；将大学章程纳入地方法律法规体系以提高其效用，①等等。毋庸置疑，以上诸种建议对于增强大学章程的执行效力有着重要的参考意义，也

① 王春业.论高校章程法律化及其实现路径[J].中国高教研究 2008(6):37-40.

体现出大学章程研究的重要价值。然而，大学章程的执行效力固然离不开一系列技术性、外围性的配套机制和措施，但从根本上说，大学章程治理价值的发挥是以章程本体的科学性为根基的。所谓大学章程的本体，主要是指章程作为现代大学制度的设计方案，它以文本的形式规定了理想中的大学制度的核心要素及其构成，并反映着现代大学制度的价值目标和制度逻辑。

显然，大学章程建设首先需要确保章程文本反映科学的大学理念，只有章程本身是科学的，其正向功能的发挥才是可能的，相关的保障机制实施起来才是有效的。倘若章程作为一个文本、一个体系，在指导理念、价值目标及具体的内容和要素上都谈不上科学，那么增强执行效力就是妄谈。目前，关于对大学章程实施的外围技术性问题研究较多，而本体研究尚显不足。因此，大学章程研究应加强本体研究，主要是明确章程建设的价值指向，即以彰显学术权力、保障大学组织特性为指导思想；在此指导下，科学合理地确定章程的基本内容和要素。在此过程中，大学治理结构的合理设计是核心，主要是要以学术权力和教授权利为核心来科学划定不同主体的责任和权力范畴，通过设计合理的组织架构和运行程序、方式来建立一个基于学术本位的大学治理结构。可以说，大学章程如何勾画出一个反映大学学术共同体本质的治理结构，是研究的最关键。

（四）大学章程研究必须突破传统的研究范式

大学作为一个场域，有着内在的、必然的秩序，例如在大学的职能体系中，大学学术功能居于整个职能体系的基础地位；大学不同的职能之间又存在相互依存、相互支持的关系，例如在大学的权力格局中，学术权力居于整个权力体系的基础地位，政治权力、行政权力、市场权力、民主权力等其他权力的主体在遵循各自不同性质的权力实现方式的同时，不能超越不同权力之间的界限。我国现行大学制度运行过程中，面临的主要问题就是大学秩序的失序，而这又集中表现为大学权力格局的失调，包括政治和行政权力的僭越、学术权力的式微、民主权力的失语和市场权力的缺位。“去行政化”作为我国大学制度改革中的流行话语，正是大学权力格局失序的集中反映。在此背景下，大学章程建设也承载了打破大学官僚化、行政化桎梏的使命。针对这一失序的权力格局，传统的研究思维是“权力制衡”理论，认为大学治理结构作为现代大学治理体系或现代大学制度的核心，其理想状态是要形成不同利益相关主体间的权力制衡。① 传统的研究范式即“权力制衡说”，权力制衡

① 章晓莉.现代大学制度下大学内部权力结构的制衡[J].苏州大学学报：哲学社会科学版，2010(5)：169-171.

的观点有其合理之处，因为权力严重失衡正是现实中我国大学治理结构的真实状态，这种失序的权力格局是造成我国大学组织异化的主要原因。

然而，“权力制衡”论忽略了两个问题：其一，从理想的状态来说，大学的权力秩序本就是一个差序格局，“差序”主要是指在不同性质和类型的权力中，学术权力理所当然地位居主体和核心地位，其他权力则居于次要的、服务性的位置，若说学术权力与其他权力之间构成了矛盾关系，那么学术权力作为矛盾的主要方面决定着大学作为学术机构的本性。所以，学术力量占据主导权的大学权力格局在形式上“失衡”，但这种失衡才是真正符合大学逻辑的“平衡”状态。制衡说实际上降低了学术权力的主导地位。其二，理想的大学治理结构有赖于政府与大学之间建立一种新型的关系，由控制与被控制的单向、等级关系转变为互动的、伙伴式的相对平等关系，这是确立学术权力主导地位的重要条件。大学章程就是要以契约的形式使大学与政府形成一种新型关系，在此前提下勾勒一个学术权为主导的大学运行机制，而现有研究仍试图在传统的权力及运行框架下寻求协调，并不能从根本上突破旧有的权力格局。

（五）大学章程研究需置于特殊的中国语境

大学章程在国外经历了持续的、漫长的进程，在各国大学发展中发挥了重要作用。例如，康奈尔大学章程第一章“大学”开宗明义，明确了“建立一个不论男女、贫富均能在此受到教育的场所”的办学理念，从而奠定了其开放、多元的办学基调；关于董事会构成及其权责的规定，保障了社会力量参与大学管理的机会，促成了利益相关者共同治理大学的模式；详尽规定了大学的各层级行政管理者的职责，避免了不同主体间的权责冲突。再如牛津大学，其章程明确规定牛津是“自我管理的学者社团”，这一定位强化了其作为独立法人的法律地位和治理方式：作为一个社团，她不属于政府；作为学者的社团，她践行学术共同体的使命；权力重心归属学院是牛津的一大特色，章程中有专门的章节——“学院、社团和永久私人学院”——对学院的权责进行规定；章程中“有关大学章程的解释或适用争端的解决方法”确立了争议解决制度，减少了主体间的权益冲突；[①]等等。介绍国外大学章程建设的经验，为我国大学章程建设提供启示，是我国大学章程研究的重要范式。客观地说，借鉴大学章程建设的国际先进经验，是我国大学章程建设过程中所必须经历的。但同时需要强调的是，这种借鉴应该是一个批判的吸收过程，是一个国际经验实现中国化、本土化的过程，而非盲目地“拿来主

① 湛中乐. 大学章程精选[M]. 北京：中国法制出版社，2010：430-457.

义”，而这就要求大学章程研究应置于中国语境之内。

具体来说，第一，大学章程处在既有的制度环境之内，章程建设既要着眼于促进制度的创新，又不可无视旧有制度体系的作用，尤其是制度传统对制度改革的拒斥作用。在很大程度上，我国大学章程建设的难点正在于在何种范围内对原有制度体系进行合理的突破，包括关于政校关系的既有制度安排等。第二，目前我国高等教育发展出现了诸多问题，例如质量问题、价值指向问题、公信力问题、主体性问题等，大学章程建设是在有问题的高等教育背景下进行的，因而应具有明确的问题导向。第三，现代大学制度作为我国高等教育体制改革的核心内容，应在构建现代大学制度的导向下探索大学章程建设，以增强章程建设的实效性，提高其大学治理价值的发挥效率。从已有研究来看，我国大学章程研究往往脱离了特殊的中国语境，这样制定出来的章程必将发生价值的贬值。

(六)大学章程研究应重视文化的视角

不可否认，当前我国高等教育教育改革和发展在很大程度上陷入了某种困境。究其原因，其一便在于制度性问题。制度上的困境是我国高等教育面临危机的主要表现之一，例如新中国成立以来我国确立了高度集中的高等教育管理体制，在此种制度模式下，政府的全面干涉致使大学严重缺乏独立自主能力，而这一体制上的沉疴成为其他问题产生的重要致因。然而，笔者认为，体制的问题并不仅仅局限于体制本身，其背后隐藏的更深层次的问题是文化因素。政府对大学的权力管制既反映了我国漫长的封建社会中形成的君主或家长专制文化，也符合我国“家国同构”的宗法文化；大学主动依附于政府，大学内部行政权力的僭越、学术权力的主动性缄默以及学者对担任行政官职的热衷，反映的是封建等级意识、“官本位”思想和“学而优则仕”的传统；学者思想与学术的意识形态化则反映了社会主义政治正确原则对主体价值取向的影响。此外，我国大学里传统的名利文化、厚黑文化、①权本文化、潜规则文化、熟人文化、裙带文化以及我国大学特有的“福利单位”文化，②深刻影响着大学的组织本性。甚至可以说，我国高等教育或大学制度改革中遇到的问题从根本上说属于文化范畴，我国大学制度改革如何进行以及能否取得突破，应该说更是一个文化主题。正如王洪才教

① “我们的一些大学，包括北京大学，正在培养一些‘精致的利己主义者’，他们高智商，世俗，老到，善于表演，懂得配合，更善于利用体制达到自己的目的。这种人一旦掌握权力，比一般的贪官污吏危害更大。”——北京大学钱理群教授在武汉大学老校长刘道玉召集的“《理想大学》专题研讨会”上语。详见《中国青年报》2012年5月3日第3版。

② 王建华. 从中国式大学到大学的中国模式[J]. 现代大学教育，2008(1)：21-27.

授所指出的,在这个价值多元冲突的时代,发掘中国传统文化的独特优势才是中国大学模式创建的突破点。因此,在我国大学制度改革过程中应充分重视文化的视角,从某种意义上说,现代大学制度价值的根本体现就是限制传统文化的负面功能,以及改良大学里的消极文化因素。据此,从文化的视角审视大学章程建设,就有了内在的必然性。

基于文化视角的大学章程研究,意即正确认识大学章程本身具备的涵养大学文化的作用,即大学章程对于大学的"组织文化价值导向性"①。科学完备的大学章程预设了大学的教育性、学术性和文化性价值目标,隐含于制度建构过程和规则体系,规范大学和学者的价值取向,即从外在物化价值的关注转向对人、知识及使命的关注,并进一步规范大学学者的行为模式,而这又反过来强化着大学的价值目标。"价值—思想—行为",正是文化的基本逻辑。通过大学章程涵养优秀大学文化的功能,改良大学文化的消极因素,并推进大学学术本位文化的建构,这反映了大学章程建设的根本价值。

五、研究思路与结构

(一)研究的基本思路

在思路上,本研究是以提出问题为出发点、以解决问题为归宿的。在此"问题"是指当前我国高等教育或大学在改革发展中面临的一系列问题,通过对这些问题的分析,我们认为这一系列问题从根本上说是违背了大学的组织要求,背离了学术本位的大学逻辑。因此,探索我国大学回归学术本位之道,是本研究的根本目的。而大学章程建设正是本研究提出的解决我国大学面临问题的具体策略,因而如何认识大学章程、如何建构大学章程就成为本研究的主要内容,建构起我国大学章程的基本框架即成为本研究的直接目的。简言之,"通过基于学术本位的大学章程建设而建构起符合学术本位的大学治理结构,进而促使大学回归学术本位",是本研究的根本指导思想。

当前,我国高等教育的进一步改革和发展将秉持何种发展理念、采取何种发展战略和模式,需要对高等教育现状进行正确、清醒的评估,这是大众化继续深入并实现持续发展的必要前提。判断高等教育发展状况,主要是以高等院校的整体发展水平作为依据的。而在审视当下我国高校办学状况的时候,一个不容否认的事实就是,我国高校在质量、价值观、制度、公信力及主体性等方面正面临

---

① 易连云.论组织文化视域下的大学章程建设[J].中国高教研究 2011(2):12-14.

着不小的困境。而这集中反映了当前我国大学所面临的组织异化的危机，即现实中大学运行路线背离了其学术性的本质和学术本位的内在逻辑，导致“中国式”大学不成其为大学。① 在此背景下，促使大学回归学术本位就成为我国大学制度改革的目标。本研究正是将“以促成大学回归学术本位为研究宗旨，通过大学章程建设来促成这一改革目标的实现”作为研究的基本思路。而大学“学术本位”也就成了本研究的分析工具，或者说作为本研究最核心的线索，因而确立大学学术本位的含义是本研究的首要任务。

那么，何为大学的学术本位？学术本位标识着大学的内在逻辑，是由大学的学术本性决定的。现实中，大学的社会价值正受到前所未有的重视，其在促进科技进步和经济发展中的功能不断被开发和强化，最终却导致大学的外在价值遮蔽了其内在价值即学术价值，由此进一步致使大学观、大学制度等背离了大学组织的内在要求，大学不能成其为大学。从本质上说，大学是一个学术共同体，其正常运行必须遵从学术本位这一内在逻辑。本研究对学术本位的基本内涵做了深入、系统的阐释，并以德国、美国大学制度为例，解读了大学学术本位的具体表征。这就为本研究的进行提供了一个根本性的方向和清晰的框架。

然而，大学的内在逻辑与实际运行之间往往是矛盾的，如何协调其间的矛盾以维系大学学术本位？正像现实中大学所表现的那样，大学学术本位是一个应然状态，实际上它常常是处于危险之中的，其维系需要有一定的保障。如何保障大学的学术本位？大学章程为我们提供了一个思考问题的角度。本研究通过考察中世纪大学章程从源起到逐渐走向制度化这一历程发现，大学章程的生发逻辑本身就反映着学术本位，具体表现在它在维护大学自治地位、保障学术利益方面的作用。由此，本研究对大学章程的内涵与功能进行了进一步的探索，认为大学章程的本质就是对大学场域秩序的一种安排，并体现着学术本位的内在精神，它具有规制大学利益相关主体权力和文化建构的功能；大学章程功能的发挥将有助于促使我国大学走出学术失位的困境。

在大学章程具有维系大学学术本位功能的条件下，我国大学章程建设实践是怎样的？它是否发挥了其应有的功能？在政治、经济及文化等诸多因素影响下，我国大学走向了与学术本位相左甚至相反的方向，从而陷入发展的困境。基于大学与大学章程的关系，显然大学章程将在我国大学制度改革中扮演关键角色，从理想的角度来说，它承担着推动我国大学回归学术本位的重大使命。事实

① 王建华.从中国式大学到大学的中国模式[J].现代大学教育，2008(1)：21-27.

上，近些年来我国大学章程建设已然进入试验和实践阶段。遗憾的是，我国大学章程建设实践并非一帆风顺，其治理功能的充分发挥有待于章程本身的完善，以提高其科学性和实效性。而清楚地把握当前我国大学章程建设现状，明晰问题所在及其影响因素，是科学制定章程建设方案、增强章程建设实效的前提。

在我国大学章程建设不力的情况下，我们应该如何学习、汲取国际经验？我国大学章程建设，一方面，需要深刻认识导致章程建设陷入困境的原因，提出有针对性的改进方案；另一方面，在国际化背景下，借鉴国际上大学章程建设先进、成熟的经验也是不可或缺的路径之一。正是基于这样的想法，本研究对其他国家和地区的大学章程建设进行考察，以期发现可供借鉴的经验。今天的欧美大学是中世纪大学从中古进化至当代的产物，欧美当代大学较好地保留了中世纪大学的许多传统，包括通过大学章程实施大学治理的做法。从国际的视角看，欧美、日、澳等高等教育发达国家和地区的大学都重视通过章程进行大学内部治理，并作为协调和规约大学同外部环境关系的重要依据；同时，在章程文本构成上也都不同程度地反映了学术本位的内在规定性。本研究通过解读若干所大学的章程文本，发现了大学章程建设之于大学治理的作用及其机理，可为我国推进大学章程建设提供经验借鉴。

我们最终将建构起怎样的大学章程基本框架，以回应大学内在要求和我国大学现实所需？在大学章程相关基本理论的指导下，在国外大学章程建设经验的启发之下，本研究提出了我国大学章程建设的基本方案设计，包括价值导向、基本原则等。其中重点对大学各权力主体的权力与责任、权力运行方式进行了规定，建构一个合乎大学组织要求的、基于学术本位的权力格局；对大学章程建设的具体程序进行了设计，以充分体现教授治校等学术本位思想；为了提高章程实施质量，从政府、法律和大学等不同角度提出了我国大学章程建设的实施保障机制。而我国大学章程的建设，在以现代大学制度建设为核心的高等教育体制机制改革框架下，正是建构我国现代大学制度、发挥现代大学制度功能的过程。建立学术本位的现代大学制度，是提高我国高等教育质量和大学发展水平的根本保障。

(二)本书的整体结构

根据本研究的根本指导思想和基本思路，同时，基于行文与结构安排的需要，本书的整体结构如下：

绪论 介绍了本研究的主要背景和意义，界定了本研究涉及的核心概念，交代了本研究的基本思路和结构，对研究主题的相关研究成果进行了综述，介绍了主要的研究方法。

第一章，大学学术本位的内涵及其表征 大学的组织属性是什么？本章从历史与现实两个角度确证了大学的学术属性。大学作为一个学术组织，其学术本性决定了大学的逻辑必然是学术本位的。本章对大学之学术本位的基本内涵进行了深入系统的解析，并以德国、美国的大学制度为例，阐述了大学学术本位在制度架构上的具体反映，也即学术本位的制度表征。

第二章，大学章程与大学学术本位的保障 要维系大学的学术本性，就必须保障学术本位这一内在的逻辑，而这就需要为之提供制度保障，大学章程建设就是大学学术本位的有效制度保障。通过对中世纪大学章程的源起与发展过程的考察发现，大学章程从一开始就具有维护大学自治、保障大学学术利益的功能。通过规制大学相关主体的权力、建构符合大学本性的大学文化，大学章程将在大学改革发展中扮演重要角色。

第三章，我国大学的异化与章程建设实践 学术本位是大学的内在逻辑，由于背离了这一逻辑，我国大学发生了异化，这就提出了通过制度改革来促使大学回归学术本位的要求。通过大学章程建设来实现这一改革目标，也就提上了议事日程。从理想的角度来说，大学章程建设必将推动我国大学走上科学发展的轨道。然而从现实来看，在诸多因素综合影响下，我国大学章程建设并不尽如人意，其大学治理功能并未得到充分发挥。

第四章，全球视野中的大学章程建设 大学章程具有保障大学学术本位的功能，在现实中它又是如何发挥这一功能的呢？本章对德国洪堡柏林大学、法国巴黎第一大学、英国伯明翰大学、以色列耶路撒冷希伯来大学、美国加州大学以及我国台湾地区的台湾大学、台湾“清华大学”“政治大学”“交通大学”等数所大学的章程进行了文本解读，发现了大学章程对于各大学治理的作用及其机制。以全球视野考察大学章程建设及其治理价值，对于我国现代大学制度和大学章程建设都具有重要的启示价值。

第五章，我国大学章程建设的基本策略 结合国外大学章程建设的经验，以及我国大学治理中对章程建设的价值期望，针对当前我国大学章程建设实践中的问题，提出了我国大学章程建设方案。首先，提出了我国大学章程建设的价值导向、基本原则、主要内容等；进而，结合我国大学治理结构存在的核心问题，对我国建构大学章程过程中的文本与程序性建设进行了有针对性地设计，并从政府推动、法制保障以及加强舆论宣传和试点工作等角度提出了推进大学章程实施的措施。

结语 现代大学制度建设集中反映了我国深入高等教育体制与机制改革的要求。现代大学制度的建成意味着我国大学由异化回归学术本位，而要推进我国现代大学制度建设,就要充分发挥大学章程建设作为制度实施路径的功能。通过本研究分析发现,大学章程建设是我国现代大学制度建设的可靠路径,而且大学章程建设既是我国大学制度改革和高等教育发展所必需的,章程建设本身也是可能的。

六、主要研究方法

(一)文献研究法

通过文献梳理和研究,可以厘清自己所关注问题的研究现状,包括该领域的前沿所在,包括已经取得的研究成果和有待继续深入探索的地方,也包含已有研究与自己的认识或假设间的差异。因此,参阅、学习相关研究文献,有助于自己的研究的框架和思路的科学性、合理性,也有助于确定进一步研究的方向或着力点,是研究有效展开的基础和前提。章程建设是最近几年我国高等教育制度改革的重要内容,学界一致认为章程建设是我国现代大学制度建设的关键,因而关于高校章程的研究是近两年来高等教育理论界的热点、焦点和重点课题,围绕大学章程的定义、性质、价值、制定等各层面的问题,研究者提出了不同的见解。此外,关于现代大学制度、学术治理、大学治理结构等若干主题,也都形成了丰富的研究成果。这些既有的研究成果对于大学章程主体研究有着重要的启发、借鉴价值,是本研究得以有效开展不可或缺的基础性条件。

(二)文本分析法

在后现代视野中,一切人和事件都可以构成一个文本,每个人都是在不断地进行文本创制、分析工作。文本分析方法是在释义学、现象学和符号学等基础上建立起来的一套理解事物"文本"的研究方法。文本分析的目的是通过对文本的文字、符号、语境等的解析,挖掘文本潜在的动机和效果。文本解读的对象除传统经典外,学校发展规划、学校历史发展材料等也都属于可解读的文本。文本解读应遵循一定的原则,如"整体领会"原则,即文本的形式、内容和思想内涵应该是有机统一的;"把握文本脉络"原则,即认清文本组织线索及其中心内涵;"背景原则",即从写作背景和文化背景中解读文本,分析文本创作的思想动机;"个性化原则",即对文本所蕴含的个性特征进行解读。读者以文本整体意义的理解为基础,而不能将自己的意思强加其中甚至歪曲作者意图,即任意解读。从文本解读的路线来看,文本分析首先是从理解文本蕴含的主题开始的,理解了文本主题思想后,接下来就是要理解文本的结构和内容。① 本研究选取了不同国家、不同

---

① 潘懋元.高等教育研究方法[M].北京:高等教育出版社,2008:257-260.

高校的章程文本为重要研究对象，通过文本解读的方法来解读大学章程在各国大学教育发展、大学制度改革及大学治理等领域的角色、功能及其作用机制，总结各国大学章程建设的先进经验，发现大学章程如何促使大学在其运行中坚持以知识活动为核心、遵循其学术发展逻辑的，为我国大学章程建设提供借鉴。

（三）比较分析法

比较研究方法是指对两个或两个以上的事物或对象加以对比，以找出它们之间的相似性与差异性的一种分析方法。通过比较有利于更加清晰地认识和把握对象的典型特征，或者有助于抽象出其间的共性。本研究选取了英国、德国、法国、美国、以色列及我国台湾地区多所大学的章程文本，在对各自在规定大学治理结构等方面所体现的主要特征进行解读的基础上进一步比较，在发现不同国家或地区的不同大学章程的各自特征的同时，还抽象出大学章程的一致之处，充分表明大学作为一个反映人类共同智慧的世界性社会组织所具有的共性，即学术性，以及这一组织属性对治理方式或制度建构的共同要求。发掘各国大学章程的基本要素、一般构成以及大学章程建设在大学治理中的角色、功能及作用机制，对于我国现代大学制度和大学章程的建设都具有非常重要的借鉴和启发意义。同时，本研究对我国的大学章程文本进行了案例分析，在这个过程中也与国外大学章程进行间接性的比较，从而更加清晰地呈现出我国大学章程建设中面临的问题或需要改进之处，以更加明确我国大学章程建设的方向及下一步的改革步骤，为推进我国大学章程建设提供进一步的理论指导。

除了上述研究方法，本研究还运用了访谈法。访谈法是指调查者依据调查提纲与调查对象直接交谈，收集语言资料的调查方法。笔者通过访谈来了解大学章程建设的现状，访谈对象既有全国重点高校和地方高校的主要领导，也有职能部门的行政管理人员；既包括章程建设的组织和领导者，也包括章程制定的实践者、章程稿的起草者。通过访谈，既获得了目前我国大学章程建设的一些感性认识，也获得了一些关于章程建设主题的诸多理性启发。

此外，本研究还在占有相关文献和材料的基础上，运用逻辑法，通过下定义、形成概念、作出判断等方式对所研究的相关问题进行了分析、推理及论证。思辩研究是学术研究的传统范式，甚至是一种古老的研究范式，但同时也是作为人的学术主体发挥独特理性和智慧、发掘世界本质的研究范式。在本研究中，思辩研究范式及其具体方法的运用，是研究者抒发内心、表达对我国大学章程建设问题之独特视角、特殊体认的重要手段。

第一章

大学学术本位的内涵及其表征

大学作为一个独特的社会组织，其存在、变化和发展是有其内在的逻辑要求的。洪堡指出，大学是高等学术机构，“它总是处于研究探索之中”，“其立身根本在于探究深邃博大之学术”①。学术本性决了学术本位是大学内在逻辑，这一逻辑是建构大学制度的内在规范、检验大学制度合理性的最终标准。大学只有在办学过程中以学术本位为根本准则，才可能满足自身和各利益相关主体的需要，实现自我价值和社会价值的统一。我国高等教育质量的提高、世界一流大学的建成都必须遵循学术本位的根本原则。但现实中我们更多地强调大学的社会服务功能，忽视了其学术本性，在思想认识和制度安排上背离了学术本位原则，导致了大学异化。明确大学作为一个学术组织的组织本性，加强认识和准确把握学术本位的含义，对于我国建构合理的大学制度，进而通过制度改革促使大学回归学术本位，有着重要的理论指导意义。

第一节　中世纪大学的学术组织属性

大学从其诞生伊始，就作为一个学术共同体而存在，学术性是大学的基本组织特性。我们今天的高等教育或大学教育产生的一系列问题，例如质量下滑、权力失序、公信力下降等，尤其是价值追求的偏向严重腐蚀着大学的存在基础，究其根源，正在于对学术特性的背离导致大学在很大程度上发生了组织异化。以历史的眼光重新审视欧洲中世纪大学的产生、发展及其背后所反映的学术性逻辑，对于今天我们的大学制度改革有着重要的启示，即大学的改革和发展必须以学术本位为根本原则，大学制度革新与塑构的张力必须依循于学术本位之基本

---

① 陈洪捷.德国古典大学观及其对中国的影响[M]修订版.北京:北京大学出版社,2006:197-198.

范畴。

一、知识进步因素与中世纪大学的诞生

(一)知识进步是中世纪大学诞生的主因

中世纪大学的诞生是当时多重因素所共同促成的,包括:城市复兴和经济贸易的发展既为之提供了物质条件,同时也提出了培养特定职业人才如神职人员、医生、律师的要求;学者行会的形成为大学形成提供了组织基础,且中世纪大学的最初形态就表现为由教师与学生组成的学者团体;而始于11世纪末期的十字军东征客观上导致了欧洲"12世纪的文艺复兴",为大学提供了知识基础,等等。可以说,"中世纪大学是社会的产物"①。然而,中世纪大学以知识的传播和创造为核心任务,这是中世纪大学作为一个学术共同体,在性质上区别于其他社会组织如商业行会或手工业行会的根本标志。因此,相对于其他因素,知识因素对于中世纪大学的诞生发挥的作用才是主导性、决定性的,而城市经济和社会生活因素才是其他行会组织产生的直接促因,这些因素对于大学的产生不过是提供了一个合适的契机

(二)早期教育机构的知识积累为大学诞生提供了基础

中世纪大学形成之前,欧洲已经存在数量众多的教会学校、医学校,部分学校后来逐渐形成中世纪欧洲的著名教育中心,如巴黎圣维克多和圣热内维耶夫学校、博洛尼亚的圣斐理斯学校、巴黎的大教堂学校等,它们对于各领域知识的积累和阐发,以学科科目、课程与教学等方式,为最终中世纪大学的诞生做了必需的原始积累,而12世纪的欧洲文艺复兴为这一积累过程输送了更多、更新的知识元素,则加速了大学的诞生过程。②尽管英国学者科班(Alan B. Cobban)认为,中世纪大学并非是对先前就存在的那些教育机构的继承和延续,③但显然知识的发展本身就包含了继承和延续的过程。正如美国历史学家哈斯金斯(C. H. Haskins)所言,"在12世纪,除'三艺'和'四艺'外,又增加了新逻辑、新数学和新天文学,与此同时还形成了法律、医学和神学三种职业机构。此前,大学还不曾存在过,因为西欧还没有足够的知识积淀以成为其存在的理由,随着这一时期知

---

① [比]里德-西蒙斯.欧洲大学史: 第一卷:中世纪大学.[M].张斌贤,等,译.保定:河北大学出版社,2008:10.

② [法]雅韦尔热.中世纪大学[M].上海:上海人民出版社,2007:8-11.

③ 贺国庆,等.欧洲中世纪大学[M].北京:人民教育出版社,2009:9.

识的增长，大学自然而然地产生了。知识革命和机构革命是同时发生的。”①

（三）知名学者的知识活动推进了大学形成过程

中世纪大学的诞生还与众多著名学者的教学与研究密切相关，因为中世纪大学的原初形态就是学者的社团。著名学者往往能够吸引大批学生，这是大学诞生的基础性条件。例如在博洛尼亚，著名的罗马法学者欧内乌斯(Irnerius)对《民法大全》作了详细注释，对罗马法作了合理分析，使其适合作为高等教育的一门专业学科而进行学术研究。“正是由于欧内乌斯对罗马法的学习研究以及作为教师而特有的迷人风格，使博洛尼亚成为著名的具有革新精神的罗马法教学的中心，大批教师和学生从欧洲各地涌入这座城市。”在萨莱诺，著名的医学教师康斯坦丁(Constantine)翻译了包括希波克拉底和盖伦的著作、哈里・阿拔斯的《全书》等，推动了萨莱诺的医学著述运动，当地的医学理论和教学获得了巨大发展。康斯坦丁因翻译的希腊、阿拉伯医学著作构成了13世纪下半叶创建的大学医学课程的重要基础。②巴黎大学的诞生则受益于当时著名学者阿伯拉尔(Pierre Abelard)的个人影响。“这个聪明、年轻的激进分子以他固执的怀疑一切的精神和对权威的轻慢态度著称，无论他教什么，并且无论是在巴黎还是在乡下，都吸引了一大批学生。正因如此，他对大学的兴起产生了深远的影响”③。可见，著名学者的教学与研究是大学诞生的重要促因，这是大学从一开始就具备学术性的又一例证。

当然，强调知识发展对于中世纪大学诞生的意义，或者强调大学的学术性品格，并不意味着对其他影响因素的否定和对中世纪大学其他目的或功能的否定。作为新的社会制度，大学只有在中世纪某些具有特殊的政治、经济和社会条件的城市中才可能出现，即大学要满足“都市化社会的需要、教会和政府官僚体制的需要”，而“精神本身并不能创造大学”，客观地说，大学从一开始就“受到探索真理的基本冲动和众人获得实际训练的需要之间张力的支配”④。片面地否认中世纪大学是其所在社会环境的产物的事实，而将人类对知识的追求作为大学的唯一起源的观点是不科学的。但即使如此，仍要强调的是，中世纪大学是中世纪学术发展和知识积累的产物及其制度化的表现形式，没有理性主导的探索知识

① [美]哈斯金斯.12世纪文艺复兴[M].夏继果，译.上海：上海人民出版社：2005：368.

② 贺国庆.欧洲中世纪大学起源探微[J].河北大学学报：哲学社会科学版，2007(6)：21-28.

③ [美]哈斯金斯.大学的兴起[M].张堂会，等，译.北京：北京出版社，2010：19.

④ [比]里德-西蒙斯.欧洲大学史：第一卷　中世纪大学[M].张斌贤，等，译.保定：河北大学出版社，2008：12，78.

的精神冲动，就不会有大学的产生，“刺激大学出现和成长的根本原因是对学术和科学的兴趣，是学习和了解世界的需求，是‘探索知识的欲望’”①。

二、从中世纪大学的课程与教学看其学术性

(一)中世纪大学课程的学术性

中世纪大学的课程与中世纪学术进步有着密切关系，一方面，它延续了欧洲古代高等教育的某些传统和特征；另一方面，也在很大程度上体现了12、13世纪欧洲的学术活动及其特征。从11世纪至12世纪中期，欧洲大学的课程主要是沿袭古希腊特别是希腊化时代后期及古罗马的教育内容。12世纪欧洲发生了文艺复兴，高水平的拜占庭文化和阿拉伯文化传入欧洲，同时掀起了探究古希腊罗马文化、重新发现古代西方文明的热潮。尤其是12世纪的“古典翻译运动”②，使西欧的知识领域活跃起来，为12世纪以后的西方思想家们打开了一个崭新的知识世界。

在此背景之下，中世纪大学课程体系逐渐具备了一定的学术性特征。课程体系的学术性特征在巴黎大学表现得尤为明显。随着亚里士多德的著作陆续经过拜占庭、西班牙和阿拉伯帝国被介绍到欧洲以后，12世纪以后巴黎大学的课程内容开始发生变化，亚氏逻辑学、哲学论著甚至成为大学的标准教材和重要教学内容，开始在西欧各大学中流行。大学的学科中除了原来的“七艺”科目外，神学、法学和医学等学科也开始确立。从13世纪末到14世纪初开始，法国各大学已经普遍开设了有关亚里士多德的逻辑、哲学、伦理，希腊化时期欧几里得的《几何学》、托勒密的天文学以及阿拉伯的哲学和科学在内的多种课程。从14世纪初期开始，巴黎大学基础学部的课程内容除了形而上学、道德哲学等外，还有宇宙学、心理学和认识论，课程内容由重视哲学性内容转变到重视认识论问题。③在牛津大学，由于教皇直接干预较少，能够相对自由地传授和研究包括自然科学在内的世俗知识，亚里士多德的著作居于课程中心地位，自然哲学和罗马法等内容也可以自由传授和研究，这使得牛津大学的课程更具有学术特征。④ 从中世

① [比]里德-西蒙斯.欧洲大学史：第一卷　中世纪大学[M].张斌贤，等，译.保定：河北大学出版社，2008：11.

② [比]里德-西蒙斯.欧洲大学史：第一卷　中世纪大学[M].张斌贤，等，译.保定：河北大学出版社，2008：347.

③ 张磊.欧洲中世纪大学[M].北京：商务印书馆，2010：200.

④ 贺国庆，等.欧洲中世纪大学[M].北京：人民教育出版社，2009：87-89.

纪大学课程或科目的性质、内容来看，并不仅仅是基于职业需求的简单知识和技能训练，而是初步具备了“高深知识”的特征。正如 L. Brocklins 所说的，中世纪大学的学习内容“一类属于古典语言、古典文献和七艺等类课程，一类属于为进一步学习打基础的知识性课程，还有介于二者之间的专门探讨学历和万事万物背后之道理的哲学类课程”①。

（二）中世纪大学教学的学术性

在教学方面，中世纪大学的学术性特征主要体现在其教学方法上。中世纪大学的教学方法都有着两种相同的基本形式：讲授（lectio）和辩论（quaestio），所使用的语言都是拉丁文。讲授就是教师讲解所选定的著作或教科书的原文以及各种注释，学生听教师讲解，逐字逐句记笔记。辩论一般在讲授之后进行，分为问题辩论和自由辩论。前者是指两名或两组学生就一个论点进行辩论，多在课堂上由教师主持进行。自由辩论一般在公开场合进行，辩论的问题和参加的人数都没有限制。辩论中，学生要尊敬“权威”，掌握“权威”，因为这些权威是各个学科的基础，要求辩论者按亚里士多德三段论的规则进行，而且在辩论中通过不断引证“权威”，以确立、辩护或反驳有关具体的论题。在这种教学方式下，学生需要长时间的学习。“中世纪大学这种用统一的语言、统一的教学方式遵从共同的权威及长时间的训练，实际上就是构建一种学术规训的方式。对权威的遵从和掌握是铸造共同的知识基础；讲授和辩论以及长时间的学习，是塑造共同的心智模式，再加上考试、毕业典礼等陶铸的文化模式，综合起来就成为系统专门的学科规训和学术训练。这种学术训练可以说是大学知识生活的核心，是中世纪大学奠定下来的，后来经近代大学与现代大学的不断发展，成为今天我们大学知识生活的基本模式”②。

三、中世纪大学的学术研究及其制度化

（一）中世纪大学的学术研究

知识发展是推动大学诞生的内在因素，中世纪大学诞生后，仍作为一个学术机构进行学术活动。尽管在研究方法的科学性、研究领域的广阔性乃至研究成果的数量等方面，中世纪大学的学术研究与今天的大学不可同日而语，但学术探索已经成为其重要的活动内容。中世纪大学学术研究的形式主要有实验、评注、

---

① 张磊. 欧洲中世纪大学[M]. 北京：商务印书馆，2010：169.

② 刘海峰，史静寰. 高等教育史[M]. 北京：高等教育出版社，2010：290-291.

翻译和编纂等。

中世纪大学的教师已经不像早期那样单纯讲解古典权威著作，而是对其进一步阐释，即评注。尤其是对于那些深奥晦涩的神学及其他古老文献的评注，以一种新的知识形态传授给更多人，使其理解它们的意义。在13、14世纪，许多教授编写的注释和全书或大全之类的读物对于大学教学作了很好的补充，例如13世纪末，奥尔良大学的Jacques de Revigny等人对法学领域的著作进行了全新注解。在注解过程中，他们不仅仅是诠释者，还提出了自己的解答，体现出思想性和创造性。中世纪大学的教科书除了"注解"而成，很多还是"编纂"本，如比埃尔·朗巴德把圣经改编成常识性质的语录汇编，成为神学院的基本教科书；14世纪中叶，Fracesco Accursio教授编写《注解通览》，将过去数千种对法学经典著作的"注解"进行了概括提炼。[①]编纂是一个知识体系的加工过程，其中渗入了编纂者的思想和价值观，并形成了新的知识体系，本质也是一种学术活动。随着知识领域的拓宽，中世纪大学的教师开始探索自然科学，例如牛津大学的罗吉尔·培根(Roger Bacon)首次提出了"实验是科学之王"的科学思想，认为实验和观察是获得真知的唯一方法，他还进行科学实验实践，如进行光学实验、研究凸透镜等。在化学领域，也有学者通过实验发现了获取化学元素的方法。这表明实验开始成为人类发现新知识的重要手段。[②]而实验研究方法是学术研究走向科学化的一个重要标志。这种对经典著作的编纂、注解以及对新的科学领域的探索，尤其是实验手段在自然科学领域中的使用，表明了大学教师在知识面前的主体性和基于探索未知世界的目的性、主动性，正如雅克·维尔热所说的，大学的诞生与发展伴随着教师们所具有的"一种知识劳动和哲学家境界的独创的特殊意识"，"哲学家自觉为一个工作者，其工作是研究和无私无利的教学"[③]。可以说，中世纪大学教师的这种知识劳动在很大程度上具备了今天意义上的学术研究的基本要素和价值。

(二)中世纪大学的学术制度化

大学作为高度制度化的组织，大学的知识活动及其管理具有相应的制度。中世纪大学在发展过程中，客观上形成了基本的学术制度体系。我们今天所说的学术制度主要涉及教学、科研及学术管理方面的相关制度，包括学科制度、学

---

① [法]韦尔热．中世纪大学[M]．上海：上海人民出版社，2007：59-60.

② 鲍耀三．简明自然科学史[M]．开封：河南大学出版社，1998：75.

③ [法]韦尔热．中世纪大学[M]．上海：上海人民出版社，2007：153.

位制度、教学制度(学分制、讲座制、导师制、研讨班和实验室制度)和晋升制度等。[①]尽管中世纪大学的学术制度化水平与今天相比显然并不成熟,而且在形式和内容上也尚未完善,但却在很大程度上形成了现代大学学术制度的源头。文、法、神、医四个基本学部的分化,从学士到硕士、博士的学位制度,教学中的讲授制和辩论模式,以及教学资格的审核认可制度等,都表明了这一点。用哈斯金斯的话说,现代大学从中世纪大学所继承的传统中,最重要的是制度,"首先,大学即教师和过着共同求学生活的学生的联合体。其次,大学是一种学习课程的观念,学习的时间和科目都予以明确规定,学习结果通过考试检验,然后方可获得学位,并由此学位再获得其他多种学位。学士是获得人文、法律、医学和神学等学科的教师资格,也就是获得硕士、博士学位的一个必经阶段。还有就是系科,每个大学都有四个或者更多系科。学院就更不用提了……大学组织的这些要素清楚明晰,而且被延续下来。"[②]可见,中世纪大学已经具备了当代观点中大学学术制度的基本要素,或者说,今天的大学学术制度是对中世纪大学学术制度的继承和完善。

本节结语

阿什比曾明确指出大学的内在逻辑,即"大学是探索和传播真理的堡垒";洪堡亦认为,"大学是把科学和学术当作解决无穷无尽任务的工具,从事永不停止的探索"[③]。从欧洲中世纪大学的发生和发展过程来看,知识因素从根本上推动了中世纪大学的诞生,知识活动始终贯穿于中世纪大学的课程与教学之中,而且这种知识劳动即学术研究一步步由非制度化走向了制度化,体现了学术性的内在逻辑,"……知识的丰富、聚集和储存,知识传播与转化的需要,知识界大师和领军人物的出现,共同探究的知识问题和群体探究风气的形成,直接孕育出大学教育的组织形式。大学的出现,从某种意义上说,是'知识制度化过程的结果'"[④]。因此,大学从一开始就是一个学术共同体,大学存在的价值基础在于其与生俱来的学术研究的本能。因此,我们今天的大学制度改革必须尊重大学的

① 参见《学术制度与大学组织》编者按,《北京大学教育评论》,2010(3).

② [美]哈斯金斯.大学的兴起[M].张堂会,等,译.北京:北京出版社,2010:29-30.

③ [美]布鲁贝克.高等教育哲学[M].王承绪,等,译.杭州:浙江教育出版社,1998:12.

④ 周佳.学术权利的政治哲学基础[M].太原:山西教育出版社,2010:25.

固有逻辑——学术性逻辑，在学术本位的思想指导下，建构学术本位的制度体系。

第二节　学术功能与大学的价值基础

价值是指具有特定属性的客体对于主体需要的意义。大学的价值源于大学能够在物质和精神方面满足人的需要。大学的价值又是通过具体的大学职能来体现的，如培养人才、发展科学和服务社会，以及引领社会文化、[①]促进社会阶层流动、[②]推进国际交流与合作[③]等。王洪才教授提出，在高等教育发展新趋势下，大学必须适时地补充“知识转化”“促进就业”和“终身教育”等新三大职能。[④] 但当大学承担了更多职能，背负了更多使命，其本来的使命甚至其组织本性反而变得模糊起来，这不利于大学核心功能的发挥，甚至会发生大学发展方向的迷失，笔者认为，大学的职能体系是大学价值的表现形式，而正是大学作为一个学术组织具有知识创造的能力，才使得大学具备了如此众多的职能，故而可以说，大学的价值基础就在于大学的学术性组织本性及其固有的学术功能。因此，当大学的制度安排违背了大学的学术性组织特性，阻碍了其学术功能的发挥，大学的价值基础即遭到破坏。由此，大学制度改革的意义就在于维护大学的学术组织本性，促进学术功能发挥。

一、学术研究与人才培养

学界较普遍地认为，教学是大学与生俱来的活动内容，培育人才是大学最早产生的职能，是大学的第一职能。大学的教育教学活动是一个对学生的知识、技能、道德、价值观等多维综合素质产生影响的过程，知识传授虽然并非这一过程的全部，但却毋庸置疑地占有主体地位，况且真正的知识和知识传授过程本身也包含了塑造和改变学生能力、道德、价值观等要素的功能。从广义上说，大学的知识传授或者说教学、培养人才就是一种学术活动；从狭义的角度而言，知识的发现为知识的传授即教学提供了知识来源，也即学术研究是大学教学的前提。

---

① 段从宇，等.文化引领：大学使命的时代溢出与应然回归[J].现代教育管理，2012，(3)：9-12.

② 刘精明.教育与社会分层结构的变迁——中高级白领职业阶层分析[J].中国人民大学学报，2001，(2)：21-25.

③ 唐玉光.国际化——知识经济时代大学的新职能[J].高等师范教育研究，2000，(5)：18-24.

④ 王洪才.大学“新三大职能”说的缘起与意蕴[J].厦门大学学报：哲学社会科学版，2010，(4)：5-12.

大学培养人才不是传授既有的知识，而是一个创造新知识并以新知识浇灌求学者的过程；大学培养人才也不是一个简单的知识传授过程，而更是一个教师与学生通过研讨形式来建构、创新知识的过程。所以，新知识的产生是传播知识的前提。从中世纪大学的产生来看，作为大学雏形的学者社团首先是基于知识分子对自由思想和知识的共同兴趣而形成的，这些学者社团的目的在于探究学问，开展学术研究工作，因此最初的大学是一个学术研究机构。①正是一批杰出的学者和他们所从事的学术研究吸引了大批青年学生，高深学问的教学才由此产生并一步步走向制度化。从某种意义上说，正如张应强教授所言，教学或人才培养不过是学术研究的"副产品"②。只是直到1810年柏林大学创立，洪堡提出现代大学应是"知识的总和"，是教学与研究的合一，科学研究作为大学的正式、显性的职能才得以正式确立。张维迎在谈到现代大学理念时便认为，大学首先在于创造知识，传授知识和服务社会是其后。③

我们强调学术研究作为人才培养的前提性条件，并非否认人才培养在大学职能体系中的重要性、基础性，因为大学在本质上还是一个教育机构，我们也无需在人才培养与学术研究两个职能之间划出第一、第二之分。只是说，大学要通过高水平的教学来提高人才培养质量，就必须建立在优秀的学术研究水平基础上。如果只是传授固定的、既有的书本知识，那么大学与中小学也就没有本质区别了。现实中出现的"重科研、轻教学"现象，显然是错误的思想和做法，而且就目前我国的形势来看，确实需要重申，大学作为一个教育机构必须坚守其教书育人的使命，大学虽然应正视、重视其学术功能，但大学"不是研究院，也不是企业研发中心"，培育人才是大学组织特性的主要标识。④

二、学术研究与社会服务

无论是主动的还是被动的，当大学走出象牙塔走向世俗的时候，她在推进人类社会进步方面的逐渐表现出其巨大的优势和价值。从19世纪60年代，在《莫雷尔法案》框架下，美国新兴赠地学院为推动国家工农业现代化进程而设置农

---

① 周光礼.学术自由与社会干预——大学学术自由的制度分析[M].武汉：华中科技大学出版社，2003：49-51.

② 李志锋，欧洲中世纪大学学术研究的形式与特征[J].北京科技大学学报：社会科学版，2006，(3)：124-128.

③ 张维迎.大学的逻辑[M].北京：北京大学出版社，2004：114.

④ 霍建伟.大学要坚守使命，育人是大学第一职责[N].科技日报，2011-04-12(2).

业、机械制造工艺等领域的课程，培养经济发展所需人才，“以更具有实用价值的内容来填补空白”①；到20世纪初期在威斯康星大学校长范海斯推动下形成“威斯康星思想”，大学将资源用于促进州和国家的经济、社会发展，大学的专家与政府为改进农业、发展工业和解决社会与经济问题进行广泛合作，“用科学来改善公民们生活的方方面面”②，大学在历史上第一次有组织地把基础研究、应用研究和应用技术研究有机地结合在一起，“直接为社会提供服务”最终成为大学的第三职能。

大学的社会服务职能是以其学术功能为基础的。从大学的社会服务职能来看，为经济发展提供科技支持，或者大学凭借科技优势创建高新技术企业，是大学服务职能的首要体现。斯坦福大学之于“硅谷”(Silicon Valley)，剑桥大学之于“硅沼”③(Silicon Fens)，都体现了大学科技开发功能对于高新产业发展的巨大的原推动力。我国北大方正、清华紫光则较好地诠释了大学是如何依托知识优势而成功进军产业界的。此外，为政府决策提供咨询以及以课题、项目等形式提供有关国家改革主题的方案，为公众提供教育培训课程以及科普、法律支持，向社会输送精神产品和文化服务，等等，都体现了大学的社会服务职能。而大学的这些职能显然都是以大学的学术功能为基础的，大学正是凭借其独特的学术生产能力，通过知识活动的形式，向政治、经济、社会各领域提供着智力服务，从而走向当今社会的中心，成为社会发展的“服务器”“动力站”。在新型的知识经济社会，国家综合实力的提升，政府执政和服务水平的提高，企事业组织乃至个人的发展，将更加依赖科技知识，如此，以知识生产和传播为基本职能的大学在社会中的核心地位将进一步巩固；在日益形成的学习型社会，学习越来越成为一种基本的生产生活方式，政府、企事业及个人都将必须通过学习而成为学习型组织或个人，而最有资格和能力提供终身教育资源的显然是大学。因此，大学社会服务职能的产生和实施都是以大学的学术功能为基础的，大学的学术优势决定

---

① 王英杰.美国高等教育的发展与改革[M].北京：人民教育出版社，1993：9.

② 陈学飞.当代美国高等教育思想研究[M].沈阳：辽宁师范大学出版社，1996：1037.

③ 即英国剑桥科技园区。第三次工业革命后，随着美国硅谷模式取得巨大成功，英国政府为推动科技成果产业化，也尝试建立以大学为依托的科技园区。1968年11月，剑桥大学小组委员会提交了著名的《莫特报告》，报告提出要以剑桥大学的声望和实力，把那些立足于科学技术研究的企业吸引到剑桥地区来，并得到了英国政府和企业界的支持。1969年，具有七百多年历史的剑桥大学率先走出了“大学公司”的新路，成立了剑桥科学园。该园区以剑桥大学为源泉，涌现出大量高技术公司，剑桥科学园也被誉为英国的“硅谷”。详见：约翰.巴特菲尔德.剑桥奇迹——高技术在大学城的成长[M].上海：上海翻译出版公司，1987.

了其社会服务的水平与层次。

三、学术研究与文化引领

作为一个文化机构，大学内在地具备文化功能。有学者指出，“引领文化是大学的第四功能，而且是大学与生俱来、影响更为深远的社会功能”①，大学的文化功能是指大学通过检视、批判、矫正流行的文化并创造新文化，通过塑造思想、价值、伦理及道德观等方面的公共标准，引领一个国家和社会的文化主流。大学文化功能的实现形式中，大学通过知识活动的内在性批判和知识分子的直接批判实现其文化引领功能。

首先，大学的知识生产是一个追求“真善美”的过程，具有内在的批判性。其一，求知即真实地反映世界和对错误认识进行否定和批判。正如波普尔所说，批判就是自由讨论知识，发现知识的弱点并加以改善，以及反驳和证伪伪科学，这种批判的态度是科学传统最重要的东西。②其二，求知即向善。教育存在的基本依据之一是“善”，或者说教育本质上就是一种“善”，教育善表现在促进个体和社会发展上，③而知识则蕴含和传递着善，如苏格拉底所说，“知识即美德”，“美德即善”。可见，大学的知识活动是教育实现善的形式。其三，求知即唯美。知识本身是美的，理论把那些繁杂、深奥的东西转变成清晰明了的公式定理，从而呈现出深邃、单纯的理性美感。如古希腊欧几里得的《几何原本》被誉为“科学史上的艺术品”，爱因斯坦的相对论便被誉为物理学中“最美的理论”。知识之美在本质上反映了自然界的和谐，是追求真理的一种内驱力，因而才有科学研究的“臻美原则”。此外，知识的美还意味着知识使人懂得欣赏、鉴别和追求美。从事知识活动即追求真善美，这还意味着这是一个去伪存真、宣扬真实的过程，是一个揭露和鞭挞谬错、丑恶的过程，即批判的过程。所以，大学知识生产内在地隐含着批判的本性。

其次，大学的批判还主要通过知识分子或学者的批判活动来实现。大学的知识分子常常立足专业认识，通过直接批判来抒发和践行其理想。知识分子批判包括政治批判、社会批判、文化批判、思想批判等。例如布尔迪厄等人对有关政治问题的批判，表现出他们为信仰而奋斗的浪漫主义情怀；斯诺等人对科技文

① 段从宇，等.文化引领：大学使命的时代溢出与应然回归[J].现代教育管理，2012，(3)：9-12.

② 波普尔.猜想与反驳——科学知识的增长[M].上海：上海译文出版社，1986：72.

③ 王洪才.教育是何种善[J].新华文摘，2011(16)：118-120.

化与人文文化的冲突的批判至今仍是世界的课题；德国知识分子受国家主义、政治专制主义的影响，往往集中在深层的理论批判上；相对来说，美国知识分子的批判则是多元的，“或效忠和支持现存制度，或采取独立不倚的批判态度。”[①]由批判的含义来看，大学学者拥有无可争议的批判资格，他们批判政治、经济、社会等各领域中不符合标准的事物和现象，力图通过知识的力量改变现实，以达至其理想。例如，对损害社会公平的制度安排的批判，对粗放的经济发展方式的批判，对下滑的道德水准的批判，对落后的社会传统的批判，对大学自身的批判，以及关于理想秩序的设计等。从根本上说，批判是一种给社会健康发展提供精神目标和动力的文化活动，批判的价值集中体现于这种文化活动的社会功能。总之，从大学的批判到大学文化功能的实现，都是以学术研究为基础的，或者说就是学术研究本身。

四、学术研究与社会流动

高等教育具有内在的解放功能，一方面，促进受教育者个性的完善和心灵的自由，是为精神的解放；另一方面，为受教育者提供知识、能力、文凭等，以获得较好的职业和社会地位，是为物质的解放。美国社会学家索罗金在《社会流动》(1927 年)一书中指出，“学校是使人从社会底层向社会上层流动的电梯”。布劳和邓肯在分析美国社会结构时也认为，个人的教育程度是影响其社会经济地位的重要自致性因素。[②] 也就是说，具有一定教育经历者更易于实现层级递进，此即高等教育或大学促进社会流动和社会分层的功能。

教育的价值在于促进人的发展，既有物质的，也有精神的。但相对于基础教育，高等教育促进社会流动的作用更显著，因为高校毕业生将直接进入就业市场，而高等教育文凭被视为受教育者拥有较高知识和能力的象征，是就业市场准入资格的标志。事实上，虽然有关高等教育与社会变迁的研究始于近代，但大学史研究表明早在 12 世纪大学教育就已对学生的职业变迁产生实际影响。在当时的博洛尼亚，大学法学院的毕业生正是凭借大学文凭或证书取得法律专门职业的从业资格。14 世纪在阿维尼翁教廷任职的红衣主教中，大学毕业生占到近一半。[③]可见，大学从一开始就具有促进社会流动的功能。在我国，“读大学”往

① 李普塞特. 政治人——政治的社会基础[M]. 上海：上海人民出版社，1997：297.

② 潘懋元. 多学科观点的高等教育研究[M]. 上海：上海教育出版社，2001：267.

③ 张斌贤. 大学：社会分层与社会流动[M]. 北京：北京师范大学出版社，2007：4.

往承载着读书改变命运的个人和家庭期望，尤其是对农村学生，“跳出农门”的唯一路径常常就是读书升学。2007 年我国高考制度恢复三十周年之际，历经那场变革的人们无不“将自己的感恩送给 1977 年”，“它穿透‘城乡分治’的二元格局，让生长在田野里的农家子弟也可以在‘学海无涯苦作舟’的指引下，寻找自己通向新世界的蜿蜒道路，编织起做未来城市主人翁的梦想；它打破了权钱构筑的区隔，无论是城市还是乡村，即使是赤贫之子也有机会通过知识改变命运。”①由此可见高考和大学承载之重！所以说，在我国大学促进社会流动的价值尤为凸显。虽然在大众化阶段，大学文凭已经不足以作为直接踏入精英阶层的凭证，而且出现了大学农村生源下降、大学在某种范畴内阻碍社会流动和分层的端倪，②但我国社会“中间阶层”的扩大亦证明了大学在优化社会结构上的积极意义。③ 可以预见，知识经济时代的大学对社会流动的贡献将更加显著。“知识改变命运”的现实命题表明了知识因素对于大学促进社会流动的基础性价值，进一步证实了学术研究在大学职能体系中的根本性地位。

本节结语

从大学的学术功能与其培养人才、提供社会服务、引领文化及促进社会流动等职能的关系来看，大学之所以能够成为社会全面进步的动力站、加速器，从根本上说源于大学的学术功能。大学的整个职能体系是以知识为逻辑起点的，知识的生产、传播和应用过程就是大学发挥职能的过程。除了以上职能外，大学还有其他的职能，比如在国际化背景下，大学在促进国际交流与合作方面的意义也愈加凸显，而这主要是在教育、文化和科学研究等领域的国际化，显然大学的学术功能仍作为推动这一进程的原动力。总的来说，学术功能成为大学具备和开

① 高考改变了我们[EB/OL]. http://news.xinhuanet.com/edu/2007-06/06/content_6203908.htm,2007-6-6.

② “高等教育大众化与缩小社会阶层高等教育差异研究”显示，私营企业主阶层子女接受高等教育的机会是城乡无业、失业、半失业者阶层子女的 14 倍；民办高校与公立高职的辈出率之比达到 22 倍以上。在专业选择上，以热门的会计专业为例，上层社会子女的条件概率为 66.4%，而下层社会子女仅为 36.4%；在较冷门的行政管理的选择上，前者条件概率仅为 13.1%，后者则达到 42%，表明下层子女更多选择冷门专业，上层子女则正相反。详见：谢作栩.高等教育大众化视野下我国社会各阶层子女高等教育机会差异研究[J].教育学报，2006(4)：66-74.

③ 刘精明.教育与社会分层结构的变迁——中高级白领职业阶层分析[J].中国人民大学学报，2001,(2)：21-25.

发一系列职能的基础，可以说，大学在能够成为大学之前，“学术性”就应该成为大学存在的先决条件。[①]这决定了大学的学术组织本性。而要充分发挥大学在推进国家、民族和社会进步中的轴心作用，就必须要尊重和促进大学学术功能的发挥，这是大学制度的改革必须始终坚持的原则和思维。就如芝加哥大学首任校长哈珀所说，“我们达成的共识是：研究工作是学校的首要工作”[②]。

第三节 大学学术本位的基本内涵及其规定性

大学的学术本性决了学术本位是其内在逻辑，这一逻辑是建构大学制度的内在规范。现实中我们更多地强调大学的社会服务功能及其外在价值，却在理念和制度安排上背离了学术本位原则，导致了大学异化。准确把握学术本位的含义，对于我国通过制度改革促使大学回归学术本位有着重要的理论价值。

一、大学学术本位的基本内涵

中世纪大学从一开始就是以知识活动为载体而进行教育及其他活动的社会机构，在当代大学角色与功能高度多元化的背景下，学术功能仍是大学实现多元价值的根基。因此，从根本上说大学是追求真理之地，大学是学术性组织，这决定了学术本位是大学的内在逻辑。所谓大学学术本位，主要包含三个方面的含义：其一，大学作为学术主体，以学术价值为根本，也即大学以追求真理为最高目标指向，其他一切活动都要服从这个目标，追求知识本身是大学的目的；大学学术价值的实现是其整个价值体系的基础。其二，大学在追求和实现学术价值过程中，尊重和贯彻学术自由、大学自治、教授治校等理念或原则，这既是知识发展的内生性要求，也是其对大学组织规则的要求，大学只有实现自治和教授治校，才能成其为学术组织，才能贯彻学术自由，进而发展知识。其三，以学术自由、大学自治及教授治校等思想为指导，建构起合理的制度体系，在维系大学的学术本性的基础上促使其实现学术价值；合理的大学制度安排，实质上就是学术自由、大学自治和教授治校等核心大学理念的外在表现形式。

大学学术本位标识的是大学的内在价值观，反映的是大学组织的内在要求。

---

① [西班牙]加塞特.大学的使命[M].徐小州，译.杭州：浙江教育出版社，2001：46.

② 张敏，杨媛.芝加哥大学[M].长沙：湖南教育出版社，1996：26.

与学术本位相对的观念或行动取向则是以外在价值为标准的，如以政治或行政权力的意志为标准的“大学行政化”、在市场语境下过度追求经济指标的“大学商业化”等，显然这与同大学以追求知识进步为使命，强调自由、独立、公正的应有品性是格格不入的。而我们所说的大学异化，正是因为缺乏科学的制度体系来保障大学按学术本位的逻辑来运行，其学术本性被扭曲、遮蔽，大学本性的变化即意味着大学在很大程度上不能成其为大学，自然也就不可能发挥作为学术组织的应有功能。

二、大学学术本位的若干规定性

（一）学术主体以追求知识本身为首要目标

大学是一个围绕知识展开活动的组织机构，包括知识的发现、传播和应用。对于大学来讲，知识的创造与传播反映了大学作为一个学术组织的内在要求；知识应用则常常反映大学对社会需求的回应。知识向文化产品、技术与工艺等的转化实质上是知识形态的变化，是知识发挥价值的过程。知识的价值有的在于知识本身，即知识作为知识增长的基础和条件；有的在于精神，例如社会批判与启蒙、闲暇的充盈等；有的在于物质性目的，或表现为技术或生产力，或表现为器物，或最终以货币表现。

这样，知识的价值或者说学术价值就有了内在、外在之分。前者主要是指学术满足知识创造与传播的需要，即对于知识本身的价值，其指向在于知识进步；外在价值则偏向于知识的应用，尤其是知识的物化过程。学术为了知识本身，即如亚里士多德所强调的，学术的价值在学术自身而不在学术外在的功用。这反映了“理想主义的学术价值观”。当知识偏向物化倾向，被赋予了功利化的目的，即为知识的功利化和工具化。这种“功利主义的学术价值观”否认学术的自我目的性，认为学术只有投射到外部的政治、经济中才能获得价值，①此即大学的异化的本质反映，在外来的政治和经济宰制之下知识或大学学术内在的、自我的价值被遮蔽，甚至是对内在标准的自我抛弃。可以说，随着按“知识使用者”的要求生产知识成为“新知识生产”的重要特征，“启蒙运动时期所珍爱的信仰——知识的价值在于本身，人们可以在独立学院的象牙塔里追求知识——越来越不重要”②。大学以学术为本位指的是反对知识的过度功利化，强调知识的自我价

① 周光礼.学术自由与社会干预[M].武汉：华中科技大学出版社，2003：179-180.

② [英]德兰迪.知识社会中的大学[M].黄建如，译.北京：北京大学出版社，2010：130.

值，强调“为学术而学术”的精神。当然，“为学术而学术”并非绝对意义的，而是在相对意义上主张大学应首重学术发展，尤其是基础研究，因为这是大学职能体系的基础。正如哈珀所言，“芝加哥大学的整个能量都献身于纯科学的学习，目的是在坚实基础上建立纯科学，当纯科学完成的时候，其他工作将因为纯科学的最初的稳固的基础变得更加强大”①。

不同的学术价值观还反映在学者个人身上。在近20年国内对知识分子的各种批评之中，大学知识分子成为受批评最多的对象，甚至有人宣称“大学已经没有真正的知识分子”②。造成这一尴尬局面的正是由于大学学者过度强调知识的外在功用，而忽视知识的自我价值，学术成了追逐实现政治与经济利益的工具，“知识分子并不是在说自己的专业话语，它总是在意识形态的框架内鹦鹉学舌般重复着政治伦理之类的话语。”③而学术本位则要求“每个学者不应为了非学术动机违心地改变自己内心所企及的真理，都有义务遵循自己的学术良心，并行使捍卫个人见解的权利”④，从追求意识形态化的、经济工具化的学术转向纯科学的创造和人文精神的创造。学术主体要追求学术价值，要推动知识进步，就提出了实现学术自由、大学自治及教授治校等核心大学理念的要求。

（二）学术自由是学术主体的基本权利

在知识及其外在效益之间，大学首重知识本身。只有这样，大学才能维系其学术本性和学术创造能力，进而发挥其社会服务职能，最终获得自身存在的意义。而大学对学术价值的追求、对知识本身的追求就提出了对学术自由的要求，因为“没有学术自由，重要的教学和研究工作不可能是真正有效的”⑤，没有学术自由也不可能有真正的学术研究和学术进步，因为学术研究是一个发现和创造真知的过程，知识的客观性、专业性和知识生产所需的创新性要求学术创造必须具有一个自由探索的环境。⑥ 学术自由正是大学学术本位的核心含义。

学术自由是指学术组织及其成员免于某些强制从事学术活动的自由，主要是进行学术探讨和发表学术见解的自由，其实质是思想自由和表达自由。⑦学术自由的主体包括个体性的主体和群体性的主体，大学的学术自由就包含了两层

---

① 黄宇红.知识演化进程中的美国大学[M].北京:北京师范大学出版社,2008:152.

② 王金红.高校知识分子公共意识的实证分析[J].求实,2009,(6):75-79.

③ 杜书瀛.学术本位的回归[J].文史哲,2000(1):20-23.

④ 许纪霖.智者尊严——知识分子与近代文化[M].上海:学林出版社,1991:237.

⑤ [美]阿特巴赫.变革中的学术职业——比较的视角[M].别敦荣,主译.青岛:中国海洋大学出版社,2006:206.

⑥⑦ 冒荣,赵群.学术自由的内涵与边界[J].高等教育研究,2007(7):8-16.

含义，一是大学从事教学与研究工作的自由，洪堡在1809年创办柏林大学时就提出："致力于追求真理的学校必须不受所有外来的干涉"；二是大学教师传播和创造知识的自由。学术自由的获得要求大学及其教师免于"强制"，在此"强制"主要是指外部的强制，如政治干预、制度及文化传统的束缚等因素，我国20世纪五六十年代到"文革"期间对知识分子的思想改造乃至迫害，反映了政治因素对学术自由的破坏，现今流行的学术量化管理则是有违学术自由原则的大学制度安排、除了这种外部"强制"，大学与教师的自我奴役也危害着学术自由，主要是指主体屈服和迎合于外部力量，放弃学术责任和学术道德，部分学者为追求政治性和经济性资本而担当利益集团的代言人就是自我奴役损害学术自由的一个表现，而基于利益动机的学术腐败则是更加极端的表现。因此，学术自由既要求学术主体免受外部力量的强制干预，也要求学术主体免受自身庸俗的价值观所累。

要保障学术自由，一方面需要外部环境的改善，主要包括：在法律建设上确立学术自由作为学术主体基本权利的法律地位，使学术自由有法可依；关于制度建设，在宏观上实现大学自治，在微观上保障教授治学和教授治校。另一方面，学术自由在根本上要求学术主体走向自律，建立起正确的学术价值观，自觉以追求真理为天职，促进知识进步。而客观地说，学术主体的自律离不开制度规范，大学章程建设就是引导和规范学术主体履行学术责任的重要制度保障。所以说，从大学的学术本性出发、以实现学术自由为目标的大学制度体系也是大学学术本位的重要表现。

（三）学术权力拥有自主运行的充分空间

在约翰·H.范德格拉夫等编写的《学术权力》一书中，学术权力包含了国家的高等教育治权、大学各管理机构及管理人员的管理权、大学教师的管理权；伯顿·克拉克在《高等教育系统》中也把学术权力划分为学科权力、院校权力和系统权力。[①] 在上面的分析中，学术权力包含了我们日常语境下的政治和行政权力。本研究则将学术权力界定为一个与政治和行政权力严格相对的概念，是学术主体对学术事务施加影响和干预的力量，既包括基于专业能力的隐性权力，如学术权威对同行的影响力等；也包括大学章程、法规及国家相关政策赋予并获其保障的显性权力，如教授会的学术管理权。大学学术本位意味着大学的学术本性得以确证的基础上，其学术权力在大学内部治理结构中获得基准性地位，或具

① [美]克拉克.高等教育系统——学术组织的跨国研究[M].王承绪，等，译.杭州：杭州大学出版社，1994：121.

备较于其他权力的相对独立性和自主能力。

大学及其利益相关主体在权益诉求及实现方式上的冲突，是目前我国大学治理结构失序的根本原因。从外部看，政府将大学作为一般的行政派出机构，在强调大学的政治与经济功能的同时忽略甚至扭曲了其学术本性，所以说大学的异化首先源于政府强权的侵犯。从此角度说，大学学术本位首先意味着大学获得自主权，唯有实现自主，学术权力才能得以解放，并按学术组织的逻辑进行自治。夏仕武指出，学术本位的原则之一就是“学术至上”，“学术主体与政府或某利益集团发生价值追求上的冲突时，后者要尊重前者的意愿而不能干涉。”①也即，大学自治是大学学术本位的重要内容。

从大学内部来看，大学内部治理结构在形式上表现为不同权力及其相互关系，处于本位的权力逻辑往往标识着整个大学的运行逻辑。我国当下的大学内部治理结构是政治和行政权力占据绝对主导位置，行政逻辑标识着大学逻辑。学术本位的内部治理结构要求学术权力的运行逻辑作为大学整体运行的逻辑，其要义之一就是学术发展作为大学统一的组织目标，作为大学相关主体权力运行质量的标准，这进一步要求在整个权力格局中学术权力是居于被服务的地位的，而这首先可能意味着学术权力在大学治理结构中的主导地位。但学术本位并不必然、单纯地等同于学术权力占主导甚或领导地位，因为行政主导的治理结构并不必然对立于学术本位；在行政权力主导的大学模式下，学术权力可以借助合理的理念与制度体系来得到有序有效的运行，在此情况下，往往是学术权力作为一种权力类型具有与其他权力制衡的基础，因而具有独立运行的充足空间。学术权力不是依附于某种强权，而具备独立自主能力，拥有自主运行的空间。这也是大学学术本位的要义之一。

（四）学术主体具有主导治学和参与治校的权力

学术本位要求“学术活动主体在从事系统专门的学问活动中居于主体和中心的地位”②，包括学术规划与决策、学术资源配置、学术研究过程和学术评价等学术过程的各个环节，学术力量应始终掌握主导权，行政管理者则扮演执行者或服务者的角色。只有学术力量在学术研究与学术管理过程中拥有决策权、主导权，充分实现其学术自由，大学学术本位才不致流于空话。

在现实中，我国大学学术及其管理有着显著的行政主导色彩。在学术规划与决策环节，从国家到学校层面，自上而下的“立项式”学术研究范式将学者紧紧

---

①② 夏仕武.大学教师学术权利的制度设计研究[M].北京：北京师范大学出版社，2011：48.

地限制于这种代表"官方"意志的格局，基于学者个人好奇之心的学术研究受到极大束缚。在学术资源配置上，有行政职务的学术工作者决定着他人得到资助的机会，因为大部分项目评审特别是较高级别的项目，常常是科技管理部门邀请大学、研究所的官员参加，官员一般是按单位利益和个人关系来确定资助对象。①这种关系反映在高校内部，即行政职务决定学术资源配置，包括项目申报、经费和人员配备等。在这个环节，学者个人基本没有发言权；学术组织也往往不能发挥实质性作用，甚至作为行政权力的附属者和行政决策的执行者。在具体学术研究中，研究者的学术主导权亦被架空，由行政管理者规定的考评指标和各种考核成为研究的"指挥棒"；尤其是量化的学术考评制度严重阻碍着学术研究的自然进程。在学术评价上，主导权往往也掌握在行政手中，例如学术成果的奖项申报，实际上左右评选结果的总是掌握行政权的"外行人"。在学术本位的框架内，学术主体拥有学术规划与决策权，研究主题的选择由学术主体自主；学术资源由学术主体充分按学术规律合理配置；在具体学术研究中，学术主体从学术内在逻辑出发，并在遵守学术规范基础上自主进行，让"学术的归于学术"；在学术评价中，严格遵守同行评价原则。在整个学术过程中，学术组织作为学术研究与管理的组织者，应发挥实质作用。

当代大学的职能日渐多元，大学内外事务繁多。学术本位不仅要求教授治学，还要求实现教授治校。也即，大学学术组织和个人不仅要在学术研究及其管理中掌握主导权、支配权，在其他事务中也应具有充分的参与权和话语权，首先这体现了大学民主管理的要求，但从根本上说是因为大学的职能都是知识发展的表现形式，学术价值是大学整体价值的源泉，因而大学事务的处理必须尊重和反映学术意志与学术利益。

（五）大学制度建设以推动实现学术价值为导向

大学是知识活动的制度化形式，②因而大学制度也包含在大学的含义之中。从大学制度的角度来看，大学学术本位就是大学的制度建构符合大学作为探索真理之地的本性要求，为大学探索真理提供适宜的制度环境，从而促成大学学术价值的实现。建构合理的大学制度也是大学学术本位的应有之义。

大学以学术价值为根本，但实际上，大学本身会面临着不同价值取向之间的

---

① 科技体制改革的关键[EB/OL]. http://www2.biodiscover.com/news/science/article/86452.html，2011-02-01.

② 周佳. 学术权利的政治哲学基础[M]. 太原：山西教育出版社，2010：25.

选择，同时大学及其相关主体之间也总是存在着权力与诉求上的差异。例如，大学在知识活动中同样会有着功利的目的，大学需要在追求知识本身及其外在效益之间做出适当取舍。例如，大学会受到政府的权力控制和市场力量的不当干预，其内部不同主体之间的权力之间也会存在着冲突，大学必须对各种矛盾关系进行处理。而选择和处理的结果并不必然是反映大学应有的价值追求的，正因如此才会存在大学的过度功利化，才会有政府大学治权的高度集中和大学学术权力的式微，甚至是大学的异化。显然，在这种环境下大学的知识活动是难以顺利开展的，学术价值是难以实现的。因此，大学学术价值的追求与实现并非是一个自觉的过程，而是一个大学协调自我矛盾、自我冲突的过程，是大学同其利益相关主体之间相互博弈的过程，经过复杂的自我协调和博弈的过程，最终形成一定的大学制度安排。而要确保大学能够保持其学术组织的本性，能够顺利开展知识活动并最终实现学术价值，这个制度建构过程就必须以大学的学术价值为根本导向，保障大学拥有自主权，学术权力在大学治理结构中自主运行，学术自由作为学术主体的基本权利得以实现，教授得以主导学术过程并在大学治理中享有充分的话语权。因而这个合理的制度建构过程实质就是大学自治、学术自由、教授治校等经典的大学理念制度化、实践化的过程。这种保障大学实现学术价值的规则与制度体系也是大学学术本位的重要构成要素。

目前，我国大学治理结构发生失序，不同主体间的矛盾关系未能得到正确处理，导致政府过度干预大学，大学内部行政权力僭越而学术权力式微等。关系失调的背后，反映的是对大学学术本性的非理性认识，由此形成的高度集中的高等教育管理体制和行政化的大学内部管理机制，以及深层次的官僚主义组织文化，不符合大学追求真知的环境需求，大学无法顺利开展学术活动，学术价值难以实现，因而说这种制度体系是非学术本位甚至是反学术本位的。而我国现代大学制度建设就是要改变这种非学术本位的制度现况，建立学术本位的大学制度体系，目的在于促使大学回归学术本位。本研究提出基于学术本位的大学章程建设，其意旨亦在于此。

三、大学学术本位吁求合理的外在干预

学术本位是大学的本然生存逻辑，是大学有资格为社会立法、大学与各利益相关主体共同建立博弈规则、大学整个办学过程包括自身制度建构的根本依据，所有的大学制度建构与改革，都应以实现大学的学术本位为归宿。但需强调，学术本位强调大学的内在价值和知识的自我价值，以及学术权的实现作为大学运

行标准的意义，并不意味着必然、完全地独立于社会规范系统和社会合理干预。大学学术具有超越性，大学也只有在其超越性中才会获得存在的依据，但大学的社会性又决定了大学与大学学术必须兼顾社会性规范，并走向基于外在规则的自我规范。博克在《走出象牙塔》一书中充分表达学术价值及“3A 原则”的同时，也强调了大学的社会责任及大学自治与国家需要之间的关系，例如大学的学术标准与少数族裔入学机会之间，在学术利益与其潜在的道德、社会风险之间，大学并不能以学术标准为绝对依据，国家意志、民主的需求以及道德因素都会成为学术发展中不可完全不顾的外在条件。①同样，大学从诞生至今总是处在复杂的社会干预中，合理的社会干预往往是大学进化过程中不可缺少的发展性力量，例如美国发达的社会专业组织包括大学教授联合会（AAUP）、专业评估中介等，都是美国大学持续进步的重要推动力量。合理的大学制度都会体现出大学外在力量对大学的合理干预，这种干预将有助于学术本位的实现；或者说，以维护大学学术价值为目标的外来干预本就是大学学术本位的反映。显然，大学本来就是一个个性与社会性相统一的组织体。

本节结语

学术本位是大学的“本然生存逻辑”②，包括对知识本身价值的永恒追求，对大学内在价值与标准始终如一的守护，对学术权包括教授权益和大学自主权的珍视和保护等，这成为大学有资格为社会立法、大学与各利益相关主体共同建立博弈规则、大学整个办学过程包括自身制度建构的根本依据，也是最终的衡量标准。所有的大学制度建构与改革，都应以实现大学的学术本位为归宿。事实上，那些作为经典大学理念的大学自治、学术自由即教授治校等，就是大学学术本位的集中反映，只不过在经典大学理念的转化与践行上存在不同的方式和路径而已。而目前我国大学制度在很大程度上是背离学术本位的，我国的现代大学制度建设正是立足于大学学术失位的现实，为着学术本位的回归；大学章程建设同样以学术本位为根本指导原则，建立基于学术本位的大学章程。但学术本位强

① [美]博克.走出象牙塔：现代大学的社会责任[M].徐小州，陈军，译.杭州：浙江教育出版社，2001.

② 刘赞英，等.论大学的学术属性及其本然生存逻辑[J].高等教育研究，2012(6)：14-19.

调大学的内在价值和知识的自我价值，以及学术权的实现作为大学运行标准的意义，并不意味着必然排斥合理的社会干预。合理的大学制度都会体现出大学外在力量对大学的合理干预，这种干预将有助于学术本位的实现。

第四节　大学学术本位的制度化表征
——以德国、美国大学制度为例

学术本位体现了大学作为一个学术组织的根本逻辑，在外在的实践层面必有其客观表现，也就是具体的大学制度。但大学制度又同时反映外在的价值和意志，所以大学制度与学术本位的大学逻辑往往是存在冲突的，这使得大学制度不利于大学职能发挥；当外界的意志正确反映学术本位，进而架构起大学制度，便得以发挥制度的正能量。德国一度领先世界大学发展，如今美国独领世界大学发展潮头，从根本上说在于其大学制度正确反映了大学的根本逻辑——学术本位。

一、基于学术本位的德国大学制度

德国大学在世界大学发展史上具有重要地位，柏林大学的创立不仅预示着卓越的德国大学体系的产生，它甚至在世界范围内启导了一个崭新的大学时代，对整个世界大学教育发展的轨迹产生了重要影响。一直到现在，柏林大学模式仍作为各国大学改革与发展的根据，200 年后的大学人仍可以从费希特、洪堡和施莱尔马赫等人那里寻找到关乎大学的智慧。而从根本上说，德国大学的辉煌是因为大学作为学术机构获得了适宜的内外部环境，即基于学术本位的思想与制度体系。

(一)在文化国家观影响下，大学具有较大的自治权

德国的政治体制决定着其大学系统具有显著的国家干预特征，但德国的国家治理又具有一种“文化国家”传统，在“文化国家观”影响下，国家对大学的干预表现为对大学提供的服务与支持。所谓“文化国家”，是说国家乃文化之体现，国家与大学同以理性或曰文化为目标，并形成一种相互规定的关系：国家服务于大学，大学最终的目的也服务于公正、自由和理性的国家。[①]在德国大学史上，国家

---

① 周丽华. 德国大学与国家的关系[M]. 北京：北京师范大学出版社，2008：201.

是大学生活中富有价值的结构的授权者,而并不主要作为压制性力量来危害学术自由;相反,文化国家依赖学术自由,因为在开明的意义上,政府迫切需要通过大学的智慧与发言权来了解自己的任务,因而二者往往在共同争取最广泛的理解。从实际效果来看,文化国家观使得德国政府对发展科学采取了积极态度,这是19世纪德国大学昌盛的重要前提。① 20世纪60年代德国大学改革赋予了大学在财政等方面更大的自主权,而大学自主性的扩大正是在国家主导下实现的,体现了国家发展高等教育的诉求和思维。正如德国下萨克森州科学咨询委员会提出的观点:一定的(国家)任务必须授权于高校所需要的必要的职权,以及与此相联系的责任,这要求赋予大学更大自主权以提高效率。国家保障学术自由,这样一种反映文化国家观念的大学治理理念在德国社会成为一个普遍信条,其影响力是不可忽视的。②

在文化国家观影响下,为保障大学权力及其学术自由,德国重视通过为大学立法来干预大学管理。1849年的《法兰克福宪法》在世界法律史上首次将学术自由原则写入国家法律:"除宗教课外,免除牧师对教学和教育的管理权","科学及其教学自由"。之后,《普鲁士宪法》《魏玛宪法》以及现行的德国《基本法》都保留了这一重要的法律原则,其中《基本法》第五条规定:"大学有艺术与科学、研究与教学的自由",这成为调整德国大学与国家关系最重要的法律依据,为大学学术自由制度提供了有力保障。③以法治手段治理高等教育既是法治文明的重要体现,也是一种先进的大学治理模式的标志。

大学学术本位的一个重要内容就是大学获得充分的自主权,以确保其学术本性,而非依附于政府或被政府强权压制,只有大学实现自治,才能保障大学知识生产具备良好的秩序。德国的文化国家观使得国家或政府对大学的干预与对大学的支持、国家意志与大学利益之间,达成了一定程度的平衡,为大学保持学术本位提供了必需的制度环境。大学摆脱依附于政府、受制于政府的状态,实现法人自治也正是我国建立学术本位的现代大学制度的首要内容。

(二)在古典大学观指引下,大学以追求知识本身为价值导向

从1810年柏林大学建立到20世纪初,德国成为世界大学发展的中心。陈洪捷教授认为,19世纪德国大学的成就与洪堡及其合作者们所提出的大学思想

---

① 陈洪捷.德国古典大学观及其对中国的影响[M].北京:北京大学出版社,2006:85.
② 周丽华.德国大学与国家的关系[M].北京:北京师范大学出版社,2008:183.
③ 周丽华.德国大学与国家的关系[M].北京:北京师范大学出版社,2008:99.

是分不开的，德国大学的成就是这种古典的大学观念合乎大学内在逻辑的结果。[①] 在此，"德国古典大学观"是指洪堡、施莱尔马赫、费希特等人关于大学的认识论与实践观。例如，哲学家施莱尔马赫在 1808 年提出建立新的德意志大学时指出："大学的目的，在于科学意识的唤醒；大学的任务在于培养青年，使他们能够采用科学观点去注意自然，在自然中的个别现象里有所发现"；1810 年柏林大学创立，洪堡把"追求最高形式的纯粹知识"作为大学的最高目标，并提出"教学与科研相统一"，此处的科研即纯科学研究，是以世界和生命根本原则和意义为归宿的探索和思辨活动；同时，柏林大学按纯科学原则发展学科，排斥应用学科进入大学，有意识地中断纯科学与应用的联系成为柏林大学教育和研究计划的一部分。[②] 可见，在德国古典大学观中，大学以学术为天职，且大学学术以追求知识本身发展为使命。就如雅斯贝尔斯所言，德国大学的独立价值"在于它是研究和传授科学的殿堂"，它们"以精神贵族为指向，即本真的科学研究工作是一种贵族的视野，只有极少数人甘愿寂寞地选择它"[③]。

在德国古典大学观中，"科学"是一个核心概念，大学被视为科学的有形存在，大学的意义亦在于促进科学。这一观念对德国大学发展产生了深刻影响，首先，科学与学者的生存意义相联系，从事科学研究被视为一种高尚的生活形式，甚至升华为一种信仰，这大大地激发了大学和学者对科学的激情，持续地推进了大学学术发展。而科学研究作为大学的使命，也成为德国大学的本质特征。其次，基于大学与科学之间的关系，洪堡指出大学的基本组织原则在于"寂寞"和"自由"。所谓寂寞，第一是指大学应独立于国家的政府管理系统，即洪堡所说的"独立于一切国家的组织形式"，这实质上强调的是大学的自治；第二是说大学应独立于社会经济生活，"当科学似乎多少忘记生活时，它常常才会为生活带来至善的福祉"，这表明大学在自我价值与社会价值之间首先强调的是自我价值；第三是说大学师生应甘于寂寞，不为俗务所干扰，沉潜于科学，这实质上是强调学术人的最高目标应该是追求真知，而非物质。所谓"自由"，则一方面继续强调大学自治作为大学与国家关系的基本原则，以及大学对不同思想的包容，另一方面强调大学的研究、教学及学生学习的自由。以科学为核心的大学观促成了大学浓厚的学术研究气氛和共同的学术规范，对学者的学术工作形成了一种非制度

---

① 陈洪捷．德国古典大学观及其对中国的影响[M]．北京：北京大学出版社，2006：1-3.

② 万力维．控制与分等——大学学科制度的权力逻辑[M]．南京：南京师范大学出版社，2005：78.

③ 崔艳丽．我国现代大学制度建设的原则、路径与重点[J]．高校教育管理，2013(1)：16-20.

性的控制因素，使得科学研究的成绩和能力成为衡量大学教师的唯一标准。①

科学、寂寞与自由构成了德国古典大学观的内核，为大学的学术本位提供了一种精神和价值上的规约与导向。从本质上来说，以科学、寂寞与自由为标识的德国古典大学观也就是大学学术本位的核心内容，它强调大学的自我价值，强调大学自治，强调追求纯知识。德国古典大学观“释放出巨大精神能量”，以一种诉诸人们观念意识的革命性力量影响了大学师生的信念与行为，极大推进了大学发展。②可以说，科学大学观的革命性力量来源于学术本位的科学性。

（三）在讲座与教授会制模式下，教授主导治学与治校

在传统的模式下，德国大学管理是国家官僚-教授模式，即国家对高等教育的教育规划与学校发展战略全面负责，并直接负责管理大学的财政、人事等具体事务，对大学全部事务包括学术事务进行监督。相对来说，学校与学院一级的管理权限薄弱，其部分管理权限转由国家承担。而个人即教席教授的权力相对比较大，大学学术性事务的具体运行与管理主要就是由教席教授来全权处理。③可以说，教授治校作为一个大学的理想，从大学诞生至今从未完全实现过，但柏林大学建立之后，这一理想在德国大学模式下获得了最大程度的践行。

在德国大学，教授的权力占主导的传统源于柏林大学的创建。柏林大学创立后，依照学科设置了讲座，其学术性事务均由正教授及其选出的委员会来决定，校长只是平等的教授群体之一分子，由正教授选举产生。“正教授治校”“正教授的大学”是施莱尔马赫制定柏林大学章程的重要指导思想和设计方案。在讲座制下，正教授可以直接越过大学，单独与政府定期商谈资金、人事、项目等事宜，即在大学这个范畴内，教授即学术权力居于显著的主导位置。除了教授个人的权威，学术权力的运行是通过学术组织来实现的，例如教授会。教授会是柏林大学乃至现代德国大学的主体制度或制度原型，虽然它始终受到来自政府的干预，但在大学各项事务中均掌握主动权和决定权，如遴选校长、聘任教授等。④从这个意义上说，德国大学是真正以教授治校为基本的治理模式的，这为学者的学术自由提供了充足空间，他们“可以不受限制地走自己的路，在准备讲题、决定讲授方式、组建研讨班和考虑生活方式等方面完全有选择的自由，学部、教育部都

① 陈洪捷．德国古典大学观及其对中国的影响［M］．北京：北京大学出版社，2006：30.
② 周丽华．德国大学与国家的关系［M］．北京：北京师范大学出版社，2008：62
③ 周丽华．德国大学与国家的关系［M］．北京：北京师范大学出版社，2008：185.
④ 别敦荣．柏林大学的发展历程、教育理念及其启示［J］．复旦教育论坛，2010（6）：8-15.

不会对其进行监督，他们享有学术职位拥有者不听命于任何人的尊严”①。尽管教授个人的垄断式权力在某种程度上不利于学术民主，但“这种自由而浪漫的理想主义与保守而傲慢的集权主义的融合”，仍鼓舞着人们积极自由地从事学术活动，并推动形成一种“井井有条、精雕细凿、里程碑式的实验研究和学术研究”②。当然，教授治校在永恒的大学分化过程中如何适应大学内外部关系的变化，是一个值得深思和探索的问题。

通过讲座制和教授会制度，德国大学的教授不仅具有学术及其管理的支配权，乃至在包括行政事务在内的大学其他事务中，都掌握有主动权甚至决定权。而学术权力在大学治理结构中居主导地位，或者说教授治校理念的充分践行，正是大学学术本位的要义之一。从这个角度来说，德国大学治理结构反映了典型的学术本位特征。

（四）在当代大学模式下，学术自治与教授治校传统得以传承

20 世纪 60 年代以后德国经济进入高速发展期，洪堡式的大学已经不适应社会发展需要，由此德国进行了高等教育改革，包括扩大联邦政府的高等教育管理权、建立应用型高等学校及改革传统的学术型课程和专业等。1976 年德国议会通过了《高等教育总法》，赋予了联邦政府以参与制定高等教育宏观政策和立法的权力，但该法规同时规定高校有权实行自治，州政府逐步向大学放权。③

通过一系列改革，在当代德国大学治理结构中，大学的办学自主权得到了国家或法律层面的保障；相对于传统讲座制下的权力格局，学校和学院一级的权力得到很大增强，校长与院长逐渐掌握有实权，教授个人权力受到一定限制，在很大程度上避免了个人权力的狭隘与局限；但根据《高等教育总法》规定，大学学术群体包括教授、高级教师及年轻学者在全校大会、大学评议会、专业领域委员会等最重要的机构里享有充分的参与权；尤其是在决定与学术直接有关的重大问题的团体里，教授仍占多数。④这就保证了教授在以票决制为基础的集体民主决策过程中占有了必需的主动权，如此，学术权益的实现就获得了可靠的组织和制度保障。有学者以德国马堡菲利普斯大学为例介绍了德国当代大学的内部管理结构。在该校，大学主席团作为大学最高领导机构，其四名副主席均由不同学科的教授担任，副主席与主席又都是由大学评议会选举产生；而评议会作为与主席

① [美]弗莱克斯纳. 现代大学论[M]. 徐辉，等，译. 杭州：浙江教育出版社，2001：277-278.

② 张小杰. 关于柏林大学模式的基本特征的研究[J]. 华东师范大学学报：教育科学版，2003(2)：69-76.

③ 贺国庆，等. 外国高等教育史[M]. 北京：人民教育出版社，2006：532-538.

④ 李强. 德国大学治理的特点及启示[J]. 当代教育科学，2010(1)：40-42.

团平级的核心管理机构，在学术、教学以及科系发展方面有着相对大的权力，在其人员构成上，教授与其他学术工作人员占绝对优势，掌握着选举与表决主导权。同样，在德国大学的二级管理层——科系层面，在教学与科研、系主任选举、经费与人员配置等方面，教授都具有决定权，学术权力得到很好的保障。①

另外值得一提的是，德国大学学术管理具有很大的独立性和自治性特征。具体来说，国家设立学术自治委员会，专门负责聘任教授、研究协调等学术相关事务，大学和学院的各级学术管理机构——评议会绕开各级行政管理系统，直接与学术自治委员会联系，由此德国大学形成了独立于政治或行政权力的学术自治系统，有效地约束了行政权力对学术事务的不当干预。② 总之，通过改革，传统大学权力模式下教授的权力受到了一定限制，但学术主体包括学术组织与学者个体在具有独立与自治性的学术系统内部仍占有主导权，在大学事务中也拥有一定的参与权，因而可以说教授治校的洪堡大学传统在当代德国大学中得到了较好的传承，也坚持了学术本位的根本原则。

可以说，19 世纪洪堡柏林大学的诞生使得德国大学制度成为了影响世界大学发展的制度模式，而德国大学的成功之处在于创造出一种反映大学学术本位的制度模式，从以追求纯知识为价值导向，到大学强调的自主自治，到教授在学术乃至大学事务管理中的核心地位，都反映了大学的组织要求，因而能够极大促进大学发展。德国当代大学逐渐失去了昔日的世界霸主地位，但德国仍不失为国际高等教育强国，其大学制度中的学术本位因子，对于我国建立学术本位的大学制度仍具有值得借鉴的经验。当前，我国大学发展陷入重重困境甚至危机：商业化、官僚化、庸俗化、技术至上及质量下降……③究其根源，危机的形成在于我国大学的运行与管理背离了学术本位这一根本性的规范。因此，我国大学制度改革的根本导向或原则就是要立足于大学的学术本性，遵循学术本位的基本逻辑，建立起中国现代大学制度。从本质上说，现代大学制度也就是基于学术本位的大学制度体系，④通过现代大学制度建设，促使我国大学由异化回归其本然状态。在建构学术本位的现代大学制度过程中，德国大学制度从洪堡大学的创立至今，都对我们有着重要的启发价值。

---

① 张帆.德国大学的内部管理结构及特点——以马堡菲利普斯大学为例[J].大学：学术版，2010(6)：69-74.

② 李强.德国大学治理的特点及启示[J].当代教育科学，2010(1)：40-42.

③ 王英杰.大学危机：不容忽视的难题[J].探索与争鸣，2005(3)：34-38.

④ 王洪才，等.现代大学制度：缘起、界定与突破[J].江苏高教，2012(3)：31-33.

二、基于学术本位的美国大学制度

当代美国大学标识着世界大学发展的最高水平，而美国大学的卓越是建立在学术本位的制度基础之上的，通过基于学术本位的制度的保障功能，大学学术权得以充分实现，这正是美国大学发达的根源所在。例如，从大学与政府的关系来看，美国政府对大学的管理是一种间接的控制，主要是通过立法、财政资助及问责等方式保障大学的自主性和责任感，并为之提供宽松的学术环境，确保学术自由，提高大学学术水平，①此即范富格特所谓的“国家监督模式”②，这种关系设计保障了大学的学术组织属性与学术本位的内在逻辑。除此外，美国大学的制度与传统在促进大学学术本位上的作用还表现在行政力量服务于学术发展目标、学术力量主导学术发展过程、外部力量保护学术自由等方面。

(一)行政力量服务于学术目标

美国大学系统具有显著的行政权力主导特征，即董事会和行政层的权力很大，而教授的统治力则相对较弱。在近些年来的大学制度改革中，州政府与大学行政的地位越来越重要，干预大学的力量越来越大，整个美国大学系统朝着权力和行政集权化方向发展。③

然而，美国大学的行政管理过程并非以行政权力来压制甚至取代学术权力，董事会与行政官员也并非局限于狭隘的集团利益，而是将管理作为一个服务大学整体利益的过程，并寻求与教授利益一致的共同目标，“一个世纪以来，美国模式一直把官僚权力放在实现地方理想和提高院校地位服务的位置上，院校官员甚至比教授更关心支持院校，因为其工资收入和事业成功都依赖于整个院校的成功。”④作为大学最高决策权威的董事会，其责任除了通过权力来干预、控制包括学术在内的大学事务，更通过履行治理责任来为“满足进行高质量教学和学术研究的需要”提供条件。⑤随着大学与利益相关者间关系的日渐多元化，大学自

① 薄建国，王嘉毅.美国公立高校的法人治理结构及其特征[J].国家教育行政学院学报，2010(12):87-90.

② [荷]范富格特.国际高等教育政策比较研究[M].王承绪，等，译.杭州：浙江教育出版社，2001:414.

③ [加]范德格拉夫，等.学术权力—七国高等教育管理体制的比较[M].王承绪，等，译.杭州：浙江教育出版社，2001:203

④ [加]范德格拉夫，等.学术权力——七国高等教育管理体制的比较[M].王承绪，等，译.杭州：浙江教育出版社，2001:120

⑤ 王绽蕊.美国高校董事会制度：结构、功能与效率研究[M].北京：高等教育出版社，2010:33.

治和学术自由受到了越来越多的威胁，作为大学与社会间的“缓冲器”的董事会，其维护大学学术权力的意义也不断加强，在避免政治团体、派别利益对大学过度干预甚至侵害等方面发挥着重要作用；同时，由校外人士组成的董事会一方面通过监督学者权力以防止学术权力垄断，另一方面还引导学者树立正确的公共意识和责任观，避免学术的狭隘。校长是美国大学的“行政首脑”，而作为学术领导是对校长的最基本要求，因此学术素养与学术领导力常常是大学校长任职的基本条件，他们通过学术规划、学术决策以及执行教授会的学术方针来服务于大学学术进步。谷贤林通过考察加州大学伯克利分校的学术发展发现，大学校长是行使和维护学术权力的重要力量。①克拉克·克尔和玛丽安·盖德较大规模的质性研究也表明，“保护学校的学术自由和成员的学术自由”是美国大学校长最核心的责任之一。②

(二)学术力量主导学术发展

1. 学术组织保障学术自主

大学作为学术机构，教授在其事务管理中扮演关键角色，尤其是通过教授会、学术评议会等组织在学术事务中履行首责，在大学的课程设置、教学内容与方法选择、学术研究及管理等方面发挥着重要的审议和立法职能，同时对非学术事务如大学发展规划、财政预算及校长和院长的遴选等施加重要影响。也即教授不仅具有治学的主导权，还拥有治校的充分参与权。教授会或评议会的决定是大学行政管理者决策的重要依据，“举凡学校的学术方针规划和全校教师的评鉴、任用、升职、加薪等，决定权全归教授会。教授会拥有最大主权，学校最高行政首长如校长、副校长等只执行教授会决定的学术方针及董事会决定的行政事务。校长相当尊重教授会决定。”③而且，美国大学的学术权力是实质性的，在处理相关事务中具有实质性效能，一个鲜明的案例是马萨·W.吉里兰德担任密苏里大学堪萨斯城分校校长期间进行公司化改革，并打击对改革持异见的教师。大学教师评议会认为马萨违背学术原则，损害学校学术声誉，全票通过了对校长领导“无信心”表决，马萨被迫辞职。④而从评议会的构成来看，大多数为由学术和行政人员共同参与的混合模式，但相关调查表明，美国大学学术评议会均是以

---

① 谷贤林.美国研究型大学管理[M].北京：教育科学出版社，2008：196

② [美]克拉克·克尔，玛丽安·盖德.大学校长的多重生活[M].赵炬明，译.桂林：广西师范大学出版社，2008：42.

③ Committee&Task Forces[EB/OL]. http://www.virginia.edu/facultysenate/committees.html. 2011.

④ 蒋洪池.美国大学学术权力与行政权力冲突的案例探析[J].现代大学教育，2010(4)：61-65.

专职教师为主导的,[①]因而能够在最大程度上代表学术权力的意志。除了大学内部学术组织外,全国性专业组织在维护大学学术权力方面也发挥着不可替代的作用。例如美国大学教授协会(AAUP),该协会在制定学术职业标准、调查处理学术自由事件方面取得了显著成就,成为保护大学教师权益的重要组织保障,“在当前的言论自由氛围下,它为教授提供了一定程度的安全感。”[②]通过这些校内外教师组织或学术组织的作用,美国大学教师在学术事务上的主导权及合法利益得到有效维系,在很多方面减少了教师与行政人员间的冲突,尤其是广泛地保存了大学的“历史特征”和“传统价值”[③],如学者行会和学院式的治理模式等,有效地抗衡和消解着大学行政权力的干预,在客观上确保大学学术本位的存在与运行状态。

2.学术利益表达机制保障学术权实现

学术利益表达是学术权力发挥和学术权利实现的过程,因而学术利益充分而顺畅的表达是大学学术本位的根本表现。美国大学的学术利益表达在很大程度上体现于学术评议过程,学术评议象征着学术共同体的利益表达。有学者对加州大学伯克利分校的学术评议进行考察,发现在整个大学事务中学术评议具有很大的独立性,即学术评议工作不受行政方面的控制和干扰。在学院一级,学术评议由学院教授会负责,其组成人员包括全院常任教师、加州大学校长、伯克利分校校长、分管学术副校长和学院院长等行政人员,但行政人员有议事权而无表决权;在大学层次,学术评议是由大学评议会下属的学术人事委员会负责。大学评议会是教师的集体性组织,教师是评议会当然成员,学校的高级行政人员则作为评议会的职能成员,只有议事权而无表决权。在大学的组织机构中,无论是学院的教授会还是负责学校学术评议的学术人事委员会,都是独立自主的,是获得法定授权的教师群体代表性机构,行政人员虽参与议事但没有表决权,因此任何评议决定都由教师群体自主作出。在学术评议过程中,由于副校长掌握着诸如教授聘任等的决策权,为了防止行政权力滥用,美国大学设置了学术评议中的“法定程序”和“法定理由”,即副校长在作出与学术评议结果相反的决定时,必须告知学术评议机构,并承担举证责任,在得到评议机构认可后,其行政决策才能有效。通过制度规范来控制行政权力,限制了行政的自由裁量,保护了教师学术

① 欧阳光华.董事、校长与教授:美国大学治理结构研究[M].北京:高等教育出版社,2011:164.

② [美]梅兹格.美国大学时代的学术自由[M].李子江,等,译.北京:北京大学出版社,2010:263.

③ 谷贤林.美国研究型大学管理[M].北京:教育科学出版社,2008:218

权利和大学学术利益。[1]

3. 基层学术组织独立自主

尽管美国大学的权力模式具有显著的行政主导特征，但相对来说，由于系、学院及研究所等单位承担着大学的教学与研究，因而在这些层级中尤其是在最广泛的基层组织中，教授的权力是较大的。与整个大学强调科层管理不同，美国大学基层学术组织首先是社团性的，组织内部以教授的社团统治为主，少数服从多数是主要决策机制。在与其他权力干预的博弈中，这种社团式的教授控制模式能够有效维系学术自主和自由。而且，由于学院院长及系主任等往往主要是由教授会选举产生，对教授负责，其行政权力受到学术权力的有效制约和规范。正如克尔所说，“大学系统的基层结构基础深厚、牢固，顽强地抵制外部强加的变革。政治团体一般来说无法渗透到这些级别的机构中去，它们的渗透意图不断受到挫折。州常常对大学教授用于教学的时间太少而发怒，但教授仍然置之不理，继续想方设法把时间用于研究，教授的做法常常受到行政官员的保护，以吸引和挽留学术人才。在美国大学，教授的专业权威在基层机构得到加强。”[2]对于从整体和本质上作为学术机构的大学而言，基层组织的结构与功能决定着大学的存在状态和价值主旨。学术权力主宰基层学术组织是学术本位的重要体现，为美国大学保持其学术本性提供了必需的基础条件。

（三）外部力量保障学术自由

1. 专业组织的角度

美国拥有发达的社会专业组织，如大量的专业行会，通过高度专业化、职业化、技术化的大学评估功能有效地协调了政府与大学间的博弈关系，促进了大学自治，尤其是大学学术自主和自由。在此值得重提的是美国大学教授联合会（AAUP）作为社会专业组织对保障大学学术自由的重要性。

1900 年，斯坦福大学经济学教授爱德华·罗斯因发表关于劳工移民和铁路垄断的学术观点而遭解雇。这促使霍普金斯大学亚瑟·洛夫乔联合哥伦比亚大学约翰·杜威于 1915 年成立了美国大学教授联合会，并确立了通过捍卫终身教职、学术程序和质量标准来促进学术自由的宗旨。为此该组织推动建立起了完善的终身教职制度。终身教职制度即“教师可以终身任职，除非因为年龄或身体

---

① 郭卉. 权利诉求与大学治理[M]. 青岛：中国海洋大学出版社，2009：169-174.

② [加]范德格拉夫，等. 学术权力—七国高等教育管理体制比较. [M]. 王承绪，等，译. 杭州：浙江教育出版社，2001：127.

原因而退休，或遭到基于正当理由的解聘，或者由于财政危机或院校计划变化而导致的不可避免的终止”；即使教师遭解聘，也必须遵循严格的程序，包括受到指控的教师必须有机会在自己选择的顾问陪同下，在所有做出决定的机构面前直接听取指控和进行自我辩护等。研究表明，至 2004 年全美已有 174 个各类高等教育联合组织正式签署赞同 AAUP 声明，使学术自由和终身教职的原则在美国高校中实现了制度化。[①] 终身教职制度被公认为是一种符合学术逻辑、实现大学使命的理想的制度选择，它为教师提供了自由和经济方面的保障，确保了其基于职业安全的学术自由，成为美国大学教师实施学术权力、实现学术利益的重要制度保障。正如美国学者乔治·丹尼斯·欧布莱恩所说：“大学教授需要有充分的自由空间去探索学问，但由于学术人员极为微薄的经济报酬，要有一个终身的职业合同来平衡弥补”[②]。可以说，终身教职制度是美国大学实现学术本位的基础性条件。

此外，AAUP 还通过成立由学术专业成员组成的司法或裁决性机构，介入学术自由事件调查，[③]以及建立“黑名单”制度、[④]抵制“终身聘任后评审(PTR)”[⑤]等措施，保障学术自由和教授正当权益。“作为大学组织人的教授拥有了一个保护他免受大学控制的组织依托，可以使他借助这样一种高贵的努力——追求真理、征服先知——而维持生存。”[⑥]在强调学术自由的同时，美国大学教授联合会也对其进行了规范，如在 1915 年宣言中提出教师必须称职或不能有道德缺陷，其职位才能得到保障；在 1940 年声明中强调学术自由与学术责任相依共存，教师在获得学术自由权利的同时必须承担知识探索的责任、不干涉他人学术自由的责任等。自由与责任是相辅相成的，对学术责任的强调，对学术自由的规范，正是为了更好地保护学术自由。

2. 法规条例的角度

首先，美国的学术自由有宪法作保障。在美国，学术自由源自宪法第一修正案，根据美国宪法第一修正案，大学及其学者具有“在学术自由和政治言论自由方面的权力”，学术自由首次被宪法第一修正案承认是受保护的一项特殊自由，

---

① 顾建民. 自由与责任：西方大学终身教职制度研究[M]. 杭州：浙江教育出版社，2007：70

② 陈学飞. 美国、德国、法国、日本当代高等教育思想研究[M]. 上海：上海教育出版社，1998：95.

③ 王北星. 美国大学教师终身教职与学术自由的关系[J]. 北京大学教育评论，2005(1)：81-86.

④ 李子江. 论美国学术自由的组织与制度保障[J]. 比较教育研究，2003(10)：19-23.

⑤ Post-tenure Review: An AAUP Response [EB/OL]. http://www.aaup.org/statements/Redbook/rbpostn.htm ,2005-12-15.

⑥ 谷贤林. 美国研究型大学管理[M]. 北京：教育科学出版社，2008：219.

在法律上成为独立存在和可诉讼的权利，当大学教师在与政治、宗教、社团以及市民等发生冲突时，可以引用宪法第一修正案来保护自己的学术权利。除此以外，一系列有关大学学术问题的法院判例，也为美国大学学术权利的法治保障提供了司法依据，如在 1957 年的“保罗·斯威齐诉新罕布什尔州政府一案”[①]，联邦最高法院首席法官沃伦（Earl Warren）提出了大学的四项基本自由：“自己决定谁来教，教什么，怎么教，以及谁可以入学”，在此案中学术自由被解释为宪法第一修正案所保护的具体权利，该案成为美国司法介入大学学术诉讼的判例依据。学术自由被赋之以宪法地位，学术自由成为融合了宪法原则和学术观念的司法概念，这成为美国学术主体维护学术权利的可靠法治手段。[②]

除此之外，美国大学的“集体谈判”制度，即教师群体就教师权益问题同管理者进行谈判，协商性的冲突解决机制为教师学术权益的维护提供了空间，[③]等等。总之，从大学内部行政力量服务于学术目标，学术力量主导学术发展，到外部力量保障大学学术自由，美国大学的学术权力运行有着良好的内外部环境。在行政权力居主导地位的条件下，既由于行政力量有着服务于学术、促进学术发展的主观倾向，又因为有着外部力量的有效干预，学术权利得以充分地实现。学术权力自主运作，学术权利充分实现，正是大学学术本位的基本要义。如何不断完善制度供给，为学术权的运作提供充足的空间和多元路径，使其能够拥有足够的独立性，并按自身逻辑来运行，是我国构建学术本位的大学治理结构的主要任务。

本节结语

大学的组织属性决定着大学制度的科学性标准，一个科学的大学制度体系

---

① 保罗·斯威齐(Paul Sweezy)是新罕布什尔大学教授。他因抨击美国国家暴力和资本主义制度，宣扬社会主义，于 1954 年被送上法庭，并被州最高法院判处蔑视法庭罪。1957 年，联邦最高法院推翻州最高法院的判决。大法官沃伦的判词不仅充分肯定了学术自由的必要性，也对其内容做了界定：“自由在美国大学里的重要性几乎是不言而喻的。教师和学生必须永远自由地追问、自由地研究、自由地评价、自由地获得新的成熟和理解，否则我们的文明将会停滞乃至灭亡。”详见：刘北成. 以职业安全保障学术自由[J]. 美国研究，2003(4)：98-110.

② Norma M Goonen, Rachel S Blech-man. Higher Education Administration: A Guild to Legal, Ethical, and Practical Issues[M]. Westport, Conn: Greenwood Press, 1999: 124.

③ James P. Begin, /Faculty Governance and Collective Bargaining, 0The Journal of Higher Education8(1974): 584.

是大学维系学术本性、按其应有逻辑运行的基本保障,而衡量大学制度的科学性的这个标准即大学学术本位。当前,我国大学发展陷入重重困境甚或是重重危机而从本质上说,我国大学危机背后反映的是大学运行背离了学术本位这一根本性原则。要使我国大学走出眼下的困境和危机,就要从大学的学术本性出发,遵循学术本位的大学内在逻辑,建构起我国的现代大学制度,现代大学制度的实质也就是基于学术本位的大学制度体系。但现代大学制度首先作为一个有关大学制度改革理念的系统化,实际上当前我国现代大学制度建设尚未建构起一个合理的理念体系,即对于“何谓现代大学制度、现代大学制度何为”等基本问题并没有形成科学的共识。而美国大学制度体系,无论是大学与政府、社会的关系设计,还是大学内部权力主体间的关系安排,都给我们呈现出一个基于学术本位的大学制度框架,对我国现代大学制度建设的推进有着重要的启发价值。确立起政府与大学间的新型民主、合作关系,维护大学办学自主权,协调大学内部利益相关主体间的权力,凸显学术权力的本体地位,正是我国现代大学制度建设的核心与关键。

第二章
大学章程与大学学术本位的保障

大学要肩负起学术使命和社会责任，就必须始终保持自己的学术本性，按学术本位这一内在逻辑来运行。然而，现实中大学及其内、外部相关主体均有着不同的利益诉求，其间基于利益诉求的博弈必然对大学的应然逻辑带来冲击。大学自治权与政府管理权之间、大学行政权力与学术权力之间的冲突凸显出这种博弈及其对大学本性的影响。可以说，作为大学的独立价值，学术自由、大学自治等从未完全实现过。① 当然，除了外部干预，大学在面对不同价值追求时的选择也影响着其组织个性和内部秩序。这样，大学正常的知识活动和独立价值的实现就提出了大学章程建设的要求。因为大学章程既是一种大学与外界达成的用以保障自治的契约，又是大学建立合理的知识活动秩序的自我规范。正如教育部孙霄兵司长所说的，高校章程最大的作用，是它能够保障高校按照学术逻辑和教育规律办事，防止大学受到外界干扰，尤其减少行政权力的干预，简而言之就是“高校章程助大学回归学术本位”②。

大学章程何以能够承担大学治理的使命？从大学章程的产生与发展历史来看，大学章程本就是应调整大学内外部关系的需要而产生的，体现着学术性、自治性的逻辑，其本质就是大学场域的一种秩序安排，它通过其特殊的规范效力规范大学相关主体的权力，协调不同主体间的权力关系，并建构起一种反映大学内在要求的大学文化。通过大学章程的治理功能的发挥，大学的学术本位将得到保障，大学的价值也将得以充分发挥。

---

① 论学术本位[EB/OL]. http://hi. baidu. com/loveisall/item/79a3f052df2266958d12ed49. 2012-06-18.

② 高校章程助大学回归学术本位[EB/OL]. http://www. gmw. cn/xueshu/2012－01/15/content_3389650. htm. 2012. 01. 15.

第一节 大学章程的源起与发展

现代大学源于欧洲中世纪,中世纪大学章程的源起标志着大学章程的发端。探源欧洲中世纪大学章程从其原初形态到逐渐实现制度化的过程,正是中世纪大学诞生和不断演进、组织渐趋稳定和成熟的过程。在这个过程中,大学章程为维系大学学术自由和大学自治而发挥了不可或缺的规范和治理作用,可以说,大学章程的生发逻辑就是一个学术本位的逻辑。考察中世纪大学章程的源起与发展逻辑,对于我们理解大学章程的本质,进而科学制定大学章程,以充分发挥其大学治理的功能,有着重要意义。

一、中世纪大学章程的源头

学界普遍认为,大学章程是随着中世纪大学的诞生而出现的,其源头为中世纪最高当权者如教皇、皇帝或国王颁发的特许状、敕令、诏书等。其中,既包括当权者对已经具备大学组织形式的学者团体的"大学资格"进行"追认"的章程,例如1233年6月格列高利九世向剑桥大学颁发特许状,承认了其大学的地位;巴黎大学和牛津大学则分别在1245年、1254年获得最高权力当局的特许认可,意大利的帕多瓦大学(Padua)、法国的蒙彼利埃大学等也是在获得权威认可之前就一直存在的大学。此外,由最高权威颁布的章程还包括其在创建新大学时颁布的章程,如1224年神圣罗马帝国皇帝腓特烈二世发布敕令建立的那不勒斯大学,教皇特使罗曼·圣昂日通过与图卢兹公爵签订条约而建立的图卢兹大学,以及卡斯蒂利亚(Castille)和莱昂(Leon)的国王在帕伦西亚、萨拉曼卡等地建立的大学。①

但事实或许并非如此,一方面,在中世纪大学形成之前,在学者团体在具备了一定的"大学之实"但尚无"大学之名"之前,以行会形式存在的学者团体,已经制定了自己的行会内部章程。这些学者行会制定章程,并依据自律原则开展专业性活动。②另一方面,当时尚未真正确立世俗权威地位的地方政府即自治市也会针对学者行会制定各种各样的章程。如博洛尼亚自治市于1211年、1216年

① [法]韦尔热.中世纪大学[M].上海:上海人民出版社,2007:34-35.

② 张磊.欧洲中世纪大学[M].北京:商务印书馆,2010:85.

和1217年通过制定章程来限制学生的流动(实际上则反映了当时教师的利益需求),[①]以维护当地的声誉,因为在当时学者的聚集与学术的繁荣是一个地区文明的重要标志。这些章程对以后大学章程的产生和发展产生一定的影响。此外,即使在中世纪大学经由教权或皇权确认而成为合法性组织之后,同乡会或民族团等作为大学内部组织,也制定有自己的内部章程。例如,在巴黎大学,"每个同乡会都是特色鲜明的团体,它们自己选举官员和学监作为其领袖,有自己的章程和档案、财政、印章、学校、集会地点和节日"[②]。同样,作为大学内部组织的学院也有自己的章程,比如巴黎大学的神学院于1252年颁布章程,该章程由神学院所有教师共同批准通过,章程规定了获得神学院教职的条件,例如必须接受过正规的大学教育等。[③]因此,在中世纪大学获得权威认可之前的学者行会章程,大学成为正式法定机构之后其内部组织的章程,连同自治市和最高权力当局颁布的章程即特许状等,共同构成了中世纪大学章程的源头。

二、中世纪大学章程的产生

自11世纪末开始的十字军东征,使得由拜占庭和阿拉伯人保存的古希腊文化重新回到欧洲,并带来了亚里士多德的逻辑学、物理学、形而上学、伦理学、政治学和文学等作品。另外,欧几里得、托勒密等人的著作,希腊医生的著作、新算术以及罗马法文本等也被带到了欧洲。供教师和学生使用的文献藏储增长,使得12世纪的欧洲学校的教学科目得到了扩展,除了古典科目外,历史、文学批评和政治原理等新科目得以产生。"西方人的精神生活由于十字军在东征过程中所得到的知识和经验而活跃起来",形成了"12世纪的文艺复兴"[④]。知识的兴盛吸引了大批来自世界各地青年来到博洛尼亚、巴黎等地学习,并逐渐推动了城市知识阶层的衍生,"知识分子作为一种专业人员出现了,他们在实现了劳动分工的城市里安家落户"[⑤]。知识阶层和知识团体的发展推动了章程的产生。

(一)学者行会章程的产生

由于常常与当地居民产生摩擦甚至冲突,为了维护团体利益,教师和学生仿

---

① [比]里德-西蒙斯.欧洲大学史:第一卷 中世纪大学[M].张斌贤,等,译.保定:河北大学出版社,2008:51.

② 贺国庆,等.欧洲中世纪大学[M].北京:人民教育出版社,2009:51.

③ 贺国庆,等.欧洲中世纪大学[M].北京:人民教育出版社,2009:79.

④ [美]汤普逊.中世纪经济社会史:上册[M].耿淡如,译.北京:商务印书馆,1997:539.

⑤ [法]勒戈夫.中世纪的知识分子[M].北京:商务印书馆,1996:4.

效商业和手工业者建立了行会，并制定了章程进行管理。学者行会依据自律原则开展专业活动，并作为一个正式组织进行对外活动，而这些活动得以维系的基础正是各自制定的章程。它们依靠章程进行自我约束，对社会承诺提供相应的服务；章程还规定了加入行会所必须具备的条件、作为行会成员所必须遵守的规则等。[①]教师或学生行会及其内部章程的建立，标志着这种知识性学者组织的制度化，为中世纪大学的诞生奠定了基础，“这些学术团体为我们提供了对大学最早的和最好的定义”[②]。

（二）博洛尼亚大学章程的产生

行会组织的建立对学者团体处理与城市居民、自治市以及教权、王权间的关系产生了积极影响。在12世纪中期的博洛尼亚，学生为了寻求自身安全，按种族和地理出身组成了若干个学生协会或社团，最后又分野形成两个最基本的机构，即“山里人团体”（Citramontains，指非博洛尼亚人的意大利学生）和“山外人团体”（Ultramontains，指非意大利人的学生），也被称作“山南人团体”和“山北人团体”。他们为了摆脱教师控制整个学者群体的企图，通过抵制、分裂、谈判等方式获得了博洛尼亚市当局和最高权力当局的有效支持。首先是博洛尼亚市颁布了charter形式的章程，规定学生团体有权和教授订立合同、调节学生公寓租金、设定课程和课时、限定书籍价格等。这时，博洛尼亚的学者行会已经具备了大学的地位和功能，但并未获得最高权威者如教皇或国王的认可。到1158年，腓特烈一世（Frederick Ⅰ）颁布敕令，即“真理令”（Authentic Habita），赋予博洛尼亚的学生以各项特权，如组织行会的权利、免交市政税的权利等，[③]博洛尼亚大学的地位获得了王权的认可，具备了合法性地位，“真理令”也被视作最早的真正意义上的大学章程。[④]

（三）巴黎大学章程的产生。

12世纪后半期，巴黎的教会学校和由独立教师开办的私立学校蓬勃发展，吸引了大量学生。教师、学生、居民、主教和巴黎圣母院教长间产生了各种矛盾。从1208至1210年，教师在教皇支持下建立自治行会，并制定章程，维护其对学

① 张磊.欧洲中世纪大学[M].北京：商务印书馆，2010：152.

② [美]哈斯金斯.大学的兴起[M].张堂会，等，译.北京：北京出版社，2010：10.

③ [法]韦尔热.中世纪大学[M].上海：上海人民出版社，2007：30-31.

④ 湛中乐，苏宇.西方大学章程的历史和现状[J].中国高校科技，2011(5)：24-30.

生的支配地位，对抗巴黎圣母院教长的控制和税收。[①] 1200 年，大学师生与当地居民发生冲突，一些学生被害，国王菲利普·奥古斯都颁布特许令，赋予学生免于世俗司法审判的权利。教皇也于 1215 年派特使库尔松·德·罗贝尔(Robert de Courcon)为巴黎大学制定了第一个章程，取消巴黎圣母院教长对大学的控制权，认可大学合法地位。1231 年教皇格列高利九世再次颁旨《知识之父》(或称为《科学之母》，Parens Scentiarum)，确认学生的豁免权，调整校长在授予执教许可方面的权力，承认教师和学生制定规章、规定教学方式的权利，规定科目的考察及规则，还对大学内社会生活的各方面如寄宿价格、学员管理、假期等进行了规范。法令最终以教皇训谕结束："耶稣基督所赋予的特权应当体现在教师和学者身上，卓越的法兰西国王将会驱逐一切犯罪分子，从而使师生们可以在巴黎合法地学习而不再有任何延误或丑行以及不规范的行为"[②]。《知识之父》被称为真正的"大学的宪章"，到 1250 年经过一系列特许状的补充而不断完善。[③]

从欧洲中世纪大学章程的产生来看，章程是学者团体基于加强管理、保障组织有序运行而自行建立，或学者团体为了维护组织利益而与外部利益集团相博弈而争取所得；而当权者授予、颁发特许状，赋予学者包括教师和学生一系列特权，也是基于学者团体或大学以知识为对象的特殊活动，因为这种特殊的社会组织对于当权者提高声誉和维护自身统治具有重要价值。因此，大学章程的产生与大学的学术性特质具有内在联系。

三、大学章程成为大学获得合法性的重要凭证

从中世纪大学的产生方式来看，存在"自发的大学""迁徙中诞生的大学"和"创建的大学"[④]。13 世纪之前，大学是自然形成的，由权力当局颁发的特许状和给大学制定的章程并无明确的法定依据，是在突发、偶然条件下产生的，包括最早的萨莱诺、博洛尼亚、巴黎以及牛津大学等，都是由学者的行会逐渐走向组织完善，并获得了大学的声誉和功能。然而，据日本学者横尾壮英的研究，从 13 世纪初开始，人们开始有意识地设置并由某种权威来认可大学的地位和权力。[⑤]

---

① [比]里德-西蒙斯.欧洲大学史：第一卷　中世纪大学[M].张斌贤，等，译.保定：河北大学出版社，2008：54.

② 贺国庆，等.欧洲中世纪大学[M].北京：人民教育出版社，2009：29-30.

③ [法]韦尔热.中世纪大学[M].上海：上海人民出版社，2007：26.

④ [法]韦尔热.中世纪大学[M].上海：上海人民出版社，2007：32-34.

⑤ 张磊.欧洲中世纪大学[M].北京：商务印书馆，2010：85.

随着大学创立过程中来自最高位阶权力机构的“特许或认可”成为一个必经程序，中世纪大学走向了制度化。

1224 年，神圣罗马帝国皇帝腓特烈二世颁布特许状，建立那不勒斯大学(Naples)。这所大学从建立开始就享有来自最高权威赋予的特权许可，这是大学发展史上第一所人为创办的大学。[①]继那不勒斯大学后，1229 年罗马教皇格列高利九世以同样方式设立了图卢兹(Toulouse)大学，又于 1290 年、1295 年设立 Grary、Pamiers 大学。由于教皇或皇帝颁发 charter 而建立的大学可以享有诸多特权并受到强有力保护，例如获得教皇经济资助、颁发学位等权力。尤其是对于新设大学而言，获得教皇特许后便得以“与意大利或法国一流大学比肩而立，从而保证了在全欧洲的地位与特权；颁发的学位也具有普遍效力；有利于吸引国外的优秀教师和学生”[②]，因此大学开始积极追求这种权威的许可文书。自发形成的古老大学也都先后得到了以追认形式颁发的设置认可，例如 1289 年教皇尼古拉四世颁布特许，承认蒙彼利埃大学的地位；1291 年尼古拉四世颁布特许，确认巴黎大学和博洛尼亚大学颁发的教师资格证书具有“万国通用”的资格和效力。大学申办者为了获得最高当局的设置许可，其间还产生了激烈竞争，如 15 世纪 Greifswald 大学申办者递交的设置申请搁浅，原因是受到了竞争对手罗斯托克市(Rostock)的阻挠。对于申办者的大学创立申请，最高当局设置了一定的标准，并依此对申办者进行审查。设置的条件之一便是申办者必须具备足够的财力，如在 Greifswald 大学申办过程中，教皇与教区主教要求申办者必须有 300 个金币作为启动资金，而大学获得许可后，市政当局需每年提供 1 000 个金币的办学经费。[③] 到 13 世纪后半期，获得教皇特许已经成为普遍趋势，此前作为一种特例的那不勒斯模式成为制度化的模式。也即，教皇的设置认可成为建立大学所不可缺少的一个程序。从这个意义上说，腓特烈二世颁布设置特许令来建立一所大学这种方式在某种程度上改变了大学的历史，大学的建立和发展逐渐迈上了制度化道路。在此，制度化是指大学获得某种权威的认定，并在法律上获得了某种权威证书即章程的确定。

权威认可成为大学创立或确认合法地位所必需的法定程序，意味着大学的章程即来自权威的设置许可或设置认可成为一种制度。从章程的形式上看，已

---

① 张磊.欧洲中世纪大学[M].北京：商务印书馆，2010：87.

② 张磊.欧洲中世纪大学[M].北京：商务印书馆，2010：112.

③ 张磊.欧洲中世纪大学[M].北京：商务印书馆，2010：105-106.

经不再是一个由单方面制定的文本,而是由大学与权威当局共同制定组成。大学章程的内容通常包括两大部分:一是请求成立大学的当地申请文书;二是从教会或皇家机构的文书中摘录的段落(对申请内容的相应答复),两个部分组装成一种标准化文件。这时的大学章程在形式和效力的获得程序上已经与现代大学章程非常相近。① 朱家德博士认为,一个完整意义上的大学章程应该包括charter(特许状)、statue(大学法令)和 bylaw(董事会规则),而目前我国无论是理论界还是实践中的大学章程主要指大学的 statue(大学管理规则),忽视charter(办学许可证)和 bylaw (作为最高权力机构的党委会的议事规则)。② 到中世纪后期,大学章程的内容日益完备,除了教职权外,还规定了大学学术委员会的学位授予权,大学的机构和职位如议会、教师会、校监、财务长的职权等。章程的内容已经常由大学自己草拟,内容与当代大学章程已经很接近。③

欧洲宗教改革后,教权逐渐衰败,地方议会开始自行颁发大学章程。17、18世纪,哈佛、玛丽及耶鲁等古老大学依据英联邦或殖民地政府的特许状而建立或获得自治权。其中,哈佛学院于 1636 年成立,1650 年州议会通过了哈佛学院章程。如果不算欧洲大陆市镇办学的个别先例,从历史影响力和组织规范化上看,哈佛学院章程是第一个由国家(state,指当时的州)议会立法程序通过的大学章程。④将大学章程的制定或认可纳入国家立法程序,标志着大学章程的进一步制度化。而大学章程的进一步制度化又不断地促进大学在组织和功能上的成长与完善。

四、中世纪大学章程的生发逻辑

大学章程源起和发展的逻辑是指大学章程因何而设,主要是何种动因推进其发生变化,从不成熟的萌芽状态逐渐走向相对成熟,结构和功能最终趋向完善。从大学章程由“非制度化”走向“制度化”的过程来看,其背后的逻辑从某种意义上说就是学术本位的,反映了大学在协调与外来力量间关系的过程中维护其自治地位、保护自身利益的需求,反映了大学作为知识活动组织的根本要求。

(一)大学章程是大学维护自治地位、实现自身利益的重要手段

大学章程的一个基本功能模式就是维护大学自治。自治反映的是大学与外部环境之间的关系,来自权力机构的特许状、敕令等才反映这种大学与环境之间

---

①③④ 湛中乐,苏宇.西方大学章程的历史和现状[J].中国高校科技,2011(5):24-30.

② 朱家德.权力的规制——大学章程的历史流变与当代形态[D].武汉:华中科技大学,2011:8.

的关系，这是随着学者行会演变和进化过程中角色与职能的逐渐社会化而产生的。大学与环境之间的这种关系，一方面表现为依据社会发展需要培养律师、神职人员等专业人才，另一方面则表现为大学与外部干预力量之间的冲突和协调，大学章程在一定意义上就是一种博弈的规则。而从博弈的结果来看，大学通过特许状等获得的一系列特权使得大学在与市民社会发生利益冲突时具有足够的自我保护能力，以及在面对王权和神权的压迫时能"摆脱贵族与宫廷的袭扰，挥别宗教裁判的迫害"①，由此大学成为一个具有较大自主权的自治体存在。尽管这种自治权在很大程度上是来自外部强权的授予，但我们今天所说的大学作为一个自组织进行自我立法、自我审判的性质，在这个时候已经见其端倪。中世纪大学获得相对自治的地位，也是一个实现自身利益的过程，大学一系列特权如罢课权、迁徙权，以及自设法庭以行使仲裁权，都为表达自身利益诉求、维护内部成员权益提供了制度保障，使大学及其师生获得了探讨知识的空间。

（二）大学章程的生发过程反映了学术组织的内在要求

大学章程在维护大学自治的过程同时也是一个保护正常的知识生产秩序的过程。大学或学者行会出于学术目的即知识探索的需要而制定章程，章程在实施中又保护了学术利益，促进了知识进步。作为一个学术共同体的章程，无论是共同体自己制定的，还是由外部集团制定的，都在客观上反映着学术性要求。从大学章程产生和发展历程来看，首先是大学诞生前的学者行会自行制定的章程，这些章程是服务于学者们的学术活动的，是行会的管理制度，反映的是学者意图；中世纪大学诞生后，作为大学内部构成部分的同乡会或民族团体、学部、学寮或学院等，其章程同样是以维护或创造某种学术秩序为宗旨的，例如博洛尼亚大学内部学生团体章程规定了学生的教学主导权，巴黎大学神学院章程则规定了关于教师资格的认证条件。

市政当局和教皇、国王颁布的特许状、敕令等，从根本说反映的是统治者的意志，包括 13 世纪以来越来越多的为创建大学或追认大学资格的设置特许，都并非依据纯粹的学术目的，但仍旧反映着学术性的要求。其一，反映着大学的意图。通过对大学章程的发生历程来看，大学特许状是学者、学者行会、大学与外部世界包括城市居民、教权和王权进行博弈的产物，如大学在授予"教学许可证"、颁发"学位证"、引进教师以及免于税役和世俗审判等方面的权力，多是由学者团体或大学通过迁徙、谈判等方式积极争取获得的，有的甚至付出了血的代

① 湛中乐. 通过章程的大学治理[M]. 北京：中国法制出版社，2011：263.

价。其二，基于大学的独特功能。尽管权力当局颁发特许状及各种法令，赋予大学或学者行会以各种权利，其根本目的是为了自身的统治利益，但仍是着眼于学者行会或大学作为一个知识性、学术性组织所发挥的独特作用，例如1231年《知识之父》法令的颁布正是基于"巴黎的学校已经成为重要的消费者群体，并具有知识发源地之美誉，无论对巴黎市民，还是对巴黎教会、国王和教皇，大学的离散都是难以承受的"①。其三，推进了大学的进化。无论何种渊源、形式的大学特许状、章程在客观上促进了学者行会或大学这一学术性组织的进化。实际上，在漫长的中世纪里大学章程并未像现代大学章程那样成为大学自治的宪章，因为大学一直处在教权和王权的控制之下，主权者在法理上拥有任意变更或忽略特许状规定的权力。直至著名的1819年"达特茅斯学院诉伍德沃德案"中联邦最高法院确认了特许状的法律效力，即特许状具有作为司法判决依据的效力，大学章程所规定的大学权力才受到法律的保护，高权性质的公共权力不再可以对其进行随意更改和干涉。

本节结语

大学章程的生发逻辑从根本上说就是学术本位的大学逻辑。大学章程的产生源于知识或学术的需要，其变化发展是在以学术共同体意志为核心的主、客观因素推动下实现的，学术共同体与其章程同时实现着进化；在功能上，大学章程促进了学术共同体的演进，中世纪大学最终成为一个正式组织并具备了相对稳定的组织属性，章程发挥的作用是不可或缺的。也就是说，大学章程反映着大学组织在制度安排上的合理性要求，甚至可以说，大学章程生来就是为着大学的学术性格，这就是大学章程的逻辑。在我国现代大学制度建设过程中，制定大学章程不仅是大学组织的内在需要，即知识发展和管理的需要，而且大学章程建设将推动现代大学制度的价值的实现。

---

① [法]韦尔热.中世纪大学[M].上海：上海人民出版社，2007：26.

第二节 大学章程的内涵、本质与作用机制

大学章程自中世纪就已经产生，并在大学的诞生和演进过程中扮演了不可或缺的角色。直到今天，大学章程仍是许多国家治理高等教育的重要方式，是大学自我规范和调整与环境之间关系的重要依据。那么，如何进一步认识大学章程？它在当代高等教育或大学治理中扮演着何种角色？本节系统地分析了大学章程的内涵和本质，发现科学的大学章程从本质上来说就是以大学本质为根据的大学场域的秩序安排，这表明大学章程具备保障大学学术本位的资质。

一、基本内涵：大学章程是基于大学本性的组织规程

（一）大学章程首先是大学的组织规程

大学章程首先作为书面写定的组织规程或办事条例，是为保证学校正常运行，主要就办学宗旨、主要任务、内部管理体制及财务活动等重大的、基本的问题，做出全面规范而形成的规范性文件；大学章程就是关于大学组织规程和办事规则的一种文本，一种为保证大学运行而形成的规范性文件。作为一个章程，大学章程包含了若干事项，包括绝对必要记载事项、相对必要记载事项及任意记载事项，就大学的重大和基本问题做出规定。我国《高等教育法》第二十八条规定，高校章程应规定以下事项：学校名称、校址；办学宗旨；学科门类设置；教育形式；内部管理体制；经费来源、财产和财务制度；举办者和学校之间的权利、义务；章程修改程序；其他必须由章程规定的事项。一般来说，法律规定的内容是章程所必须包含的“绝对必要记载事项”①。我国在制定大学章程过程中，必须以《高等教育法》为依据，在内容上包含法定的若干条目。所谓相对必要记载事项，是指依法应该在章程中规定，但是否载入章程由章程制定者自行确定，而载入与否对章程整体效力不产生影响的事项；任意记载事项则是章程制定者认为有必要记载而法律未规定的那些事项，一般是体现大学办学或管理特色的内容。简而言之，从现象意义上来说，大学章程就是一种以大学为定语的规范或规则文本。

（二）大学章程更是基于大学组织本性的组织规程

大学章程首先是章程，具有章程的一般内容和特征。但大学章程关键在于

---

① 米俊魁．大学章程价值研究[M]．青岛：中国海洋大学出版社，2006：33．

作为“大学”的章程，而非其他社会组织的章程，这决定了大学章程的内在的规定性，它既与中小学的学校章程有所区别，更与企业等其他组织章程有着本质不同。而作为大学的章程，其特殊性自然是由大学组织的特性所决定的。而大学作为一个学术共同体，以促进知识进步为使命，以知识活动为本职，其管理服从大学自治、学术自由和教授治校等核心大学理念，从总体上讲大学组织的存在反映着学术本位的大学逻辑。由于大学还是一个在知识活动中实现育人功能的教育组织，是一个担负着塑造社会公共标准的社会组织，大学的文化是一种融学术文化与道德性文化为一体的文化。大学的学术本位逻辑、大学的组织文化，都对大学章程的内在精神与外在形式形成规定性。也就是说，大学章程的价值在于确保大学“人—知识—道德”多重融合的组织目标的实现，在于确保大学的组织结构、运行管理符合学术本位的大学逻辑。从此意义上讲，大学章程必须是反映学术本位的精神与逻辑的，或者说大学章程就是学术本位的。因此，我们谈大学章程，不能简单地将之作为一个组织章程，不能单纯从法律法治的眼光去看待之，更不能以市场的、企业的逻辑来衡量之。大学章程，是“大学”的章程，脱离了“大学”的“大学章程”实质上已经不是大学的章程，因而不可能发挥大学章程的作用，甚至适得其反。所以，从某种意义上说，认识和把握大学章程更重在把握“大学”，以大学的内在规定性来推进大学章程建设，即基于学术本位的大学章程建设。

二、本质所在：大学章程反映了大学场域的秩序安排

(一)从场域视角解读大学的权力关系

在法国社会学家布迪厄的场域理论中，“场域”是指在各种位置之间存在的客观关系的网络。正是在这些位置的存在和它强加于占据特定位置的行动者或机构之上的决定因素之中，这些位置得到了客观的界定，其根据是这些位置在不同类型的权力或资本——占有这些权力就意味着把持了在这一场域中利害攸关的专门利润的得益权——的分配结构中实际的和潜在的处境，以及它们与其他位置之间的客观关系，如支配关系、屈从关系、结构上的对应关系等。①

大学既处在一个巨大的社会场域之中，同时其本身也是一个场域。大学的各利益相关者标识着场域中的不同位置，有着不同的利益需求。为了占有更多的文化资本、掌握更大的文化权力、占据更高的场域位阶，不同主体之间总是处

① 侯钧生.西方社会学理论教程[M].天津:南开大学出版社,2006:404.

于持续的博弈之中。在以大学为核心的社会场域内，这种博弈表现为政府大学管理权、社会参与管理权或市场权力与大学自主权之间的矛盾和冲突，在我国尤其是以政府的大学治权与大学自治权间的博弈为甚。大学作为一个独立场域，教职工权力、学生权力与大学的权力之间，教师权力与行政管理者的权力之间，都存在着复杂的矛盾关系，在我国现阶段行政权力与学术权力之间的矛盾又是最甚。权力关系背后反映的是“利”的关系，包含对权力本身的追逐和以权力谋求其他利益，如学术利益、物质利益、地位和声誉等。正如布迪厄所指出的，“大学主要是一个自治场所，其中有不同系列的权力冲突，因为权力的拥有者要为权利的繁衍而斗争”①。在大学场域的权力之争中，学术权力和行政权力无疑是一个主要矛盾关系，“站在布迪厄场域视角分析，大学是一个充满着权力博弈、利益争夺和机制转换等资本运作的世俗战场，其焦点表现为学术权力和行政权力之争”②。当大学的利益相关主体的权力和利益关系得到妥善安排，即形成了良好的、合理的大学场域，为大学组织的健康运行和发展提供了良好的生态环境。而合理的大学场域，其各种关系的安排是以大学的本性和内在逻辑为依据的。

（二）大学章程规定着大学的权力秩序

现实中的大学场域秩序经常是不合理、非良性的，大学的利益相关主体之间的权力和利益关系存在严重的失调，权力和利益格局同大学的组织本性与逻辑要求是相悖的，例如政府对大学的过度干预，行政权力在大学内部的全面控制，学术权力沦落至政治和行政权力的附属位置，学生权力和民主权力由于没有正当的表达路径而处于失语状态，在社会参与管理权整体上缺位的同时，产业界的声音过多地影响着大学，大学协会、专业协会等组织对大学的影响非常有限，等等；而权力失衡的背后是不合理的利益分配，大学场域中的利益分配结构与整个社会的利益分配制度是同构的，强权普遍意味着厚利。大学场域秩序的混乱，标识大学组织本性的学术权力及其学术利益缺乏保障，由本位旁落至非本位的位置，那么按马克思主义哲学的观点，这意味着矛盾的主要方面与次要方面的关系发生了转化，大学的性质也就发生了质的变化，即所谓的大学异化。目前我国大学发展所遇到的诸多问题甚或危机，其根源就在于这种异化。这就提出了改革大学制度的要求，而大学制度改革从本质上讲就是对大学场域秩序的调整，在此过程中对既成的权力和利益格局进行重构，以符合大学秩序的内在逻辑，基于大

① [英]德兰迪.知识社会中的大学[M].黄建如，译.北京：北京大学出版社，2010：109.
② 于忠海.合法性与再生产：大学学术权力与行政权力博弈反思[J].现代大学教育，2009(5)：7-12.

学秩序内在逻辑的大学制度就是现代大学制度，其实质在于权力和利益格局的合理塑造。对于大学章程而言，正是大学场域中权力与利益关系的反映。而基于学术本位的大学章程作为现代大学制度的文本反映，在本质上正是对大学场域中权力与利益关系的合理安排。在学术本位大学章程语境下，通过大学章程的规制作用，大学场域中不同权力的界限将得以合理划分，在不同利益主体间形成科学的利益配置关系，从根本上说也就是要实现学术权力的本位化和学术群体利益的优先化，即促使形成学术本位的大学秩序。这种反映大学本质要求的权力与利益的安排、规制，及其背后所隐含的学术本位的价值取向，就是一个合理的大学章程的本质。而当一个大学章程是贯穿学术本位理念的，它必然会保障大学维护学术本性、充分发挥功能。

三、作用机制：大学章程的法律性质及其法治效力

(一)大学章程的法律性质及其法律地位

大学章程何以具有区别于一般大学规章制度的治理功能？这源于其具备一定的法律性质，具有相当的法治效力。从大学章程的缘起看，大学章程的源头——特许状，是王权、教权势力或殖民地政府(如英属北美地区)进行教育立法的最初形式，特许状与教育法规是呈混合状态的。例如，教皇格利高利九世于1231年颁布的承认大学拥有独立的审判权和罢课权的一系列章程，即中世纪的“大宪章”，以法定形式赋予了大学一定的自主权，从而使大学自治权力合法化；与此类似，我国清末由清政府颁布的《京师大学堂章程》，既是大学章程，也是政府管理全国高等教育机构的教育法规。中世纪后期及其后，议会逐渐掌握了制定和颁布大学章程的权力。作为立法机关，议会所制定的章程自然具有法律性质和效力。例如，康奈尔大学最初的章程源于纽约州立法机构的授权，即1865年《莫雷尔法案》的授权；根据立法机构后来的一系列立法，现在康奈尔大学章程成为整个纽约州教育法的一章，直接作为地方法规。[①] 大学章程的法律性质和法律效力得以充分表现的标志是1819年发生的“达特茅斯学院诉伍德沃德案”，在该案中大学章程成为诉讼和判决的依据，成为大学维护自身合法权利的法律武器。大学自主制定的章程和内部规程亦随之得到法律的保护，大学章程由此和最充分的大学自治结合起来。到今天，国会、州议会等立法机关的程序立法，政府的行政备案和政令发布，都成为大学章程产生的方式和途径。经过正式程

---

① 刘香菊，周光礼.大学章程的法律透视[J].高教探索，2004(3):39-41.

序形成的大学章程即成为法律法规体系的组成部分,或成为具有法律性质的一般性规范文件。

我国大学章程因为制定程序、法治思想和传统等原因往往未获得充分的法律地位。而充分的法律地位是大学章程发挥治理作用的基础,这就要求赋予大学章程以明确的法律性质和地位。目前,大学章程在我国学界被广泛视为国家高等教育法律法规体系中的"下位法",但大学章程属于何种具体的法律性质,则存在三种不同的认识:契约说,即认为大学章程属于政府与大学、大学与其他利益相关者在共识基础上形成的契约或合同;自治法说,即认为大学章程是大学法人对自身组织机构形式及其职能等基本要素做出规范的自治规章;行政法说,即认为"大学章程的生效以通过教育行政主管部门的审核为前提,教育行政主管部门对大学章程的审核,实际上属于行政法上的行政许可行为。"①有的学者在此基础上指出,大学章程的法律性质是多重和复杂的,"在举办者之间,举办者与办学者之间适用于民法,大学章程则具有契约或合同的性质;大学作为独立的民事主体或特殊的行政主体,与所属的教职工和学生分别适用于民法或行政法时,大学章程则又兼具合同和行政法的性质。"②笔者以为,一方面,无论大学章程具体属于何种性质的法律文件,在"基于正式、合法程序制定的章程具有一定的法律地位"这一点上是达成共识的;另一方面,鉴于学界对大学章程的"契约"和"行政法"性质认识,用"行政合同"来概括其法律性质是有一定道理的。行政合同也叫行政契约,指行政机关为达到维护与增进公共利益、实现行政管理目标之目的,与相对人之间经过协商一致达成的协议。行政合同是一种代表公法和私法相融合趋向的行政行为,也是一种新型的行政技术,是一种处理政府与社会间关系的新方式。③

(二)大学章程的治理功能源于其法治效力

大学章程的法律地位决定着它具有一定的法律规范效力,具有可诉性,对于违反"契约""合同"条目,对于政府的不合理干预以及社会团体或个人对大学合法权益的侵犯,大学可依据有关法律和章程对政府和社会有关团体或个人提起诉讼,并得到司法判决的支持。与校内一般的规章相比,大学章程具有法律性质和法律规范效力,是大学章程发挥功能的重要保障。更为广泛的规制范畴、一定

① 陈学敏.关于大学章程的法律分析[J].武汉大学学报:哲学社会科学版,2008(2):169-172.

② 米俊魁.大学章程价值研究[M].青岛:中国海洋大学出版社,2006:33,45-46.

③ 杨阳.行政合同:一种新型行政技术[J].中国行政管理,2005(5):22-25.

的法律规范效能，决定了大学章程具备大学治理的功能，同时也是其能够作为现代大学制度实施机制的基础和保障。与高等教育法律法规相比，大学章程的优势则表现在它不仅具有一定的法制规范效力，还由于它是某所大学的章程而能够为大学提供更加具体明确的行动指向，也就是说它不像法律法规那样只是原则性、普遍性规定，而是表现出基于学校办学需要的个性化特征，更加详尽具体而具有很好的可操作性。当然，不同产生渠道的大学章程的法律规范效力也是不一样的。一般来说，国家或地方的立法机关按法定程序通过的大学章程，其效力是最高的。

要实现大学章程的功能，必须赋予其充分的规范效力，这是大学章程实现价值必不可少的条件。通过强有力的规范效力来发挥自身作用，是大学章程的重要作用机制。如何通过法制程序来提高我国大学章程的规范效力，是我国大学章程建设过程中的一个重要问题。

本节结语

大学章程作为大学办学依据，作为大学主体行为规范，作为具有法律性质的规范文件，它以一种相对具体的形态出现在我们的视野或思想理念之中。但从更深层次的、本质上的意义来讲，大学章程反映了以某种权力和利益关系为主要表现形式的大学场域秩序，是某种价值观的承载者和体现者。从理想的角度来说，这个价值观就是服务于真正的大学，以及服务于大学的学术本性及其内在标准，服务于大学学术主体即学者们的理想和利益，也就是说，理想的大学章程本身是体现和贯彻大学学术本位理念的，在具备了足够规范效力的前提下，它作为大学组织规程，规范着大学及各主体的行为，促使形成一种反映大学本质要求的权力和利益关系，如此，大学章程和大学的价值也就得到了实现。

大学章程建设是我国现代大学制度建设的核心要务，承载着推进大学制度变革乃至整个国家高等教育管理体制改革的重任，也即当前我国大学章程建设的意义不仅仅在于大学制度改革与高等教育发展，从更深远的意义上看，它反映着我国政府管理职能转变的方向或取向性问题。因此，如何清晰把握大学章程的内涵与本质，如何从技术层面增强大学章程的规制效力，促使其大学治理功能充分发挥，是一个重要而深远意义的课题；同时，从当前我国大学章程建设的研究与实践现状来看，这也是一个仍存在很大探讨空间、一些核心问题亟待澄清和解决的课题，譬如，如何在大学章程建设中协调大学作为一个学术组织的本然性要求与作为外部环境的中国体制及传统的要求间的矛盾，如何将章程建设纳入地方立法以增强其规制力、执行力等，在我国大学章程建设过程中都是不可回避或值得深思的问题。

第三节　大学章程的主要功能

大学章程从一开始就被赋予了大学自我规范和大学治理的功能；世界上高等教育发达国家大都重视高等教育管理法制化、规范化进程中的章程建设，世界一流大学也都普遍重视大学章程作为办学规范的价值。那么，大学章程的规范与治理功能是如何体现的？“在前办学自主时代，大学章程是一篇争得自主自治、确认高校办学自主权的宣言；在办学自主时代，大学章程是一张写满大学治理结构安排和保障大学成员权利的宪章；在后办学自主时代，大学章程是一部保持大学活力和自我纠错能力的圣经。”[①]这种说法很好地道出了大学章程的价值所在。

一、大学章程标识着大学作为社会组织的客观存在

独立的，才是存在的。“大学章程（或曰学堂章程）皆与高等教育相伴而生；我们虽不敢妄言‘无章程即无大学’，但至少可以谨慎地说一句，无章程的大学是体系建制不完善的大学”[②]，从大学章程维护大学独立自主性、维系大学自我有序运行的意义上来讲，大学章程具有标识大学作为一个客观的社会存在的象征意义，因为一个组织的独立性、自组织性是其发挥独特功能，进而获得一定的社会角色并被社会认可的必要性条件。在中世纪大学章程的制度化过程中，当由经过权力当局正式认可的大学章程作为大学获得合法性的必要条件、甚至作为创建大学的前提条件的时候，大学章程的这种标志大学存在的象征意义就更加凸显了。在美国，一般来讲，大学设立发起人要向相关的机构提交大学设立章程（Articles of Incorporation）和特许状申请，相关机构批准后颁发特许状；[③]在我

---

① 湛中乐.通过章程的大学治理[M].北京：中国法制出版社，2011：293.

② 湛中乐.通过章程的大学治理[M].北京：中国法制出版社，2011：33.

③ 湛中乐.通过章程的大学治理[M].北京：中国法制出版社，2011：136.

国,《教育法》与《高等教育法》规定设置大学必须先有章程。这都证明了章程之于大学存在的标志意义。从现代大学章程来看,章程规定大学的使命、宗旨,规定大学的功能和发挥功能的形式和方式,实际上是通过展示大学作为一个独特的社会角色及其对社会产生的独特影响,来强调大学的社会存在性,“大学章程向世人宣告大学存在的意义、价值及其运行方式”①。大学的社会存在性,是大学自身具备主体性、能动性,进而争取独立性,同时赢得社会认可的内在根基,所以大学章程的这种象征作用其实有着非常重要的意义。大学章程这种标识大学社会存在性的功能还意味着,它宣告了大学同时作为一个责任体,它是“办学者对举办者的一种行为承诺与法律保证”②,包括内在的知识责任和外在社会责任,大学必须为之付出努力,否则大学就是失责的,就要受到来自利益相关主体的问责。正像有学者所说的那样,大学章程不仅需要明确各利益主体的权利或权力,而且需要“明确各自所担负的责任及其责任的追溯机制,实现自主与担责的有机统一”③。

二、大学章程是大学自我保护与自我管理的依据

从大学章程的源起与生发过程来看,从一开始大学章程就具有自我管理和自我保护的功能,也就是大学的原初形态——学者行会组织在运行与管理中需要以统一的规范作为依据,包括组织的目标、组织的活动方式、组织成员的责任与相互关系等,都需要行会章程的统一规范作用。同时,作为一个利益共同体,学者行会在与其他社会组织交往过程中为维护自身利益而与之进行博弈,在此过程中大学章程以教令、敕令、特许状等形式诞生,以正式法规形式将学者及其集体的利益合法化,成为学者行会或大学的权力或权利,其中最重要的当属大学的自主权和自治权。这也就是前文中所说的大学章程所具有的自治性的逻辑。从现代大学章程在大学体系中的角色来看,它以处理大学与政府、社会之间的关系为基本目标,规定着政府的大学治权的行使范围,规定着社会力量参与大学管理的方式与原则,从而强调和保护大学自身的独立地位、自治权力;从内部来说,大学章程对大学的组织结构、各利益相关主体权责的规定,促使形成大学的内部运行秩序。从内、外两个角度来看,大学章程具备内在的学术逻辑,以及维系这

① 夏仕武.大学教师学术权利的制度设计研究[M].北京:北京师范大学出版社,2011:55.

② 劳凯声.中国教育法制评论[M].北京:教育科学出版社,2003:104.

③ 陈运超.大学章程的价值与实现[J].复旦教育论坛,2012(3):22-26.

一逻辑的固有功能，即作为自我管理、自我保护的功能。应该说，大学章程对于大学的自我管理与保护功能最大程度地标识了其存在的价值。事实上，我国当前强调大学章程建设，争取和维护大学办学自主权，促进大学依据章程自主办学，便首先体现了大学章程最基本的功能——作为大学寻求自我保护和实施自我管理之依据的作用。

三、大学章程对大学各利益相关主体的权力进行规制

大学场域中多元权力主体之间所形成的复杂矛盾关系，从根本上决定了大学秩序能否达到良治。要建构学术本位的场域秩序，就必须对不同权力主体进行有效规制，不仅包括政府的大学治权、社会的参与和管理权，以及大学内部行政权力、学术权力、民主权力等，还包括大学本身的专业权力。

（一）规制政府的大学治权

大学从一诞生开始就受到包括王权、神权的干预，一直到后来国家权力对大学的干预实现合法化和制度化，实际上大学从未实现完全意义上的独立和自治。今天的大学与政府之间的关系愈加紧密，在某种程度上二者构成了一个利益共同体。只不过在由二者构成的关系格局中，尤其是在集权化程度高的国家，政府总是通过权力干预将意志强加于大学。这种权力干预一般来说遵循的是政治的逻辑，易对大学造成伤害。所以，在大学与政府之间一直存在着博弈，大学的自治权便是博弈的产物。

政府与大学间的博弈催生了相关的法律、法规、制度等，作为协调二者关系的手段，中世纪大学章程便是当时大学与外部权力集团之间博弈的产物。基于大学章程的大学自治权，同时也体现着对外部权力的规制。美国《高等教育法》、日本《国立大学法人法》、俄罗斯《联邦教育法》、法国《高等教育方向法》等，都体现了法律法规对国家高等教育或大学治权的规制。我国的一系列政策性法规，如 1985 年《中共中央关于教育体制改革的决定》、1992 年《关于国家教委直属高校深化改革扩大办学自主权的若干意见》等，都体现了对政府高等教育治权与大学自主权的调整；1995 年的《教育法》和 1998 年《高等教育法》则明确赋予了大学自主办学的法人地位，明确规定了具体的办学自主权。相对于国家法律法规，大学章程将对政府的大学管理权项做出规定，并规范政府权力，引导政府尊重大学性格，以学术本位的大学逻辑为行使权力的指导原则。政府与大学权、责、利的科学界定是正确处理政府与大学关系的关键，而正确处理政府与大学的关系是现代大学制度的核心。当然，在这个过程中，大

学章程应通过一定的技术路线来提高其引导和规范的效力，推动政府与大学间新型关系的建立。

（二）引导社会的大学管理权

在此，社会参与和管理权不包含政府的大学治权。纳税人关于大学招生公平的问责、媒体对大学特殊事件的监督和调查、社会专业组织对大学评估、企业在与大学合作项目中的管理权等，都属于社会参与管理权。随着大学角色与职能的不断复杂化、丰富化，大学与外部环境之间的交流越来越呈现出网络化特征，大学与外部社会组织、主体共同构成了关联密切的利益同盟。在这个同盟里，大学与其他利益主体之间形成了广泛的“委托—代理”关系，于是这个利益集团同时也是一个多方责任共同体。这样，大学就需要走出自我管理和政府单一管理的传统管理模式，走向“共同治理”，即大学的利益相关者共同参与大学管理。① 共同治理体现了未来大学管理方式变革的走向，是大学日趋社会化和在管理上要求进一步科学化的客观要求。

在大学管理模式走向共同治理的过程中，产生了两方面相对相承的关系：其一，大学对外部利益相关主体必须提出诉求和许诺，诉求是指大学对外部应如何参与治理的要求，或大学需要获取何种外部支持；许诺则是大学向外部利益相关主体所表明的关于自己的责任是什么和如何践行这些责任的宣言。例如，在日本，“宪章”一词有两层含义：一是“关于基本方针、实施策略等的宣言书或协约”；二是“宪法的规则、典章”。前者性质接近宗旨、原则，是一种宣言书；后者性质接近宪法、法典，是一种法律条款。由此，日本大学的宪章首先是宗旨和使命的宣言书。② 其二，大学外部利益相关者要参与大学管理，需要有一定的依据，遵守一定的规则，使其管理参与行为符合大学的本质要求，使得自身利益需求与大学的内在需要的满足达成和谐。而大学章程在承载了大学的这种诉求和许诺的同时，也表达了大学在践行基于与外部利益主体间“委托—代理”关系上的职责的方式，这实际上也就意味着对社会方面参与大学治理的合理性范畴的界定。所以说，大学的社会参与管理是在一定的原则下来实施的，比如尊重大学自主权、社会各方应以合法渠道和合理方式行使大学管理权。总之，大学章程为大学共同治理提供了依据，这个依据从根本上说就是大学的学术本位原则，它确保大学的社会利益相关主体参与大学管理过程中以不损害大学核心利益为底线。

---

① 胡赤弟．高等教育中的利益相关者分析[J]．教育研究，2005(3)：38-46.

② 陆一，熊庆年．大学章程文本的构成——美日比较的视角[J]．复旦教育论坛，2012(3)：27-32.

(三)约束大学的专业权力

大学能够成为整个利益同盟的核心,在于大学独特的专业能力,及在此基础上形成的专业权力,一种其他社会组织所很难具备的、近乎垄断式的权力。大学在行使专业权力的过程中,必须服务于内在的价值标准,即促进大众的根本利益、大学的学术进步和学生发展的实现。但在现实中,大学专业权力的触角常常延伸至其应有的职责范围之外,专业能力成了换取政治资本、经济资本的"通货"。

大学的专业权力在很大程度上几乎是一种垄断式的权力,因为大学的专业能力是大学这一社会组织所独具的,至少大学拥有最明显的专业能力优势。在此条件下,大学专业权力与一定的自主、自治权相结合,大学常常作为行动合法、合理性的自我立法者和审判者。如此,大学在行使专业权力的过程中由于缺乏有效监督而突破了大学"应为""可为"的界限。最突出的表现就是在市场条件下,大学与市场和产业界的过度"亲密"。美国加州大学伯克利分校教授大卫·科伯(David Kirp)在其著作《高等教育市场化的底线》中向我们生动地呈现了美国大学利用市场过分逐利从而对大学造成伤害的事实:技术开发与转让、管理课程、大学公司、股票交易、教学"外包"、私有化……①"无论是金钱资本抑或智力资本投资,其基本动机就是追求利润","商业价值和市场标准侵害了大学的价值取向,以至于大学正在失去着本质"②。大学对学术的追求与对物质利益的追求之间的矛盾,已经成为世界高等教育的问题。伯顿·克拉克领导的研究小组对西方七国高等教育的权力模式的比较研究表明,教学和科研在成为完全自治的活动或受到严厉监督的时候,它们都会受到损害。③

大学不恰当行使专业权力、自治权力,对外在价值的过度追求,违背了学术本位的大学逻辑,对大学的根本利益造成了损害。因此,必须对大学的专业权力进行有效的引导和规制,既可以是政府、纳税人、媒体等大学外部利益相关者规制,也可以是大学自我规制。"如果一个国家兑现了高校自主办学权的承诺,一所没有'宪法'的大学王国,它的治理将是何等凌乱无序"④。大学章程将成为大学自我规制的有效手段,它将大学的行为限定在合理轨道之上,即学术本位,从而是理性的、自由的,这样大学才能够在需求与欲望之间做出准确判断和取舍。

---

① [美]科伯,高等教育市场化的底线[M].晓征,译.北京:北京大学出版社,2008:116-122.

② 张继明.市场化洪流中的大学操守[J].中国地质大学学报:社会科学版,2011(1):115-119.

③ [美]范德·格拉夫.学术权力——七国高等教育管理体制比较[M].杭州:浙江教育出版社,2001:182.

④ 湛中乐.通过章程的大学治理[M].北京:中国法制出版社,2011:293.

“每个具有意志的有理性的东西都是自由的，并且依从自由观念而行动”①。唯有以学术本位为行为依据，大学的专业权才会转化为大学的价值，并达成内、外价值的统一。

（四）协调大学内部的权力关系

大学中存在不同的权力和利益主体。不同权力的运行遵从不同的逻辑，不同权力主体的利益诉求也各不相同。不同权力主体、权力运行及不同权力间的关系构成了大学的治理结构。大学的正常运行要求治理结构的合理化，即不同权力主体不仅要自觉遵从各自权力的逻辑，更要服从作为整体的大学的学术本位逻辑。由于权力关系背后隐含的是一种利益关系，在现实中不同权力主体之间往往发生基于利益的冲突，形成有违学术本位原则的权力关系，例如在我国大学权力格局中党委与校长之间的矛盾、专业教师与行政管理人员之间的矛盾、学校与教职工之间的矛盾、教师与学生以及学生与学校之间的矛盾等。而这就提出了调整大学治理结构的要求。

大学章程具有调整大学内部权力格局、优化大学内部治理结构的功能。第一，大学章程明确规定了不同权力的基本内容。例如，要建构基于学术本位的大学治理结构，避免行政权力对学术事务的过度干预，那么对学术权力、行政权力具体包含哪些内容，必须有一个详尽的规定。明确不同权力的基本内容，是正确处理权力间关系的前提，是清晰界定不同权力的边界的基础。第二，大学章程明确规定了各权力主体的职能范围。各权力主体在其角色范围内必须做什么、决不可做什么，必须是明确的，这是切实履行职责的前提，同时也利于将权力的触角限定在“应为”“可为”的空间内。现实中，大学权力格局的混乱在很大程度上表现为权力的越界。大学的学术权力是建立在专业能力基础上的，其运行的逻辑必然不同于以强制、集中、等级化、一元化为特征的行政或政治权力的逻辑，后者强行涉入学术事务范畴，必然会损害学术，破坏大学的治理结构。第三，大学章程应提供各权力及其利益的实现机制和保障机制。学术本位强调学术权力的本位化，强调学术利益的不可侵犯性，等等。那么，何以实现学术本位？大学应为学术本位提供何种保护？大学章程将通过独特的法治效能给予保障。

四、大学章程推动建立符合大学组织要求的大学文化

大学文化可泛指大学内部的一切活动及活动方式，按狭义来分，大学文化又

① ［德］康德．道德形而上学原理［M］．苗力田，译，上海：上海世纪出版集团，2005：71．

包含了主要由价值观、理想追求、思维模式、道德情感等构成的精神文化，主要由大学的组织架构及其运行规则构成的制度文化，以及主要由大学的物理空间、物质设施构成的环境文化。大学文化具有价值导向、心理建构及行为约束等功能。[①] 显然，大学章程建设首先体现为一种制度文化的建构，因为大学章程在表现形式上就属于大学规章制度的范畴。但相对于制度性因素，所谓的大学精神文化在更深层次上对大学发展产生影响，因为它从根本上影响着主体的思维、价值观和行为方式，并使其具有持续性和稳定性的特征。本研究中大学章程的文化建构功能主要是指，大学章程通过推动大学各主体建立反映大学理想的思想与行为范式，以建构起符合大学学术本位要求的大学文化，以维系大学的学术本性，并促使大学充分发挥其功能。这是一个建构大学精神文化的过程。

（一）引导大学各主体建立正确的价值观

大学是学术组织，以人为本的人文关怀、对追求知识的热情和基于知识探索需要的学术自由、对学术价值的永恒追求、对教书育人和促进人类解放的不懈努力、对推进国家和民族进步的使命的勇于承担，以及在大学治理中对大学自主权及教授权利的追求等，是理想状态下大学文化的核心要素。当大学及其利益相关主体的价值观反映这些大学文化的因子，则大学的文化是符合学术本位的要求的。大学章程作为大学及相关利益主体的行为准则，引导和规范着其行为选择，其背后则是对主体价值取向的影响。当大学章程本身是基于学术本位的，它会通过预设和隐含的反映大学精神、大学理想的教育性、学术性和文化性价值目标，引导大学及各利益相关主体建构或强化关于大学价值的正确认知。现实中，大学及其相关主体往往持有的是错误的价值观，例如过度地从功利主义、工具主义的眼光看待大学，就忽略了大学以知识本身为追求的价值取向。这时大学章程基于学术本位的价值目标，通过其规范效力引导主体从关注外在的物化价值转向关注人，关注知识，关注理想、责任和使命，并逐渐形成主体的习惯性思维和做法，最终在整体上形成一种文化传统。在大学章程的价值导向下，其各利益相关主体采取符合大学本性要求的行为方式，包括大学的行政管理，都贯之以学术本位的精神和原则，如此，大学的运行也就反映其应有的逻辑。所以，大学章程对大学及其各利益相关主体行为的规范，反映的是建构新的思想与行为范式，或以之同落后的价值观念、管理传统等进行博弈的过程，是一个逐渐改变旧的大学文化、建构新的大学文化的过程，而这种新文化就是学术本位的文化。这种符合

---

① 眭依凡．关于大学文化建设的理性思考[J]．清华大学教育研究，2004(1)：11-17．

大学组织要求的新文化将从根本上推动理想大学制度的建构，推动大学实现学术本位。这是大学章程发挥文化建构功能的主要方式。

（二）协调大学多元文化间的冲突

大学章程建构大学文化的过程，还有利于协调大学多元文化间的冲突。“大学是个多元化的系统，常常被学科之间、教师亚群体之间、学生亚群体之间的冲突，以及行政人员和教师之间的斗争、各专业学院之间的不合，搞得四分五裂。”①不同的群体各自有其不同的价值追求和行为模式，形成了不同类型、其间存在矛盾冲突的大学亚文化。多元化是大学文化的重要特征。然而大学作为一个组织，统一的组织目标要求不同主体的行为协调一致，因而需要有一个根本的文化范式。所以，我们在肯定大学文化多元性意义的同时，必须强调统一的文化范式是大学实现组织目标所必需的条件。而大学章程的文化建构功能将有效地协调大学多元文化间的矛盾，推动形成统一的大学文化范式。首先，大学章程引导大学各利益相关主体建立起符合大学内在要求的价值观，本身就体现着大学章程以大学学术文化统领不同亚文化的功能。此外，大学章程中关于大学的使命与宗旨、富有特色大学管理方式的规定，是对大学校园文化的凝练，作为大学各主体的行动准则，这种凝练的校园文化将为大学不同主体所共享，并为之产生思想共鸣，就减少了不同业文化之间的冲突，这是大学章程整合大学多元文化的重要机制。

大学章程的一个重要作用机制是通过明确的程序性规定为各主体确定行动步骤，这实际上是提供了一套大学组织运行的标准。程序化、标准化的模式反对各主体按自己的利益需求、思想和行为习惯来办事，这限制了大学中的自我主义、小团体主义及排他主义；程序公正原则更是推动实现大学制度的正义，追求公正、正义是大学文化的重要因子。当然，大学章程的程序化、标准化功能必须建立在尊重大学组织本性的基础上，强调程式化、统一化并不否定大学作为一个松散联合的学术共同体的本质，学术自由仍是大学的不变法则。

本节结语

大学章程的功能是其价值的体现，大学章程的价值就在于保障大学始终是学术本位的，这是大学获得存在意义的基础。从大学章程的功能来看，它首先标

---

① J Baldridge. Power and Conflict In the University[M]. New York: John Wiley, 1971:22.

识着大学作为一种社会存在，进而保障大学这个社会存在是有价值的，因为大学章程作为大学及其各利益相关主体的共同行为准则，它确保各主体按规则行事，而这个规则就是大学作为学术组织，其运行和管理必须遵循贯彻学术本位的理念。在学术本位理念或原则指导下，大学及其相关主体的权力实现有序运行，形成了一个基于学术本位的大学治理结构，无论是政府与大学的关系，还是大学与社会的关系，还是大学内部各权力主体间的关系，各种关系的建构都是以大学的内在逻辑为依据的。这样，大学才是真正意义上的大学，大学获得了存在的合法性，因为大学在知识活动中实现了自身价值与社会价值的统一。因此，大学章程通过其功能的发挥，将有效地保障大学实现学术本位。综之，从大学章程的内在逻辑、本质、功能及法律地位等多个角度而言，大学章程建设具备推动大学走向学术本位的能力，或者说是可能性。

第三章
我国大学的异化与章程建设实践

大学的运行常常因为自身和环境因素影响而偏离学术本位，使组织的属性和功能受到损害。所以，大学始终处在制度的变革之中，以维系其学术本位的基本逻辑。而大学章程正是大学处理内、外部关系的重要依据和维护大学学术本位的有效手段。当前，我国大学发展面临着诸如质量、价值取向等方面的困境，究其根本，正是由于在政治、经济和文化等因素影响下大学运行背离了学术本位，导致发生异化。基于大学章程与大学学术本位之间的关系，要促使我国大学由异化状态回归学术本位，构建大学章程、发挥章程的治理功能，就成为我国大学制度建设的重要举措。但从实践来看，我国大学章程建设面临着诸多问题，最核心的问题在于未能坚持和贯彻学术本位这一根本原则。我国大学章程要真正发挥其大学治理的功能，就必须明确学术本位的价值取向，反映学术本位这一基本精神，并使之成为具体的大学行为准则，规范大学及其利益相关主体的行为。

第一节　学术失位与我国大学的异化

当前我国大学发展面临着一系列困境，反映的是我国大学组织的异化危机。从我国大学及大学制度的变革和发展历程来看，行政化的制度体系、过分强调物质利益的价值追求和有违大学文化的负向文化侵蚀，共同致使大学远离了学术本位这一应有的逻辑，最终发生了异化。而我国大学组织发生异化，从本质上说是学术本位这一大学内在根本逻辑的背离，即学术的失位。

一、重重困境中的中国大学

始于 20 世纪 90 年代末的高校大扩招，使我国快速迈入高等教育大众化阶段，与此同时，我国高等教育发展进程中的一系列弊端也日益凸显。与资源性、投入性等问题相比，一些结构性、制度性、理念性的问题在更深层次上影响着我国高等教育发展质量。“在社会急遽变化的时代，大学兴旺发展和危机四伏两种趋势是并存的”，“商业化、官僚化、技术至上和教育质量下降等问题已严重阻碍大学的进一步发展，使得大学的公众信任度不断下降。”①此外，我国大学学术能力的平庸化、②大学主体性的弱化③等问题都是我国大学发展面临的严重问题。某高校党委W书记在接受笔者访谈时，对当下大学对教育使命的漠视、人文关怀的匮乏表现出极大的担忧。显然，作为一个教育和文化机构，漠视教育和缺乏人文精神实属致命的不足。联合国教科文组织前总干事长费德里克·马约尔曾指出，“全世界几乎所有国家的高等教育都处于危机之中”④。如今，我国高等教育和大学的发展正面临着危机的考验。

（一）质量下滑

关于扩招以来我国高等教育质量的问题始终处在争论之中。⑤然而，尽管“世界上至今没有一个大学教育质量的标准”，故而缺乏严密的量化质量监测，但在高校人才培养模式仍“沿袭历史的惯性、缺乏创新意识”⑥的条件下，由急剧扩招导致的资源匮乏同剧增的需求之间的矛盾、大学生平均入学标准的持续下降、大量低水平地方本科院校的新建等因素，对教育质量造成损害是必然的。在此过程中，高等教育精英标准失守和核心质量观念模糊，也深刻影响着高等教育质量。2003年，潘懋元先生提出本质为“类型多元化”的高等教育质量观，在实践中被曲解为“层次多样化”，成为许多高校放弃质量标准、盲目追求规模效益的借口。缺乏科学、统一、明确的质量观，使得大众化高等教育发展进退失据。“钱学森之问”和“朱清时断言”⑦成为我国高等教育质量发生危机的有力而沉重的论据；“现在的本科生不如以前的专科生，硕士不如以前的学士，博士不如以前的硕

---

① 王英杰.大学危机：不容忽视的难题[J].探索与争鸣，2005(3)：34-38.

② 张楚廷.高等教育学导论[M].北京：人民教育出版社，2010：214.

③ 王洪才，张继明.高等教育强国与现代大学制度建设[J].厦门大学学报：社会科学版，2011(6)：119-126.

④ 联合国教科文组织.关于高等教育的变革与发展的政策性文件，1995.

⑤ 杨德广.如何评判我国高教发展改革中的几个问题——与杨东平教授商榷[J].江苏高教，2011(5)：1-6.

⑥ 我国高教多项指标世界第一的“尴尬”[EB/OL].[2009-11-13]http://edu.people.com.cn/GB/1053/10376455.html.

⑦ 2012年6月5日，南方科技大学校长朱清时到武汉做招生宣传时称：“近30年来，中国的大学没有培养出优秀人才来。现在的大学都是以给学生输送知识为主。真正优秀的人，首先应该有想象力。”详见：“朱清时：中国大学30年未培养出优秀人才”[EB/OL].[2012-06-06] http://news.inewsweek.cn/news-26177.html.

士，整个高等教育的教育质量至少整整下降一个层次”，是社会大众对当前高等教育质量最朴素、直观的评价。因此，我们不能一味地为规模发展而鼓吹和辩护，而是要正视质量下降的事实，哪怕针对的只是一种可能性，也应该为此发出令人警醒的声音，建立基本的预警机制。

（二）价值迷失

大学的价值不仅在于促进经济、科技等国家硬实力发展，更在于传承和创造知识，在于促成受教育者人格完善，在于通过社会批判来塑造道德、伦理及价值观的公共标准，引领社会文化的走向。相比于前者，后者更能反映大学的本质意义。反观当下，我国大学对物化指标的狂热追求严重侵蚀着大学存在的价值基础。首先是对经济指标的空前热衷，一方面，课题费成为学校发展和衡量教师绩效的主要指标；另一方面，则积极同产业、商界合作，争取社会经费投入。而“当一所大学决定要挣钱的时候，必须放弃它的精神。”①大学的物化取向还体现在置“大学者，非有大楼之谓也，大师之谓也”的先贤训语于不顾，大兴土木，建造豪华教学楼、办公楼甚至星级酒店，奢华成风。当今大学价值指向旁落的另一个重要表现是大学及学者普遍缺失社会责任感、使命感，不仅在市场与金钱面前丧失了气节，还一味盲目地崇信政治正确原则，学术意识形态化，成了少数集团的代言人。在人才培养上，大学轻视了人文素养的培育，而是“正在培养一些精致的利己主义者，他们高智商，世俗，老到，善于表演，懂得配合，更善于利用体制达到自己的目的”②。大学正在失去守望社会和给人类提供终极关怀的愿望和职能，逐渐异化为追求利益最大化的另类机构，因而失去了独立存在的基本理性。加拿大学者比尔·雷丁斯道，当大学被迫放弃历史上的存在理性，陷入消费主义意识形态，大学便成为一个荒废的机构。③

（三）公信力下降

大学曾经享受着人们的充分信任，因为她曾无可争议地居于知识、思想及道德的制高点。在我国，大学的公信力主要建立在“知识改变命运”的大众观念基础之上。在一个社会中，接受高等教育是弱势群体实现身份转换和阶层递进的基本途径。在成才渠道单一的条件下，读大学几乎是平民大众实现这种转换的唯一通道，因而大学也承载着广大普通民众的期望与信任。但这条通道却越来

---

① [美]科伯.高等教育市场化的底线[M]晓征，译.北京：北京大学出版社，2008：271.

② 北大教授：大学正培养利己者　掌权比贪官危害大[N].中国青年报，2012-05-03(3).

③ [加]雷丁斯.废墟中的大学[M].郭君，等，译.北京：北京大学出版社，2008：18.

越被发现"此路不通"：高涨的大学学费渐至社会承受力的阈值，"中低收入家庭的子女因为学费门槛太高，无法通过努力学习而顺利踏上社会升迁的阶梯，这是中国历史上自科举制以来从未有过的现象"①。与此同时，大学生就业遭遇冰点，学历贬值，个人的教育投资与预期回报严重失衡，新一轮"读书无用论"抬头。② 另外，高校招考过程中贫富阶层子女入学机会的不平等、城乡优质教育机会差距的扩大等因素，也导致越来越多的人对大学选拔的"能力标准"让位于"资本标准"(家庭文化、经济和社会资本)表示失望。大学负向功能突出，直接影响到其公信力。③近些年发生的大规模弃考表明大学教育的解放功能正受到广泛质疑。大学教育的质量、价值危机加之其解放功能的弱化，以及备受社会诟病的大学腐败，使大学正面临着前所未有的公信危机。

(四)制度异化

作为一个学术性组织，大学的制度必须以促进学术发展为原则。现实中，我国大学制度安排恰恰违反了大学组织特性。从外部来讲，大学与政府之间存在严重的依附关系，大学独立、自治的空间非常狭小；从内部来看，行政化管理尤其是官僚主义已成为大学组织异化的主要致因。同时，绩效主义和经济学理论在某种程度上成为我国大学制度改革的主导话语，基于此的一系列制度设计与大学的逻辑要求和精神气质背道而驰，例如高度的量化管理便是学术研究功利化、低质化的帮凶，企业化的教师聘任制与知识生产规律、学术自由原则亦是相悖。而且这种以关注效率而设计的组织机制，只会关注对行为进行工具的、程序的评价，取代了道德和文化的标准，这都助长了我国大学的价值物化倾向。客观地说，借鉴市场原则打破我国大学制度中的计划经济模式是值得探索的一条路径，但"大学和公司实在是不同的两只'动物'"，不可能套用相同的制度体系。遗憾的是，在"绝大多数关于管理和组织结构这一课题的论证中，通常都把组织的机械结构当作统一的模式：官僚体制、形式化、等级制。而恰恰相反，大学和学院都是专业的组织机构，是松散结合的系统"④。实际上，制度的危机同时是一个理性的危机。大学何谓？大学何为？关于大学最本质的问题我们已疏于思考，而"一个放弃自身存在的理性的大学，其必然归宿不是向行政权力低头屈膝，就是

---

① 张超.高等教育高收费：公共政策为何排斥社会公正[J].当代中国研究，2005(3).

② 郝文武.新读书无用论的根源及其消解[J].中国教育学刊，2009(9)：42-44.

③ 王洪才.高等教育强国与现代大学制度建设[J].厦门大学学报：社会科学版，2011(6)：119-126.

④ [美]伯恩鲍姆.高等教育中的管理时尚[M].毛亚庆，等，译，北京师范大学出版社，2008：115

向市场权力投怀送抱”①。

（五）主体性弱化

大学的主体性即大学的“我在故我思”自我意识和“和而不同”文化自觉意识。大学只有认识到了自己的存在、存在的意义，才可能产生改革和发展的内部动力。纵观世界范围内的优秀学府，在其成长过程中都内生出一种成长基因，保证其在纷繁的外部环境中始终坚持大学的成长方向，相对稳定地维系大学的独立文化环境，依靠这种内部的成长基因使大学在不同时代都保持旺盛的成长力量，能够不断适应环境并借助环境因素促进大学自身的发展。而我们的大学，包括那几所号称有百年历史的名牌大学在内，无论是新中国成立前先学欧美、新中国成立后全盘苏化，还是今天“言必称美国成为我国大学的流行病”现象，②都表明我们的大学还没有完全形成自己的“基因”。在与国际接轨的主流语境下，我国高等教育改革的“西化”尤其是“美化”思维不断强化，改革者试图从发达国家寻求一个可供我国使用的普适性发展模式，并盲目地以量化标准去评判我国高等教育发展水平和迎合所谓的国际大学模式。依附发展模式将不仅导致改革缺乏清醒的本土或中国问题意识，更将在竞争激烈的国际高等教育市场上失去赖以存在的自主意识和独立能力。主体性的丧失将进一步致使我国高等教育由于缺乏文化自觉和自主创新能力而在国际高等教育体系中居于二、三流，始终难以摆脱作为发达国家高等教育复制品的尴尬地位。

除以上问题外，财务困境是我国大学面临的又一大问题。为了满足扩招中对扩大基础设施建设的资金需求，高校普遍介入金融市场，实施校银合作。从1999 年到 2006 年，我国高校借、贷款累计总额达 4 500 亿至 5 000 亿元。③高校普遍负债经营，沉重的债务压力给高校戴上了沉重的枷锁，“戴着镣铐跳舞”是对财务困难中的中国大学的生动写照。综之，从内在的自致性危机到外部社会因素导致的一系列困境，我国大学正处于“内忧外患”之中。直陈我国大学的困境和危机，并非否定大学曾经和正在发挥着的积极功能，只是我们不能忽视大学的精神与肌体正在面临的威胁，大学指向未来的意义要求必须以批判的态度对其加以诊疗和拯救。

---

① 杨移贻.论高等教育核心质量[J].大学教育科学，2009(6)：15-19.

② 王洪才.高等教育强国与现代大学制度建设[J].厦门大学学报：社会科学版，2011(6)：119-126.

③ 邬大光.中国高校贷款：问题与对策[EB/OL].http://www.sinoss.net/2010/0129/18840.html.2010-01-29.

二、我国大学学术之忧

大学的职能体系以其学术职能为基，这要求大学必须建立正确的学术观、学术研究及其管理制度。从我国大学学术的现实来看，从思想观念到制度安排，都值得忧虑。在此将“学术困境”单独列出，是基于学术作为大学安身立命之基的特殊意义，意在说明大学正面临深刻的本体性危机，因为当一个学术组织的学术功能出现了严重问题，那么它所面临的是对基本生存的威胁。

(一)学术目的背离学术发展本身

学术目的的异化主要包括四个层次的含义。其一，科研成为大学校方换取“政绩”与社会声誉的手段，而政绩与声誉则又是进一步换取资源如政府投入等的砝码，所以强调课题立项以及由此带来的经费数量，强调在国际学术期刊上发表文章的数量，导致出现“唯 SCI 主义”。其二，教师将搞科研、做学术作为满足行政化考核标准、实现个人晋升职务或职称的手段，导致出现了“唯发表主义”①，并由此催生了“学术市场”，于是也有了打着学术期刊称号疯狂敛财的极端现象。② 其三，科研与教学的分裂。科研与教学的统一是大学的传统和内在要求，但在科研至上思想影响下，教师对教学失去了热情，甚至认为教师一心搞教学无异于“自我毁灭”③，科研与教学的分裂严重违背了大学的基本逻辑。其四，部分教师将拉项目、做课题作为“主业”，目的是为了获得经费用以提高收入水平。纯粹学术最初的目的在于学术本身，这是自古希腊时代流传下来的学术传统。在国家主义时代，学术目的不再仅仅局限于学术本身，还承担着促进国家和民族进步的历史使命，学术的政治性、经济性及文化性功能体现的是学术或知识的应用价值，本身并不必然导致异化。但显然上述学术目的的异化与学术本身的目的、历史使命的目的都是相悖的，学术被赋予了严重的工具化性质，严重危害了学术自身，是与学术的本性及其应有价值不符的。

(二)学术过程违反学术道德与规范

学术过程的异化就是指在科学研究和评价过程中，为取得科学界、社会及所在组织的认可而出现的数据编造、伪造和剽窃他人学术成果的行为，即所谓的“学术不端”“学术失范”甚至是极端的“学术腐败”问题。学术异化是学术界普遍

---

① 张鸣.论文市场的一个小骗局[EB/OL]. http://blog. qq. com/qzone/622007855/1338107204.htm,2012-05-27.

② 田国磊，等.《商场现代化》杂志被指有偿刊载论文，年敛财千万[N].中国青年报，2009-04-22.

③ 朱建华.云南大学副教授：教师全心全意投入教学是自我毁灭[N].长江日报，2011-05-22.

面临的问题，是一种国际现象，美国《科学》杂志的主编在一篇社评中提到："科学界不正当的现象正在增加"①。我国学术异化问题已十分严重，故而才有了杨守建著《中国学术腐败批判》、方舟子写《溃疡：直面中国学术腐败》。原华中理工大学科学行为研究小组对165名中国科学院和工程院院士的调查表明，42%的院士认为在科研活动中存在着严重的越轨行为。②我国专门学术反假、反腐的网站"学术批评网"③和方舟子的学术打假网站之所以"爆料"不断，并引致持续争论，从一个角度反映了我国学术不端现象的普遍性。杨玉圣曾在《中华读书报》(2001-05-23)上撰文揭露国内十数所重点大学的学术丑闻；④江西某大学的教师学术造假被国际著名学术期刊通报，以及近些年时有发生的大学领导、教授学术造假事件，表明大学学术生态亟须严格治理。有学者对我国学术生态之怪现状进行了总结："抄袭剽窃，假冒伪劣；权学交易，践踏学术；关系鸣锣，金钱开道；七拼八凑，名利双收；裁判踢球，暗箱操作"⑤。过程的异化是对学术的直接伤害，从根本上说，如此"学术"已不是学术。

(三)学术制度违背学术发展规律

学术制度的异化主要表现为学术管理的行政化与学术价值的量化评价制度。学术管理行政化就是指行政权力主导学术管理，从学术资源的配置到学术标准的确立、学术成果的评价，学者、学术组织不具备应有的话语权，而是要接受行政管理者的指挥和裁决，"如此，大学行为就走向了自我背反。事实也如此，当学术缺乏独立标准时，学术价值大小主要取决于上级意志"。学术价值的量化评价制度是指通过简单的数字权重给学术价值赋值，以外在标准来衡量学术价值，即学术管理的"GDP主义"。这一方面致使教师在沉重的绩效压力下疲于奔命，"在各种行政指标的压迫下，大学教师必须从事各种非学术的活动才能完成学术

---

① 阎光才.精神的放牧与规训：学术活动的制度化与学术人[M].北京：教育科学出版社，2011.

② 姚利民.论学术腐败及其治理[J].湖南大学学报：社会科学版，2002(4)：47-53.

③ 学术批评网是一个以"促进学术批评，加强学术规范"为宗旨的专业网站。创始者杨玉圣教授强调，学术批评网的意义在于：第一，进一步推动学术批评与学科评论，健全学术规范与学科规范；第二，进一步推进学术评价机制改革，呼唤学术自由与学术独立；第三，进一步加大学术精品推介力度，促进学术交流与学术进步。详见：学术批评网编.为了学术共同体的尊严[M].北京：北京奥科德文化传播中心，2006.

④ 杨玉圣.为了中国学术共同体的尊严——学术腐败问题答问录[J].社会科学论坛，2001(10)：48-56.

⑤ 唐劭廉.对学术腐败的道德心理学分析[J].福建师范大学学报：哲学社会科学版，2004(4)：17-21.

任务”[①]；另一方面则导致大学学术浮躁，为了满足来自行管理层的绩效标准，教师急于求成，无奈粗制滥造，于是制造出大量的平庸、劣质学术“成果”。学者刘明认为，学术评价定量化取向存在着激励短期行为、滋生学术掮客、扼杀学者个性、推动全民学术及误识良莠人才等诸多弊端。[②] 论文引用率是衡量论文学术质量的重要标志，而我国北大、清华、浙大、上海交大四所国内顶尖大学的 ESI 引文数、高被引论文数均不及哈佛大学的 10%，[③]表明我国学术总体质量很低，这与我国的学术生态密不可分。大学学术管理的行政化和学术评价的量化模式严重窒息了学术活力，破坏着我国大学学术的生态。

学术的异化反映的是学术价值观的异化，学术由目的变成了手段。对标准、规范及伦理的轻视甚至践踏是对大学学术生态的严重戕害，学术由一种信仰变成了“套现”的工具，知识成了破坏道德秩序的工具。王洪才教授指出，“现在大学学术进入了一种异化状态，大学教师把学术发表不再作为学术研究的自然结果，而是作为牟取个人暴利的特别手段。许多教师不无戏谑地称自己‘打工仔’，把完成科研任务称为‘挣工分’。这是大学教师对学术工作失去自主状态的一种内心表白。”[④]学术功能作为大学的价值根基，当其大学学术生态恶化，学术价值崩塌，整个大学的价值根基也便发生崩溃。

三、学术失位：大学组织异化之本质

我国高等教育面临的危机是大学的组织异化之危机。例如，大学教育质量下滑的背后，首先体现了国家启动大学扩招所包含的政治的、经济的而非教育的思维，对于大学自身而言，则在一定程度上表明教学在大学的目标体系中并未被置于实质的核心位置。再如，大学以经济效益衡量学术价值，以市场需要决定学术选择，以“政治正确”评价学术水准，学术的这种物化和意识形态化倾向与学术的本性是相悖的，与学术本位的大学逻辑是冲突的。又如，行政化和企业化的大学运行与管理模式，与强调自主、自治和自由的大学性格，与知识生产及其管理的要求更是格格不入。还如，“西化”“美化”的媚外与依附倾向，征兆着大学和大学学者深邃思索、勇于批判之独立精神的丧失，作为国家脊梁的历史责任感、使

---

① 王洪才.“去行政化”与“纪宝成难题”求解[J].高等理科教育，2011(2)：1-6.

② 刘明.学术评价制度批判[M].武汉：长江文艺出版社，2006：48-54.

③ 张楚廷.高等教育学导论[M].北京：人民教育出版社，2010：214.

④ 王洪才，张继明.高等教育强国与现代大学制度建设[J].厦门大学学报：哲学社会科学版，2011(6)：119-126.

命感及民族自尊心、自信心的虚幻，而这是大学作为学术城堡、教授作为知识分子本所应有的品质。此外，财务危机的爆发，也不仅仅是财务问题，背后仍然反映了大学的浮躁和功利，反映了政府和大学在改革过程中的经济性或企业化思维。

大学是一个独特的存在。“大学是一个让探索和哲学开放精神自行其是的地方，它旨在鼓励人们对理性本身的非工具性运用”，“大学必须抵制诱惑，不要试图事事都为了社会。大学是许多利益中独一无二的利益，它必须时时盯着这种利益，以避免与希望他更实用、更现实、更随俗的要求妥协”①。大学必须超然于世、独立于世，才有可能保持在知识与理性的制高点，从而实现自我立法，并进而为外界制定规范，这样，大学才不单单是一个独特的存在，更是一个有意义的存在。而大学之意义的获得，从根本上要求遵循学术本位的内在逻辑。目前我国大学发展所面临的一系列问题，其症结在于大学的实际运转背离了应然之逻辑。

无论是主动地，还是被动地，现实中大学承载了太多本不属于自己的期望和责任，却放低甚或放弃了自己内在的标准，即学术进步的标准，在内在价值与外在价值之间轻视了知识的自我价值，本职之外的功利性指标反而决定了大学的行为选择。价值观的迷失是导致大学危机和发生异化的根本原因。也就是说，大学作为一个独特的社会组织，其独特的学术进步的要求未能得到满足，其组织个性反而泯灭在外来的政治、经济诉求之中。当大学的内在学术本性未能作为大学制度架构的必要依据，即缺失学术本位的制度体系，大学的学术本性也就失去了赖以维系的支撑，逐渐脱离本性而发生异化。所谓“异化”，是指主体在一定发展阶段分裂出其对立面，变成外在的异己的力量。我国大学的危机，归根结底就是一个异化的危机。在这个过程中，大学基于外在价值的多重目标及其与内在价值的冲突，致使“大学的知识和组织结构内在秩序的崩溃，大学原有的精神风范、学术之需、精英教育价值岌岌可危”②。大学学术本性所受到的损害不仅仅是外在力量的侵犯所致，例如权力的威逼、资本的利诱、制度的局限等；大学自我价值取向的偏离从某种程度上说是一种自我的奴役，这是大学的自我伤害，例如大学学术的“失贞”，这对大学形成了致命的戕害，“学术危机已经成为吞噬中

① ［美］布鲁姆.美国精神的封闭［M］.南京：译林出版社，2007：204，209.

② 阎光才.识读大学：组织文化的视角［D］.上海：华东师范大学，2001：122.

国高等教育存在理性和道德良知的黑洞”①。正如前文所分析的，大学的学术功能是其整个职能体系的根基，根基不牢，发生各种问题、困境乃至危机，也就在所难免。

以上诸种大学之危机，集中反映了大学组织的异化，而大学组织的异化本质则是对大学学术本位之根本性逻辑的背离，即学术失位。要拯救大学于异化中，无外乎精神与制度，尽管精神的救赎才是根本，但相对来说制度的建构和完善则相对更具可行性、实效性。

本节结语

当前我国大学面临的诸多危机，包括作为大学安身立命之本的学术功能在内、外部因素影响下发生的弱化和动摇，溯其根源，在于大学在运行中偏离甚至背离了学术本位这一大学内在逻辑，即发生了学术失位。从某种意义上说，我国大学从反面的角度表明了学术本位对于大学本质属性的内在规定性，及其对大学学术价值乃至整个大学存在价值的根本性意义；而我国大学学术本位的复归也成为我国大学组织变革和现代大学制度建设的重要取向。

第二节　我国大学背离学术本位的多重致因

从历史上看，我国大学从一开始就打上了政治工具的烙印。其后，受政治传统、民间文化等因素影响，大学制度改革始终没有从根本上跳出旧有体系的桎梏。在此期间，大学的国家经济工具角色和大学自身的“经济人”角色持续强化，对大学的学术本位逻辑造成持续冲击。这些因素致使我国大学始终缺乏应有的品性，甚至与大学的理想渐行渐远。

一、政治宰制导致大学的“行政化”

(一)清末新政时期：新式学堂作为新政工具

我国现代意义上的大学发轫于清末时期的新式学堂，如京师大学堂、北洋大

① 杨移贻. 论高等教育核心质量观[J]. 大学教育科学，2009(6)：15-19.

学堂等，是近代“向西方学习”思潮下移植西方教育制度的直接产物，而非我国教育自觉性成长的结果，现代意义上的大学与我国历史上“国子监”“太学”等都没有直接的、历史的承接关系，①因而没有历史与传统的积淀。正如许美德所说，“在中国的传统中既没有自治之说，也不存在学术自由的思想；同时也没有一处称得上是大学的高等教育机构。不管是书院还是科举教育体制中的学校，都与欧洲大学所享有的那种自治权根本无关”②。而且新式学堂从一开始就背负着“师夷长技以制夷”的民族使命。1900 年八国联军侵占北京，慈禧太后仓皇亡命西安，认识到只有兴学方能挽救清朝灭亡，于是在次年 8 月颁布“兴学诏书”，强调“兴学育才，是为当务之急”。显而易见，包括天津中西学堂、山西大学堂、京师大学堂等在内的新式高等学堂的设立首先是国家救亡图存的需要。“甲午之役以后的教育改革是竞智的表现。智既可以胜力，欲救亡图存，必须改造国民，改造国民首重教育，这就是甲午之役以后清廷鉴于军事改革失败，转而尝试从教育改革入手以图富强的主要原因”③。所以，清末新式学堂是封建洋务派和维新派推行新政的工具，也是封建势力挽救清王朝的突发产物，而非以知识发展或学术生产为生发逻辑。因此，从根本上说，我国大学的肇始——清末新式学堂——不具备寻求独立的自觉意识，更无与政治权力博弈的能力，从而成为仰政府之鼻息的政治附庸，它们的存在基本上不具备知识或学术意义上的合法性。在具体的学术管理上，则正如别敦荣教授所认为的，中国首批近代大学虽有某些“新学”的特征，但浓厚的封建社会文化使其学术管理带有显著的封建特征：大学不具有独立地位，学术管理从属于政治统治；政府官员主持校政，学者群体尚未形成；经学统帅诸学，缺乏学术自由，新学发展缓慢。④所以，作为我国现代意义的大学的肇始，在学术性格、学术管理上存在着先天不足，而这对我国大学的组织和品格发育都有着最原初性的影响。

(二)民国时期：政府全面干预大学

民国初期是我国近代大学获得较大发展的阶段，涌现出了一批著名的大学校长，大学在学习和吸收欧美经验的基础上较为完善地建构起了中国大学的基本制度体系。但是，基于政治和权力统一的需要，北洋军阀政府和国民党政府都

---

① 张斌贤. 现代大学制度的建立和完善[J]. 国家教育行政学院学报，2005(11)：32-40.

② [加]许美德. 中国大学 1985—1995：一个文化冲突的世纪[M]. 徐洁英，等，译. 北京：教育科学出版社，2000：19-29.

③ 朱有瓛. 中国近代学制史料：第 2 辑上册[M]. 上海：华东师范大学出版社，1987：960.

④ 别敦荣. 中美大学学术管理[M]. 武汉：华中理工大学出版社，2000：37.

加强控制大学以钳制思想，严重影响了我国大学学术传统的养成和积淀。北洋政府时期发生的东南大学“易长风潮”①和蔡元培请辞北大校长事件便集中反映了政府对大学的控制。蔡元培“我绝对不能再做不自由的大学校长”之辞职宣言亦表明了当时大学面对外部干预的反击。据《北京大学纪事》记载，蔡元培 1917 年到 1926 年执掌北大期间共辞职九次。②

1928 年国民党政府形式上统一中国，南京政府制定了加强教育控制的中央集权政策，对大学的课程、教学、学术进行全面干涉。1929 年 8 月南京政府公布《大学规程》，对高校的院系、科类的设置、各系课程等做了详细安排，第八条规定：“大学各学院及独立学院各科除党义、体育、军事训练及第一二外国文为共同必修科目”外，必须为未分系的一年级学生设置“基本科目”。从 1938 年开始，国民政府通过颁行《学院课程科目表》《分系课程科目表》逐步加强控制大学课程。1939 年教育部颁布《训育纲要》，要求专科以上学校“研究各种学术主义之各自适合性，归纳其结论与三民主义创见于中国之必然性及适应性之理由，使学生切实理解三民主义之真谛，并依据孙总理蒋总裁之训示确立三民主义的革命人生观”，这就对大学的教学和学术做了严格的界定。1944 年教育部颁布《专业以上学校导师制实施办法》，再次强调严格的学生训导制度，大学教师以国民党篡改过的三民主义作为自己价值观的坐标。③

西南联大时期，国民政府进一步加强对大学教师的控制。第一是党化学校行政和教师队伍，要求“凡在联大及三校负责人，其未加入国民党者，均先行加入”；“动员教授入党，并规定教授出国研究考察要到国民党中央训练团受训，否则不能领取出国护照。”④教学上，通过开设各种党义课程如《三民主义》等来党化学生。第二是在大学设立国民党区党部及三青团组织，试图领导大学。第三是从清华、北大挑选代表国民党政府立场的教授到教育部担任职务，如 1939 联大顾毓琇教授被任命为教育部次长。此外，还通过行政手段命令联大选用“部

---

① 1925 年 1 月 6 日，北洋政府免去郭秉文东南大学校长职务，任命胡敦复为新校长，受到东南大学校董会抵制，胡未能履职。期间，教育部决定取消校董会，东大教授会则“退回教育部训令”；4 月 18 日政府再度任胡为校长，东大 47 位教授罢教。7 月，江苏省长郑谦聘请蒋维乔为东大校长，“易长风潮”方渐平息。

② 王学珍.北京大学纪事：1898——1997(上)[M].北京：北京大学出版社，1998.

③ 夏仕武.大学教师学术权利的制度设计研究[M].北京：北京师范大学出版社，2011：157.

④ 南开大学校史编写组.南开大学史(1919—1949)[M].南开大学出版社，1989：271.

定”教科书、执行“部颁”教师资格审查等规章。①西南联大是我国高等教育史上的一朵奇葩，即使如此也要受到国民党政府的权力干预。对国民党政府来说，始终不忘加紧对大学的控制，破坏大学的内在秩序。

（三）新中国成立初期：大学管理体制高度集中

新中国成立后，为了培养新政权所需要的知识分子和建设人才，培育新的国家意识形态，国家通过接收国民党统治时期的国立和公立大学，接管外国教会举办的教会大学和私立大学，建立了单一的国有高等教育系统，使之成为实现国家目标的工具。在管理体制方面，1950 年 5 月政务院颁布《各大行政区高等学校管理暂行办法》，确立了中央教育部对全国高等教育的管理权；1950 年 7 月《关于高等学校领导关系的决定》规定“全国高等学校以由教育部统一领导为原则”，教育部具有制定高等教育方针、政策与法规的权力，以及决定高校的设置、校长任免、经费开支标准等权限；1953 年 5 月《关于修订高等学校领导关系的决定》详细规定了教育部在高校院系和专业设置、招生、基建、财务、人事、教学等方面的决定权。②由此中国高度集权的高等教育管理体制初步形成，高校办学自主权几乎丧失殆尽。

专业和课程干预是这一时期政府加强高校控制的重要手段。1954 年 11 月，高等教育部颁布《高校专业目录分类设置》，成为全国高等学校专业分类、设置和布点的依据，标志着高级专门人才正式实行计划化培养，大学在建制层面上与计划经济实现耦合。由此，政府完全掌控了课程权力，实现了对高等教育资源与学术资源的宏观控制。③为了加强意识形态培育，1949 年华北高教委员会颁布《华北专科以上学校 1949 年度公共必修课过渡时期实施暂行办法》，规定辩证唯物论与历史唯物论、新民主主义论三门思想政治课成为大学法定课程。为此政府制定了课程与教学审查制度，监督高校教学计划。最终，中国大学建立起一种专业设置和课程管理高度中央化的学问体制，由国家决定教学计划与大纲、由院校执行的自上而下的知识权力谱系正式确立。高深学问的国家治权成为集中的中央化管理，从而有了国民规训系统的政治性。④ 许美德如此评价道：“随着共

① 西南联大北京校友会.国立西南联大校史：1937－1946 年的北大、清华、南开[M].北京：北京大学出版社，1986：46.

② 林荣日.制度变迁中的权力博弈[M].上海：复旦大学出版社，2007：115-116.

③ 鲍嵘.学问与治理——中国大学知识现代性状况报告（1949－1954）[M].上海：学林出版社，2008：209-210.

④ 鲍嵘.学问与治理——中国大学知识现代性状况报告（1949－1954）[M].上海：学林出版社，2008：31.

产党对中国大学领导作用的建立，一种新式‘翰林院’产生了，大学自治和学术自由让位于社会主义官僚的学术权威和学术垄断。”①

改造大学教师的思想是该时期国家控制大学的重要方式。新中国成立伊始，政府发起了“知识分子改造”运动，经由1957年的严厉反右派批判，发展到“文革”期间将其打成“臭老九”，大学教师受到了强烈的政治冲击和身心践踏，高级知识分子的“独立之意志、自由之精神”近乎崩溃，甚至丧失了基本的尊严和品格。② 知识分子中绝少人士秉持着坚持真理、勇敢抗争的气节，中国知识分子角色意识和精神气质发生了历史性转变。③今天大学里的犬儒风气，知识分子的乡愿性格，跟这段历史有着深刻关联。当然，这与我国知识分子的传统地位和人格特征也有密切关系。“在我国历史上，知识分子没有成为一个独立的阶级或阶层，而是分属或依附于不同社会阶级或阶层。千百年来，由于封建宗法社会结构、科举制度和当代政治斗争的影响，中国知识分子在群体人格上表现出依附性大于独立性的普遍特征。学优则仕的传统价值观更使得知识分子在精神上背负沉重的功名负担。所以，社会的学术专业一直没充分发育。大学教师以其学科专业修养为基础的学术权利既不为社会普遍承认，也没能成为学者追求的共同理想。”④而这为今天大学行政化提供了适宜的条件。

（四）改革开放以来：行政化的运行管理制度形成路径依赖

1978年之前的28年里，我国高等教育借鉴苏联模式，并参照新中国成立前革命根据地和解放区的军事化、革命化管理模式，实行高度集权的行政化管理方式。改革开放以来，政府在改变高等教育管理方式、扩大高校自主权方面做出了努力，我国高度集权的高等教育管理体制有了一定改观。林荣日通过量化研究总结出自1978年以来我国高等教育权力场域演变的特征：从中央高度集权到目前的地方适度分权；高校权力明显扩大；社会和个人权力从无到有，但仍十分弱小。⑤

历史制度主义的历史观强调，前一阶段的政策选择往往会决定和影响着后一阶段的政策方案，政治制度的变迁和巩固存在着“路径依赖”。我国从一开始

① [加]许美德.中国大学(1895—1995)：一个文化冲突的世纪[M].许洁英，等，译.北京：教育科学出版社，2000：11，26.

② 赵德胜.1949—1957：共和国教坛风云[M].福州：福建教育出版社，2005：184.

③ 夏仕武.大学教师学术权利的制度设计研究[M].北京：北京师范大学出版社，2011：292.

④ 别敦荣.中美大学学术管理[M].武汉：华中理工大学出版社，2000：57.

⑤ 林荣日.制度变迁中的权力博弈[M].上海：复旦大学出版社，2007：219-221.

就建立起来的高度集权式高等教育制度体系，包括政治化、实用化、革命化等制度特征，对此后数十年的高等教育制度演变都有着根深蒂固的影响。即使在改革开放三十多年后的今天，我国高等教育体制仍然受到过去范式的影响，“我国大学从一开始就建立了完备的行政化体制，虽历经百年，这种体制非但没有任何消减，反而不断强化，大学的各种功能活动和非功能活动全部被置于其管辖之下。”①这从政府颁发的成百上千的“规定、意见、通知”等文件中便可窥见一斑。林荣日的研究表明，学籍管理权、学位授予权、专业调整和设置权、选编教材和确定课程权、教学大纲设计权等与高校自主权关系最为密切的教育教学方面的权力，政府放权的力度非常小；教育法律、法规中明确规定下放给高校的部分权力，也并没有真正落到实处。②有学者对我国二十多年以来高校学术自主权的变迁进行了实证性研究，发现高校学术事务的管理权还远远不能达到自主程度，政府仍然掌握着大部分的学术事务管理权；尤其是涉及学科发展的自主权基本没有下放。在高校内部，关系高校重大发展的资源配置决策权，仍由行政力量主导。③总之，政治权力和行政权力仍掌控着大学的命运，大学成为政府的附属机构。

政府主导的高等教育管理模式在在大学内部运行管理机制表现为“行政化”“官僚化”特征。在行政化管理的大学里，行政权力与政治权力一体化，在大学权力体系中占据了绝对的主导和支配地位，大学的全部事务包括学术事务都纳入了党政共治体系，由党务人员和行政人员主导管理。相应地，学术权力式微，在大学管理的各层次结构中都不具有影响力，即使在专业活动范畴内，学术权也往往处于被动、依附状态。特殊的权力关系导致大学价值的扭曲，在政治价值、行政价值和学术价值的博弈中，学术价值并没有取得优势或优先地位，学术在大学不受尊崇。④显然，这种行政化的大学管理与大学的学术本位要求是相背离的，不符合大学学术运行与发展的需要。

二、经济利诱强化了大学的外在价值取向

与政治因素相比，经济因素也对我国大学的品性有着深刻影响。新中国成立初期，我国经历了一个物质禁欲时代，“割资本主义尾巴”政策严格扼制了个

①④　别敦荣．论大学权力结构改革——关于“去行政化”的思考[J]．清华大学教育研究，2011(6)：22-27．

②　林荣日．制度变迁中的权力博弈［M］．上海：复旦大学出版社，2007：210-217．

③　刘亚荣．我国高校学术自主权变迁的实证研究[J]．高等教育研究，2008(7)：41．

体、家庭和集体副业，产品分配由国家控制，极大限制了人们的消费水平；加上改革开放前经济基础薄弱、经济模式不科学等因素，国家经济发展面临严重困难，人民普遍在物质上高度匮乏，生活水平相当低下。[①]改革开放之后，我国确立了以经济建设为中心的基本路线，发展经济成为党和国家生活的根本标准。多种所有制形式和经营方式逐步纳入社会主义经济体系之中，“党开始将满足人民需要的能力作为其自身合法性的标准，在满足消费者的愿望上投入了巨大力量”[②]。由此，中国人民得以从长期的物质禁欲中解放出来，进入了积极追求个人财富的时代。

致富闸门打开，全国人民奔赴在追求物质生活幸福的道路上。这促使产生了20世纪80年代普遍存在的脑体倒挂现象，教育、科研部门的脑力劳动者收入低于生产和流通部门的体力劳动者，“读书无用论”风起，学生辍学率提高，大学教师“下海”普遍。在以经济建设为中心的大环境下，“经济发展第一”思想影响着国家和个人的价值取向。随着社会主义市场经济体制的建立，利益至上原则更加深入人心，甚至出现了拜物或拜金主义倾向，我国从一开始的物质禁欲迅速步入“全民逐利”时代。美国著名时评记者史蒂夫·查普曼这样描述中国：“从‘毛时代’到金钱崇拜，中国的转型是如此彻底，占主导地位的唯一意识形态就是金钱崇拜。”[③]在这种背景下，大学教师作为“经济人”的角色空前彰显，除了从作为福利单位的大学领取“福利”外，还利用自身的专业、知识优势积极开辟“副业”。大学的理性人角色也不断强化，产生了明显的物化倾向。在这个过程中，学术或知识同物质利益联姻，出现了“学”与“钱”之间的“等价交换”，整个学术价值观发生了扭曲。不久前某大学教授抛出的“无四千万别来见老师”[④]之言论正是新的历史条件下高等教育高度功利化和学者之价值观发生扭曲的突出反映。在大学管理制度层面，绩效管理与量化制度的泛滥，也是市场与经济利益至上思想的现实反映。从国家的角度，政府基于高等教育对科技和生产力的贡献力，充分发掘大学的经济职能，始于20世纪末的大扩招便是着眼于扩大高等教育规模对于刺激消费、拉动经济的作用，当然背后还隐含着维护社会稳定的政治意图。在知识经济条件下，大学、学者与产业界的联系将更加紧密，对大学学术本性、学

---

① 茅于轼.三十年前的中国百姓[J].中国商业，2008(11)：114-115.

② [英]华尔德.共产党生活的新传统主义[M].龚小夏，译.香港：牛津大学出版社，1996.

③ [美]查普曼.从‘毛时代’到金钱至上[N].环球时报，2012-5-26(6).

④ 40岁时没有四千万别来见我[EB/OL].http://news.ifeng.com/gundong/detail_2011_04/07/5590806_0.shtml.

者的学术价值观也必将产生更加复杂、深刻的影响。实际上，大学积极参与国家的科技和经济事业发展反映了大学的功能和社会使命，但在此过程中，大学和大学人倘若不能坚守学术共同体及知识分子的操守，在内、外在价值关系发生迷失，则必将严重损伤大学的精神和本性。

三、落后的文化传统侵害着大学的组织文化

从文化的视角来看，集权式的宏观管理体制和行政化的内部运行管理机制体现了中国历史上长久以来的政治文化传统——“官本位”文化。在这种文化体系中，公共权力的运行以“官”的利益和意志为标准；在严格的层级制度下，上级对下级拥有绝对权力，下级唯上级马首是瞻；以是否为官、官阶高低为标尺，或参照官阶级别来衡量人们社会地位和人生价值的社会心理；在此基础上形成了敬官、畏官、羡官的社会心理。[①]“十年寒窗无人问，一朝成名天下知”，是我国社会官本位思想的真实写照。“官本位”意识伴生于等级森严的封建社会，但并没有随着封建制度的死亡而寿终正寝，而是在特定的历史条件下，依附于高度集中的计划经济体制继续作祟，又在中国社会转型时期与市场经济结合并得到强化而蔓延至今，如幽灵般深植于人们的思想观念之中。官本位文化致使大学滋长“官僚主义文化”，一方面，大学畏惧政治权力，并因畏惧而唯政府马首是瞻，自觉依附于政府；畏权的结果是媚权，为了获得权力资源，大学积极争取权力、官阶。在大学内部同样如此，“四十四名教授争当处长”[②]的中国式闹剧集中而生动地反映了大学知识分子的媚权思想。“学而优则仕”的另一面是“仕而优则学”，权力与学术之间如此联姻，如同市场上等价交换，以权换学或以学兑权，表现了权力对学术的轻视和践踏，当然还包含着学术对权力的投怀送抱，是学术的自我奴役。可以说，行政权力在大学的绝对主导地位不仅仅是一种基于制度力量的强势，还是学术权力自动渡让的结果。另一方面，在官本位文化影响下，出现了以权力大小、权力资源的多寡作为衡量大学以及大学人之价值大小的标准，从而在全国大学系统中分出了副部级、正厅级、副厅级院校和副部级、正厅级和副厅级校长以及处、科等等的等级序列，并根据不同级别配置的相关行政待遇。继之而来的就是大学事务按行政化思维和模式来进行。[③]在这个过程中出现了诸如等

① 齐秀生. 官本位意识的历史成因及对策[J]. 文史哲，2002(2)：147.
② 樊立宏. 教授争当处长的无奈[N]. 光明日报，2011-08-03(15).
③ 朱向东. 高校行政化管窥[N]. 中国改革报，2007-10-22(5).

级主义、形式主义、主观主义、命令主义、文牍主义等具有封建衙门色彩的官僚主义作风;[①]党政管理者在学者面前"一副官派、一嘴官腔、十足官派",颐指气使、耀武扬威,而学者则表现唯唯诺诺、言听计从。这种官僚化的氛围显然完全不符合以自由探索为根本特征的知识生产和以精神独立为品质的学术人、知识人的要求。大学官僚主义的另一种极端表现就是基于"权-利"思维,出现权力者的贪腐以及权力相互倾轧,著名大学副书记和副校长"双腐""副院长杀正院长""团干之死"等"雷人"现象,表明官僚主义将本应清高、宁静、纯洁的大学变得乌烟瘴气。在这种畸变的生态环境里,大学学者的角色意识和精神气质在无形中遭到毁灭,学术研究在某种意义上成为奢谈。

依旧是从文化的视角来分析我国独特的大学文化。受制度及文化因素影响,我国大学长期以来是作为"事业单位"而存在的。事业单位一般作为国家或政府的延续性组织,其运行和管理模式是基于行政化、科层化甚至是政治化的逻辑。大学作为事业单位,其组织结构、资源配置方式、管理机制等主要是以行政权力而非知识和专业权力为依据,这就背离了作为学术组织的大学基本逻辑。此外,由于事业单位在我国还是一个全面依赖于国家的福利组织,由大学组织进行物质利益和社会福利分配是中国社会单位制度形态造成的特殊现象。在此制度下,单位成员"为稻粱谋"的生活需要与其专业、职业要求常常是相互影响的,领取福利的动机和热情常常压抑消解主体的工作角色,同理,大学教师也总是因为对"单位"的依附而缺乏作为学者、知识分子的责任感和使命感。这种将大学视作福利单位的思想已经深刻在大学教师的集体意识之中。除了福利单位文化,由于社会习俗、传统和文化的蔓延和浸润,我国大学里传统的实用文化、名利文化、熟人文化以及"厚黑文化"、潜规则文化以及人治传统、宗法传统等,都以一种无形的却异常强大的力量左右着我国大学实际运行中的思维和行动模式,而这又往往不符合理想中的大学逻辑。

我们一般认为,体制或制度问题是制约我国大学发展的根本因素,但实际上,制度问题的背后是文化的问题。无论是科学的文化,还是人文的文化,以及

---

① 张鸣教授在《姑妄集》中的描述可谓生动传神地刻画了大学的衙门作风:"虽然学校里的各种'长',原本都是教授,但是加了长的教授,官架子摆起来,一样吓人。一个小小的学院,居然开起会来要设主席台,台上按照官阶大小排座次,第一首长先说,第二首长次说,无论这种是行政性质的,还是学术性质的,在这个意义上,学校已经成了衙门。"详见:张鸣.姑妄集[M].西安:陕西人民出版社,2009.

学科文化、院校文化、专业文化及系统文化，[①]大学的文化归根结底都是一种学术文化，现实中诸多与之不符的文化混杂在一起，对人的思想和理性形成了固不可破的围墙，对我国大学践行大学理想、塑立符合大学逻辑的理念体系，都在最深层次上起到了负面作用，使大学的学术文化遭到肢解甚至变质，而缺少学术文化土壤，学术也就无从谈起。“我们无法排除大学有一定的政治属性、经济属性，但就整体而言，大学体内流淌着的还是文化的血液。文化属性是大学永恒的特征和不变量。离开文化，大学就不再有教育的发生；离开文化，大学就不再有学术的产生。”[②]因此，如何改变我国大学的文化生态，才是高等教育或大学制度改革的根本任务，建立现代大学制度说到底也是一个文化的主题。

本节结语

权力能够生产和选择知识，[③]我国大学始终受到国家权力或政府的控制；同时，在整个以经济建设为中心的大环境里，物质利益至上成为普遍准则。现代化进程中，我们取得了巨大成就，但代价也是巨大的，“现代性的硬伤就是它无法从根本上避免市场与官僚体制对生活世界的侵蚀和制约，工具理性压倒了一切”[④]。在此进程中，太多大学和大学人屈服于权力，面对物质利益的诱惑亦未能“清者自清”。权力的干预和经济利诱是一种外来的宰制，大学主动向其投怀送抱则表现为大学的自我奴役，我国大学的工具角色是外来宰制和自我奴役的结果。我国特殊的文化传统从始至终也在强化着大学委身于外物的思维和行动习惯。历史的和现实的，政治的、经济的和文化的，外在的和自身的，诸多因素相互作用，导致形成一个“反学术本位”的观念与制度体系，导致大学不成其为大学，学术不成其为学术。这需要从思想更新和制度建构两个角度确立学术本位的指导精神，促使我国大学回归学术本性。

---

① [美]克拉克.高等教育系统——学术组织的跨国研究[M].王承绪，等，译.杭州：杭州大学出版社，1994：87-109.

② 眭依凡.大学者，有大学文化之谓也——兼谈大学新区的文化建设[J].教育发展研究，2004(4)：10-14.

③ 胡金平.学术与政治间的角色困顿：大学教师的社会学研究[M].南京：南京师范大学出版社，2005：41-42.

④ 鲍嵘.学问与治理——中国大学知识现代性状况报告(1949－1954)[M].上海：学林出版社，2008：5.

第三节　我国大学章程建设的使命

大学章程是大学学术本位的重要保障，我国大学学术本位的失却提出了章程治理的要求。章程治理即在大学章程建设过程中，通过发挥章程的治理功能，推动我国大学回归学术本位，促使学术权利充分实现。维护大学学术本位是大学章程固有功能，从笔者的访谈来看，受访者大多对大学章程在理论上所具有的"去行政化"功能是持肯定意见的；我国探索建设大学章程的主要动因也在于保护大学自主权，规范大学管理。

一、推动大学获得法人地位，建立与政府间的新型关系

学术本位的要义之一在于还原大学的学术组织本性，这要求政府改变大学管理方式，还大学以办学自主权。在我国高度集中的行政化高等教育管理体制下，大学作为政府的派出机构，具有行政主体的性质，学术组织的个性与精神式微。在政府与大学之间构建起民主的、平等的合作关系，是我国大学制度改革的首要任务，是大学真正回归学术本位的前提。大学章程在改善政府与大学关系方面将发挥重要作用，即推动大学真正获得法人地位，从而摆脱行政化束缚，构建一个合理的大学宏观治理结构。

大学章程通过明确规定二者的各自权力和职责、权利与义务，清晰地界定了二者的权责边界，改变其在权责上相互纠结的混乱关系，并通过其法律规制效力使得这种界定不止于规划和成文，而是成为双方行为选择的切实有效的依据。政府与大学间这种相对平等、独立的双边关系的确立，在很大程度上标识着大学法人地位的确立。大学章程则是大学获得独立法人地位的重要前提和基本要件，大学章程在法律性质上作为政府与大学之间的"契约"或"合同"，这要求双方由不平等的控制、被控制关系逐渐向相对独立自主的平等关系转变；同时，在我国，大学作为行政主体，大学章程又具有特殊的公法或行政法的性质，可以作为行政相对人提起行政诉讼的依据，对作为行政相对人的大学和政府都存在法律约束力。在大学章程的法治效应影响下，政府管理大学的方式将得到改变，与大学的关系进一步得到相关法律和章程的具体规约，为大学法人正常运行提供了基本规范和保障。章程本来就是"用书面形式规定发轫的组织及其他重要事项

的文件”，即章程是高校法人制度确立的“形式要件”[①]，大学“只有通过它的法律——章程，才算在法律上是存在的”[②]。我国大学法人地位的真正确立，标志着政府与大学形成了一种新型的伙伴关系，大学章程使得二者关系的重塑成为可能。这正是现代大学制度与大学章程建设的初衷所在。

二、推进大学校长选拔制度改革，确立校长考核的科学标准

校长的选拔与考核是大学发展和治理中的重大、基本主题，是大学制度改革的关键，是建立大学与政府间新型关系的关键。在我国公立高等教育系统内，校长任命制是政府主导的高等教育管理体制的一部分，政府直接任命校长是大学行政化的突出表现。政府以政治指标要求和考核校长，校长对政府负责并以政治化思维管理大学，这使大学的整个运行和管理不可避免地走上行政化路线。我国大学去行政化必然要求校长“去行政化”。

海选校长是一种科学的校长产生制度。[③] 我国的大学校长选拔制度改革应循序渐进，逐渐由校内民主推荐与政府审批任命相结合的做法，过渡到面向社会公开选拔。南方科技大学实行的校长海选制和副校长有限公选制，[④]体现了改革与传统间的相互妥协，但也不失为一种稳妥的改革策略。同时，对于校长绩效的考核，应以学术本位为根本标准，即校长的工作是否为教育教学和科研主体服务，是否提高了教学科研质量，是否推动了大学的办学水平。这样大学校长才可能将个人追求与大学发展需要融合起来，自觉成长为优秀的校长。在大学章程治理下，政府管理方式逐渐得到改变，大学成为独立法人，使得大学校长选拔制度的改革成为可能。

同时，在大学章程制定过程中，应明确校长的产生方式、考察标准及指标、举荐和选拔程序以及相关的监督机制，这是规制政府大学治权的重要内容。校长选拔自主权的获得，既是大学成为独立法人的条件，又是作为独立法人的表现。接下来，大学章程应明确规定大学校长的责权利，以及考量校长责权履行质量的标准、指标，校长绩效考核的主体及其职能、考核的具体程序、校长的激励与制约

---

① 吕继臣．中国公立高等学校法人制度研究[M]．北京：北京师范大学出版社，2011：160．

② [德]韦伯．经济与社会[M]．林荣远，译．北京：商务印书馆，1997：78．

③ 王洪才，张继明．高等教育强国与现代大学制度建设[J]．厦门大学学报：哲学社会科学版，2011(6)：119-126．

④ 中共深圳市委组织部．关于公开推荐选拔南方科技大学(筹)副校长等领导干部的公告[EB/OL]．[2011-04-29]．http://www.szlh.gov.cn/main/zwgk/zwdt/rsrm/171723.shtml．

机制等等，而这一系列制度安排的基本依据则为学术本位，这就决定了大学校长必须在学术本位的目标导向下展开工作，从而促使大学沿着学术本位的逻辑发展。

三、规范大学办学自主权，促成大学内、外价值的统一

我们在呼吁大学自主权的同时，客观而言，大学在某种程度上又缺乏正确使用自主权的能力。在与外部世界结成利益同盟的过程中，我国大学对物质的追求、对"上级"的迎合、对社会的欲望和自己欲望无原则的满足，与象牙之塔的精神和气节、与知识的内在标准与价值相去甚远。我国体制、文化传统等外力因素对大学形成客观束缚的同时，大学的自我失范更是导致大学发展困难的渊源所在，包括大学应有精神的匮乏、大学专业能力和有限自主权的使用不当。而且，相对于政府过度地征用知识和市场对大学精神的负面影响，精神的匮乏、价值标准的堕落更从根本上阻碍着我国大学发展。大学满足社会需求反映了大学的社会使命与职责，但大学"不能什么流行就迎合什么。大学应不断满足社会的需求，而不是它的欲望"①。同样，大学更不能陷于自身的欲望之中。因此，大学的专业能力的开发利用、自主权的行使需要严格的规范。同理，我们在呼吁教授的学术权力的同时，必须建立起学术诚信、伦理的学术责任体系，对其学术活动进行引导和约束。

在我国大学发展中，大学章程作为大学的"自治法"，将明确大学的学术、教育和文化使命，明确大学与学者教授的社会职责，及其践行自身和社会使命的主要方式，明确大学参与社会活动的指导原则和基本范畴。即大学既要充分立足其专业能力服务于社会和经济发展，同时又要严格遵循自身的根本逻辑要求，避免在物质利诱中迷失方向。同时，大学章程将规定大学办学绩效的监督与问责机制，包括大学办学绩效的衡量标准与内容，监督与问责的主体及其权责，问责的程序和对大学的激励、制约办法，等等。有效的监督与问责是大学提高自我规范能力的重要机制保障，设计出合理的监督问责制度也是大学章程发挥规制大学自主权、引导大学专业权功能的体现。在学术本位标准下，大学章程通过科学规制大学自主权，合理引导大学专业行动，促使其在实现学术价值的基础上，达到内、外在价值协同实现的目的。

---

① ［美］弗莱克斯纳．现代大学论［M］．徐辉，等．译．杭州：浙江教育出版社，2001：3.

四、理顺主体间的权力关系，为学术权力运行提供充足空间

我国当前的大学治理结构存在着不同类型权力严重失序的问题，这要求大学章程以促成学术权力在治理结构中的本位化为指向，从纵向、横向两个角度设计出反映大学组织特性的权力配置结构，而这又要求首先对不同权力主体的权力、责任进行界定，使得相互之间的权责关系实现清晰化。当前，在我国大学治理的纵向结构上，管理权高度集中于校一级，院系和基层学术组织的权力非常有限。从大学发展史看，无论是院系制还是讲座制，权力分散是大学发展的一个重要原则。① 所以，大学治理结构的纵向调整过程中，大学章程将明确校、院、系等各层级间的权力配置，使校级权力在一定范围内让渡于基层，最重要的是要把基本的学术决策权归还学术力量，回归大学自下而上的学术决策逻辑，即实现以基层组织为主的学术决策模式。

在横向的治理结构调整中，大学章程将明确党委与校长的各自权力范围和职责分工，使其各司其职，并限制政治、行政权力对学术权力及其他权力的挤压，保护各权力主体的权益；开拓民主权力表达空间，推进大学共同治理；提高学生权力地位，保障学生学习权；当然，最重要的是确立学术权力在大学权力格局中的本位性地位，使学术主体在学术事务中占有足够的决策权，在关于学校重大、基本事项的处理上拥有表决权和问责权。要实现学术权力的本位化，要求大学章程对学术权力的基本内容包括学术主体的职权、责任和权益等，作出清晰界定，为学术权力的行使提供依据；确定学术权力运行的基本方式及其保障机制，从而界定学术权力运行的合理范畴，并保护其正常运行不受行政权力及其他相关主体权力的不当干涉；为了促使实现学术本位，大学章程还确立学术组织如学术委员会等在大学权力格局中的核心地位，切实提高学术力量的决策权和影响力，打破以党委和校长为代表的政治、行政力量的权力垄断；尤其是在学术管理中，章程将赋予学术主体以主导权、决定权，这是大学章程在我国改革大学内部治理结构过程中发挥作用的集中体现。通过大学章程的法律规制效用，保障上述规定能够在最大限度上得以落实，从而确使大学学术权力充分表达、学术利益得以充分实现。某 985 大学原党委书记 L 教授在接受笔者访谈时讲到，学术管理组织建设是大学管理机制改革的重要内容，应是大学章程的重要记载内容；他进一步指出，大学应建立涵括学术委员会、学位委员会、教授评聘委员会等在内

---

① 周佳.学术权利的政治哲学基础[M].太原：山西教育出版社，2010：17-18.

的“大学术委员会”，这样学术权力将得到集中，影响力也得到增强；同时，他还指出具有学术造诣的大学领导者或行政管理者担任学术管理组织的负责人并非一定等于“行政化”，关键在于建立起科学合理的学术管理制度、程序，来引导“行政与学术精英”参与学术管理的具体行为，这就需要大学章程发挥“程序化的价值”①。当然，党政领导担任学术管理组织负责人的观点是值得商榷的。

五、消解传统文化的负向作用，建构起学术本位的大学文化

我国现代大学制度建设要通过制度的文化功能来建构新的大学文化，同时，现代大学制度建设能否取得成功在很大程度上也取决于文化建构的成效。我国大学发展过程中面临的问题不仅仅在于体制，更在于大学的文化，制度障碍背后往往反映的是落后文化的壁垒。目前我国大学文化建设不容乐观，主要表现在学术本位的大学文化积累浅薄，官僚文化、熟人文化、“单位”文化、②实利文化等大学文化样态的存在，行政化管理与市场化取向对大学文化弱势的强化。这严重束缚着我国大学的发展与制度改革。

在我国的大学文化建设过程中，大学章程的作用表现在：章程预设和蕴含的反映大学理想、大学精神和大学逻辑的价值指向，对大学、学者及行政人员的价值目标起到矫正和引导作用，使得他们尊重大学和学术，追求精神和价值的升华，自觉遵守职业道德，采取符合大学内在要求的工作方式。从大学的精神到教师、学生的学术和专业抱负乃至行政管理人员的服务精神，这正是当下我国大学文化生态中所匮乏的。大学章程的法律规范效应将使得大学相关主体依据章程规范行事，改变传统的按人情、潜规则等办事的“意会式”传统。大学章程治理所倡导的制度公正、程序正义及民主精神等，将最终促使大学管理走向民主、科学管理，进而遵守章程由强制性的适应逐渐转变为主动性的自觉，逐渐形成新的管理文化——程序法治文化，有效遏制我国大学的人治文化传统。大学章程的文化维新功能对于我国现代大学制度建设和大学的健康持续发展具有更为深远的意义，新型大学文化的形成为制度改革得以顺利进行提供了一种有利的环境，这也就是制度建构中“非正式约束”对“正式约束”的促进作用。消解负向文化影响、建构适于大学内在要求的新文化，是我国大学章程建设发挥作用的根本性表

---

① 2013年5月25日笔者访问了某985高校原党委书记L教授，L教授谈了当前我国大学发展面临的问题、对现代大学制度的认识、大学制度改革的重点以及对大学章程建设的看法等。

② 张继明，王洪才．问责制视角下的大学管理制度变革[J]．国家教育行政学院学报，2008(10)：34-38.

询委员会”的构成与运行来看，则体现了政府干预下的大学自治，而且，这种政府干预形式还提升了大学学术权力的地位和影响。这表明政府集权下大学谋求自治和学术自由的可能性，对于我国大学制度改革而言尤其具有启发意义。

第三节　程序公正与教师权益保护

——《伯明翰大学章程》文本解读[①]

伯明翰大学（University of Birmingham）创建于1900年，是英国历史上著名的6所“红砖大学”[②]之一，也是罗素大学集团[③] 20所大学之一，同时又是全球21所国际知名大学组成的国际基础研究中心协会“Universitas21”的会员大学之一，一直以来被公认为英国十所最杰出的研究型大学之一，曾在科研水平评估（RAE）中被评为英国在研究方面最出色的大学之一，仅次于剑桥、牛津、伦敦大学学院和曼彻斯特大学。在《泰晤士报》高等教育副刊的世界大学排行榜近几年的年度综合排名中，伯明翰大学一直位居国内大学前列；在由我国、美国专业机构推出的世界大学排名中，伯明翰大学均在百强之列。尤其是在化工、心理学、冶金材料、解剖学等领域，伯明翰大学处于世界领先地位。

英国大学在世界大学发展史上占有非常重要的地位，伯明翰大学作为区别于牛津、剑桥等英国传统老牌大学的“新大学”的代表，通过考察其章程来了解其在大学的理念、组织结构和运行管理方面的经验，以及了解该章程的制定与实施，对于我国的大学制度改革和章程建设将有一定的启发意义。

一、国家权力作为章程效能的基础

英国大学的章程多是由大学权力机构依据特许状来制定，并经过枢密院批

---

① 该章程文本参照：湛中乐．大学章程精选[M]．北京：中国法制出版社，2010：544-571.

② 红砖大学（Red brick University）是指早在维多利亚时代，创立于英国英格兰的主要工业城市，并于一战前得到皇家特许的六所英国大学，是英国最顶尖的名牌老校，包括伯明翰大学、布里斯托大学、谢菲尔德大学、利兹大学、曼彻斯特大学和利物浦大学。

③ 罗素大学集团（The Russell Group）成立于1994年，由二十四所英国一流的研究型大学组成，包含了著名的金三角名校，被称为“英国的常春藤联盟”，代表着英国最顶尖的大学。罗素大学集团是全世界产生诺贝尔奖得主最多的大学联盟，有近300名诺贝尔奖得主出自该集团大学，其中仅剑桥、牛津、伦敦大学就产生了超过187名诺贝尔奖得主。罗素大学集团名称的由来，是因为最初的二十所院校的校长，每年春季固定于伦敦罗素广场旁的罗素饭店举行研究经费大会而得名。该集团关心的焦点在于提升研究经费、增加学校收入、招聘最优秀的教职员与学生、降低政府干预及提倡大学合作等。

准。枢密院(Her Majesty's Most Honorable Privy Council,全称"女王陛下最尊贵的枢密院")是英国君主的咨询机构,也是代表王权的最高行政机关。中世纪时,枢密院是协助国王处理立法、司法和行政事务的中央政府机构。1688年后英国逐步确立了君主立宪政体,枢密院遂失去实际权力。18世纪初,原枢密院外交委员会发展为内阁,并实际行使枢密院大部分权力,但枢密院名义上仍是英国最高政府机构。掌管枢密院的首长是枢密院议长(Lord President of the Council),担任此职的人士除了是内阁成员外,也是排名第四高的国务大臣。按照惯例,枢密院议长还会兼任上议院或下议院的领袖。当君主遵照枢密院的建议行事时,一般会称为"国王会同枢密院",全体枢密院成员则称为"女皇陛下最尊贵的枢密院全体大臣"。国王是英国最高权力的象征,经过"国王会同枢密院"核准特许的英国大学章程一般都具有很高的权威性。

《伯明翰大学章程》即是由《伯明翰大学章程》(为与作为大学整体的章程相区分,下文以特许状称之)和《伯明翰大学大学条例》两部分组成;前者是1900年枢密院经维多利亚女王批准、对伯明翰大学筹备者关于创立大学的请求的正式回复(即大学特许状,该文件历经多次修订);后者则是由伯明翰大学的最高权力机构理事会依据特许状规定的基本原则而制定、并经过枢密院批准的大学组织管理条例。特许状(charter)与大学管理规则(statue)构成了伯明翰大学的章程总体。根据伯明翰大学特许状的规定,大学权力机构有权制定和修改管理条例,但需经过枢密院批准,而"所有不与本校章程与王国法律相抵触的条例,一经枢密院批准即生效力"(特许状第14款)。

枢密院作为政府最高权力代表,同时作为大学章程建设的实际参与者、章程规约效力的赋予者,对于章程在大学治理中充分发挥功能是一种基础性保障。大学章程的合法性、权威性是章程建设中的一个重要议题,我国大学章程在实践中往往流于形式,如何在提高章程的权威性与合法性基础上增强其规范效力,英国大学章程建设中国家权力的涉入对我们具有一定的启发价值。政府的积极推动及其大学管理方式的转变事实上是我国大学章程建设顺利实施的根本保证。

二、大学的使命与法律地位反映大学本质

(一)大学的使命:兼顾研究与教学,重视文化功能

伯明翰大学的使命与法律地位是以特许状条款形式规定的。特许状第11款规定,"伯明翰大学是一所教学与研究兼顾的大学,目的是促进独创性研究",从而确立了伯明翰大学以教学和研究为宗旨的组织属性,并表达了对原创性研

究的重视。本质上作为一个学术组织，知识生产能力是大学立足之本，是其整个职能体系的基础；开展独创性研究更是一所研究型大学内含之义。崇尚知识、热衷知识创造，关注知识自身价值，是大学学术本位的本质；而在此基础上形成的学术型组织文化则促进了大学学术本位的实现。同时，作为一个育人组织，促成受教育者的解放是大学义不容辞的责任，特许状第13款规定，“执行符合章程目的的任何活动中，都禁止以政治观点、种族、性别、残疾、性取向等予以不平等对待”，体现了大学开放包容的本性和推动社会公平的使命观。

值得强调的是，伯明翰大学非常强调其作为一个文化组织的文化功能。《伯明翰大学条例》在第一章中声明，在大学雇员做出“不道德、令人反感的、不光彩的行为”情况下，大学有“正当理由”按程序对其进行处分，甚至将其解雇或撤职。文化功能不仅是大学作为一个文化组织的内在功能，还体现了大学应当担负起来的社会责任，即在教育教学过程中培养受教育者的精神、道德、价值观等，使其成为“完整的人”，还要在创造、传播知识过程中改造落后的、不合理的社会传统，塑造先进的、正确的道德、伦理、价值观标准等，从而引领社会和民族文化。《伯明翰大学章程》强调教师道德伦理标准，从一个侧面体现了其对自身文化功能和文化使命的重视。

《伯明翰大学章程》关于伯明翰大学的教育、学术及文化领域的使命的规定，是以大学作为学术组织的本质为根据的，将成为章程建构的根本性指导原则，它以文化认知的方式成为大学及其利益相关者的价值与行为规范。

（二）大学的法律地位：永续存在的社团法人

大学的教育、学术和文化功能的发挥必然需要一定的保障条件。立足大学的组织属性及其价值要求赋予其一定的法律地位，是保障其功能发挥的必要条件。伯明翰大学的法律地位是通过“女王会同枢密院”颁发的特许状而得以确立的。

伯明翰大学特许状第2款规定，“伯明翰大学自创立之日起就是一个永续存在的社团法人，拥有完全的权力和能力去起诉、应诉，以及从事一切法律允许的活动”。根据美国学者格雷关于“社团法人”的经典定义——“社团是国家已授予它权力以保护其利益的人的有组织的团体，而推动这些权力的意志是根据社团的组织所决定的某些人的意志”①，伯明翰大学作为一个社团法人，其存在和运行反映大学意志，并获得国家的认可和尊重，国家以权力为之提供保护。也就是

① 龙卫球．民法总论[M]．北京：中国法制出版社，2002：336．

说，大学在国家权力保护下实施自治。而且，特许状强调伯明翰大学的社团法人地位是“永续存在”的，这意味着大学的社团法人地位将在最大限度内不因其他因素影响而改变，大学的自治权也随之在最大限度内得到保障。这反映在大学的自我立法权上，就是大学制定、修正或废止条例的权力“不受现存的和后续的规定的限制，也不受具体范围限制”（特许状第 14 款）。大学自治是大学作为学术组织的内在要求，是大学学术本位的制度表征。

大学章程的重要功能在于确定其与政府之间的关系，避免二者权责不清，尤其是防止政府对大学形成过度干预。社团法人的法律地位实际上就反映了伯明翰大学与政府之间的关系原则，即大学的自治及政府对大学自治的尊重、保护。在此原则下，国家的大学治权与大学自治权之间达到了一种和谐状态，这为大学以学术为本位的存在与运行方式提供了必需的组织环境。而当国家与大学共同以文化或理性为目标，大学组织目标的实现，最终也是服务于公正、自由和理性的国家。①

三、从大学的组织结构观其治理特征

在枢密院颁发的特许状里，对伯明翰大学的组织目标和权力、大学的主要机构和责任主体等进行了原则性的规定；《伯明翰大学条例》则对大学的组织结构进行了更加详尽具体的安排和阐述。从伯明翰大学组织结构可以窥见共同治理、学术自主、程序公正等大学治理特征。

（一）拥有绝对权力的理事会

在伯明翰大学，大学理事会（council）、议事会（court）和评议会（senate）三大委员会构成了其校级组织机构的主体。其中，理事会是大学最高权力机构，它在王国法律和学校章程及条例约束下，拥有本大学范围内的“绝对权力”，包括掌管学校财政、制定规则、任免大学官员等。根据章程规定，大学常务校长、常务副校长、副校长、财务主管、审计员等的任免权全部由理事会掌握；甚至，理事会对大学的学术事务管理也具有控制权。根据《大学条例》第 21 章规定，理事会有权审查、控制或驳回任何评议会的行为，并为评议会制定其需要遵守的指示。但理事会对评议会或大学学术事务的涉入遵循一个关键性原则，即程序公正，从而确保避免权力乱作为，这实际上是对学术权力的保护和对行政权力的制约。对此，后文将通过分析伯明翰大学对教职员的管理这一环节进行详解。在程序公正原则

① 周丽华. 德国大学与国家的关系[M]. 北京：北京师范大学出版社，2008：201.

的指导下，统一而强有力的大学权力有助于大学各项事务执行与管理的效率。

（二）吸纳外来智慧的议事会

议事会在很大程度上作为一个议事机构，不具备实质性权力，仅在章程授权范围内就大学重大问题行使议事权、建议权。议事会的成员构成呈现多元化特征，除了校内理事会、评议会及院系组织的成员外，还包括伯明翰市长、地方或国家乃至欧洲议会的议员、校友会成员、学术机构、政府卫生部门、宗教机构等（《大学条例》第十章）。应该说，如此代表多元化的议事机构，在很大程度上为伯明翰大学权力机构合理决策提供了高质量的咨询作用；利益相关者共同参与大学治理，其价值也正在于此。伯明翰大学重视社会参与管理大学，还表现在三大委员会任命的特别委员会之人员构成上，根据《大学条例》第十五章规定，这类委员会“可以包括非本大学成员，但此类人员不得超过全部人员的一半”；第十六章规定，理事会任命的咨询委员会其“成员部分或全部由本校无利害关系的人员组成”，这还进一步反映了大学非常重视来自社会界的建议的公正性、客观性，而客观立场上的建议才往往是有价值的。

（三）掌握学术评价权的评议会

大学评议会是大学的学术事务管理机构，主要负责管理大学的学术工作，包括教学、研究、学位及其他学术荣誉授予、制定相关纪律并负责执行。评议会对于其他的大学事务管理也有参与权，在议事会、理事会中均有代表席位。在伯明翰大学的学术事务管理中，《大学条例》对“学术评价”的要求尤其值得关注，根据条例第 14 章规定，伯明翰大学“申请学位、毕业证书以及其他学术荣誉的申请人应被校内主考官和校外主考官联合考察，校内主考官为校内学院或研究机构的学术成员”，同时主考官由评议会任命。从中可以发现几点：其一，作为学术事务管理关键内容的学术评价权由大学的学术事务管理机构负责；其二，学术人员负责具体的学术评价，而同行评价是符合学术规律的合理评价方式，因而也是学术制度改革的核心目标；其三，校内自我评价与校外评价相结合，在一定程度上保证了学术评价的公正、公平。同行评价、内外部评价结合、学术的相对自治，这是作为学术组织的大学其学术管理的重要内容。

四、从教职员事务管理看程序公正

以教师为本，保障教师的合法权益是大学学术本位的体现。伯明翰大学采取严密的措施来保障教职员权益。《伯明翰大学条例》对如何保护其合法权益作了详尽规定，例如确立了以职业安全保障学术自由的原则：“确保教职员拥有在法律范围内探索知识，提出新想法、有争议和不受欢迎的意见的权利，不得因此将其置于失去工作或其他权益的危险中”。为了确保关于教师权益保护条款的有效性，条例赋予了该章条款以最高效力。《大学条例》第二十四章第一部分规定，“本章条款（教职员保护相关条款）的效力高于任何其他章节，并高于其他任何条令规章。”同时，为了避免个人权力干涉和侵害教师权益，条例还规定：任何规章都不能授权大学某一官员成为教师权益事务委员会的成员，也不能阻止委员会作出相关决议。具体地，伯明翰大学关于教职员权益的保护进一步体现在周到、细密的程序规定以及程序公正上，这甚至体现于大学对教职员进行处分的过程之中。本研究在此通过对《伯明翰大学条例》中关于“教职员的处分、解雇和撤职”章节（《大学条例》第二十四章）的解读，分析其在教师权益保护中的程序公正问题。

（一）处分程序

伯明翰大学条例规定了教职员不同程度过错行为的处分方式：小的过错通过非正式程序做出处理；问题较为严重但尚未达到解雇条件的，处以口头和书面警告两个不同严重程度的处分，在做出以上处分时都需要告知当事者缘由，学校对此做出记录；在规定时间内若当事者按要求改进，处分即失效。在书面警告环节，当事者还会收到关于其问题的细节、需改进之处的书面材料及改进时间表。若当事者按时间表达到改进目标，书面警告处分也将失效。若当事者未能达到要求，则进入诉讼阶段。对于学校处分，当事者有权进行申诉。可见伯明翰大学对教师处分的人性化，在由轻到重的处分中，都给当事者留以改正的空间；提供处分理由、正式告知，保留相关记录，提供当事者改进的进度表和对当事者申诉的赋权，体现了以人为本和程序公正的精神。

（二）预审查

当事者未能按书面警告的要求完成改进，或其行为依据构成解雇或撤职的正当理由，或其提出申诉，则进入“严重纪律问题的预审查”阶段。伯明翰大学对于教职员的处分非常慎重，处分的决议不是由单一的组织机构或权力代表独自做出，预审查也是遵循多主体参与原则，历经严格程序。首先是大学注册主任向负责审理的审理委员会就当事者提出正式指控，并提请主管官员即副校长关注；此时，副校长具有自由裁量权，即通过调查以确定对当事者的处分方式，或终止审查程序，但这需要副校长予以充分解释；若副校长认为有必要按程序进行进一步审查，当事者有权对注册主任的控告进行书面评论，副校长依此和其他相关材料做出进一步处理决定，包括解雇、警告和非正式处理，或者指示按程序进行下一步审理。在这一阶段，从提出指控到进入下一环节，不是一个由权力决定的单线、单向的过程，而是有对话协商性质的环节，体现了教师的主体地位；副校长的自由裁量权和当事者的发言权，都是教师权益保护中民主原则、人性化原则和程序公正的反映。

（三）控告与审查

当副校长决定提出正式控告，他需要提请理事会任命一个审理委员会来具体负责审理此案，以更加充分地判断当事者行为是否构成解雇或撤职所需要达到的条件。审理委员会包括一名主席、一名评议会任命的学术成员和一名非大学雇员身份的理事会成员。这样的审理委员会成员安排，既强调学术力量参与学术事务管理，又兼顾校外人士参与的客观公正。在正式审理之前，负责提起指控的官员（一般为注册主任）应做好相关准备，包括向审理委员会及作为被告的教职员出示所需材料、寻找证人等。审理过程中，审理委员会应与副校长充分沟通，对于审理将历经的每一环节及可能作出的决议，委员会都要按事先制定的程序来进行；被指控者有权委托代理人辩护，在其做出申辩前审理委员会无权做出裁决。从审查准备到正式进入审查，副校长、指控官员、理事会、审理委员会多元参与，进一步体现了对教师合法权益的重视和保护；审理委员会的构成和当事者申辩权，尤其反映了程序公正原则，乃至对价值公正的追求。

（四）裁决

审理委员会根据当事人双方出具的材料做出裁决。当裁决为解雇被指控者或给予撤职时，主管官员即副校长仍有权决定是否将该学术成员解雇或撤职，或者对其作出轻于审理委员会裁决的处罚措施。但副校长均需对所采取行动的书面材料予以确认。主管官员在此再次行使自由裁量权，进一步表明伯明翰大学在处理教师事务中的谨慎态度和宽容爱惜的原则。审理委员会及主管官员最后确定的裁决结果应在法定期限内予以通知，以方便当事人提出申诉。可见，教师对于自己的权益始终具有发言权，具有维护自我利益的充分空间。

被指控的当事者对于校方的最后裁决结果，保有申诉的权利。在允许申诉范围内，申诉程序、环节及其所反映的人性化、程序公正等原则，与以上审理过程根本一致。值得提出的是，《大学条例》规定，负责处理教师申诉的审理官员“应当是不在本校担任或者曾经担任职位的，从事司法工作十年以上的司法官员或者律师”，这一方面避免个人关系影响程序和结果公正，另一方面保证了专业性，同样反映了公正公平原则。当被裁决者遭遇了不公平待遇，或因裁决结果影响了其他个人权利，可以申请开启救济程序，救济程序与指控、申诉的处理程序反映了一致的精神和原则。总的来说，从预审理到审理，再到申诉，最后到救济，整个过程都体现了程序公正的原则和追求实质公正的价值取向，而其背后所反映的是大学应有的人文关怀，尤其是对教师的尊重；通过职业安全保障学术自由，更是体现了大学尊重和保护学术及学术权力(利)的努力。而大学之学术本位的精神意旨亦表征于此。

本节结语

如何增强大学章程的权威性，为大学章程发挥大学治理功能奠定合法性基础，是大学章程建设的重要议题。“女王会同枢密院”颁发的伯明翰大学特许状和经其批准生效的伯明翰大学条例因而具有很高的权威性，这为章程的治理功用提供了保障。

《伯明翰大学章程》关于大学的教育、学术及文化使命的阐述，确立了大学发展与改革的目标，本质上为大学提供了意义与行动的框架。章程规定大学社团法人的法律地位，则在实际上划分了政府与大学之间的权力界限，为大学实施自治提供了法律依据，也为大学履行教育、学术及文化使命提供了实践的空间。这既是大学学术本位的制度表征，也是实现学术本位的条件。

根据《伯明翰大学章程》，大学理事会对大学事务享有绝对管理权，评议会作为学术事务管理机构必须服从董事会。但从大学条例来看，评议会掌握着诸如学术评价等重要的学术权力，在教师权益保护中亦具有一定的话语权和管理权；更重要的是，从教师事务处理条例来看，伯明翰大学以教师权益为本，充分尊重以学术自由为核心的学术权利，而且学术事务的处理严格遵照程序公正原则。程序公正的意义在于价值公正，伯明翰大学章程在教师权益保障方面的严密程序，反映了大学以学者为本、以保障学者权益为职责，学者权益的充分实现正是大学的价值追求。而这也正是大学学术本位的重要体现。对于我国现代大学制度建设而言，确保程序公正和实质公正的统一亦是基本的指导思想，①大学章程建设如何反映这一思想，是必须予以考虑的。

① 别敦荣，徐梅. 论现代大学制度的公正性[J]. 山东社会科学，2012(8)：110-118.

第四节 行政与学术系统的分治与协作

——《耶路撒冷希伯来大学宪章与基本章程》文本解读[①]

耶路撒冷希伯来大学（The Hebrew University of Jerusalem，故简称希伯来大学）是以色列最著名的综合性研究型大学，建于1925年。杰出的科学大师爱因斯坦和弗洛伊德都曾参与希伯来大学的创建。二战期间，欧洲犹太学者纷纷东迁耶路撒冷，希伯来大学师资力量大为加强，发展至今已经成为全球最好的学术研究机构之一。据上海交大发布的2011年世界大学学术排名，希伯来大学名列第57名；2012年希伯来大学在由《科学家》[②]杂志开展的学术界最佳工作地点调查中被评为"美国以外学术界第二佳工作地点"。生物科学与技术是希伯来大学的优势领域，其生物技术专利申请量和商业开发位居世界第12位。[③]

以色列是中东地区现代化水平最高的国家，这在很大程度上依赖于其发达的大学系统。据韦伯麦特里斯网（Web metrics）在2006年的调查，中东地区最好的10所大学中，前四名都是以色列大学。其中，希伯来大学是最杰出的代表，以色列作为一个创新型国家，其40%的民用研究来自于希伯来大学。因此，分析《希伯来大学章程》，借鉴犹太人治理大学的智慧，对于我国大学治理改革会有某种启发。

一、大学的使命与定位

（一）具有民族主义色彩的大学使命

希伯来大学的办学宗旨具有显著的民族主义倾向。《希伯来大学章程》"导言"提到，大学创立的动机之一是"出于犹太民族对锡安主义的追求"，"希伯来大学社团极力促使犹太民族对大学的发展壮大予以支持"；而制定章程的目的之一正在于"表达以色列人民以及境外犹太人在大学的建立和成长中所应共同承担

---

① 章程文本来自：张国有.大学章程：第二卷[M].北京：北京大学出版社，2011：417.

② 《科学家》杂志是一本生命科学领域的专业杂志，覆盖了细胞和分子生物学、遗传学以及其他生命科学领域要的一系列重要课题。《科学家》杂志上的文章主要由杰出的科学家和职业记者撰写，他们重视对其专长领域范围内外的生命科学课题透彻和多角度的分析，其读者也主要是业界与学术界优秀研究人员。详见：www.the-scientist.com

③ 冯志文.访希伯来大学副校长阿肯[EB/OL].http://news.sciencenet.cn/htmlnews/2012/9270013.shtm，2012-9-28.

的责任”；章程“使命”中进一步声明，“大学的使命是促进和推动犹太学研究”。而事实上，这种民族主义倾向在希伯来大学创立后的第一届理事会上所确立的三个办学目标就已明确体现出来：第一，为满足以色列故土人民的需要，推动科学研究，培养科学、专业人才；第二，通过对犹太教价值和犹太传统的研究，造福以色列人民；第三，注重研究，为全人类的利益，传播与扩大科学知识。[①]希伯来大学强调民族主义取向，与以色列的政治、历史、文化传统乃至国际战略等有着密切联系。

(二)作为教学与研究机构的本质

然而，作为一所大学，其本质仍是一个教学和研究机构，由此《希伯来大学章程》规定，希伯来大学创立的目的和使命还在于“促进和推动人文、艺术、自然科学和其他学科的研究，从事科研和教学工作，并为各学科的发展和传播竭尽全力”，大学章程“应对大学学术和行政事务的管理作出规定”。这样，希伯来大学的育人与知识探索的使命及其组织属性，以及大学章程服务于大学的基本职能，都获得了确认。同时，章程还声明希伯来大学“向所有学生开放，对任何种族、性别、宗教信仰、政治主张的学生一视同仁，不因其民族或社会出身、财产状况、家庭出身或其他状况而区别对待”，从而体现出作为一所大学所应有的开放性、对于促进社会公平的历史责任感。如此，《希伯来大学章程》所内含的大学对追求知识和真理、为人类创造福祉的普适价值指向就为希伯来大学提供了内在的规范。

(三)作为公认机构和法人的社会性质

同时，作为一个社会组织，关于希伯来大学的法律性质和社会角色，《希伯来大学章程》“导言”规定，“大学为公认机构，依法成为具备各项权利和义务的法人，并自主管理其学术和行政事务的机构”。“公认机构”表明了大学作为提供专业服务的高度专业化和权威化机构的性质，提供特殊产品与服务的专业性决定了其实施自治的必要性；作为法人，大学具有依据章程自主办学并依法独立承担民事责任的资格，并受国家法律的认可和保护，法人地位的确立进一步为希伯来大学实施自治奠定了基础。从章程所声明的大学职权来看，希伯来大学是按“注册公司”的职权标准来运行的，拥有自主任命官员、招生及确定学费额度、自授学位等权力(《章程》“职权”篇)。如果说《希伯来大学章程》所内含的价值指向为希伯来大学提供了一个意义的框架，那么章程对于希伯来大学的法律和社会定位

① 东士.希伯来大学[J].中国高校师资研究，2003(1)：55-56.

的规定则为其提供了一个具体的、客观的行为范式。

二、大学行政与学术系统的分治与协作

在大学内部衍生出行政事务及其管理机构之后，大学中的学术管理与行政管理就始终处于矛盾之中，当二者关系不能得到相对合理安排，尤其是在某种环境下行政权力对学术权力形成过度干预时，就必然对大学的学术本位带来损害。希伯来大学实施了学术与行政事务管理两大系统分治的模式，在一定程度上维护了学术本位。这种分治模式清晰地体现在《希伯来大学章程》之中。

(一)行政管理系统的组织结构

在希伯来大学，理事会作为大学最高职权机构，对大学各项事务享有管理权和决策权，大学的行政系统和学术系统均需服从理事会的安排。理事会每年举行一届例会，日常的职权行使则委托于其常设机构——执行委员会。执行委员会进一步将其职权和职能委托给管理委员会。从章程规定的执行委员会权限来看，执行委员会虽具备大学学术事务的管理权，但它实际上主要行使的是全校的行政事务管理权；而管理委员会在执行委员会授权下具体负责行政事务管理。在希伯来大学的行政管理系统内，校长是最高行政领导，对外代表大学，对内负责大学管理、标准、质量，及职权机构和官员在学术、行政事务中的职责履行(《章程》第6款)。校长由执行委员会任命的专门遴选委员会负责遴选推荐，经执行委员会审议选举，最终由理事会任命产生。校长需向理事会和执行委员会负责，并接受管理委员会的监督。

(二)学术管理系统的组织结构

希伯来大学评议会是负责学术事务的最高权力机构，按大学章程的规定，该机构须服从于理事会和执行委员会的职权。但实际上，评议会在大学最高权力机构授权或章程赋权的情况下全权负责教育教学和学术研究等学术事务管理，包括为学术管理立法，任命学术纪律法庭，对各教学研究单位进行监管，授予荣誉学位和批准博士学位等(《章程》第39款)。评议会常设机构为常务委员会，在评议会授权下受理大学日常学术事务。在决定大学学术政策、招生政策、奖学金和学费分配原则等方面，由评议会授权给学术政策委员会。教务长是大学学术最高领导是大学评议会主席，在学术事务中被授予全权，但要对评议会负责；教务长由评议会选举产生，是评议会及其常务委员会、学术政策委员会的当然成员。如果说校长是希伯来大学行政事务管理的代表，教务长则是大学学术事务管理的代表。

(三)两大系统的分治与协作

从《希伯来大学章程》关于大学学术、行政事务管理的组织及其职责关系的规定来看,二者之间的界限是非常清晰的,可以说是两大系统之间建立了分而治之的关系模式,即一种理事会统筹管理下,以执行委员会、校长、管理委员会为主体的行政事务管理系统和以评议会、教务长、学术政策委员会及学部委员会(本书未对该委员会作分析)为主体的学术事务管理系统,两大系统同时分别作为一个具有清晰目标和相对完善的决策与实施机制的独立系统存在。为了确保这种分治关系,《章程》第 41 条明文规定,"对于宪章规定的由评议会负责的事务,理事会、执行委员会和管理委员会不应做出决议",即使某事务经过了校长与教务长协商,并获相关职权机构批准,若评议会不赞同决议,该事务也须重新讨论。这就为大学学术事务的相对自治提供了保障机制。

当然,两大系统的相对独立、分而治之,并不等于二者之间设置了严格的壁垒,不相往来。事实上,双方在一定范畴内是相互参与管理的,例如学术政策委员会中安排有管理委员会席位,评议会对执行委员会成员有选举权,校长和教务长更是共同担任大多数委员会的当然委员。这体现了两大系统分工基础上的协作。而这种协作是建立在各组织机构权限得以清晰界定之基础上的,《希伯来大学章程》对各委员会的权责与职能进行了详细具体的规定,作为各权力主体的行动指南,很少存在"政出多门、多头管理"的状况。尤其是希伯来大学的学术事务管理系统,具有显著的内行人自主管理的特征,进一步强化了两大系统分治的模式。而且,希伯来大学的组织机构普遍采取投票表决、集体决策的权力运行方式,能够在保证组织成员表达所属群体意志的同时,限制他们尤其是行政权威左右决策过程的可能性,这也有助于避免学术与行政事务管理系统之间的越权干预、纠葛不清。

三、从组织机构的构成看大学治理特征

从希伯来大学的组织构成、校长和教务长的遴选与任命、学术事务的管理方式等,可以看出希伯来大学在治理过程中强调开放办学,实施利益相关者共同治理;重视程序公正和建立组织机构的严肃性;以学术自治为原则,采取内行人管理学术,强调学术事务管理的独立性、专业性。这在该校章程的规定中可清晰窥见之。

(一)内行管理与学术自治

希伯来大学在学术事务管理方面的组织机构上,强调专业性和自治性。首先,作为大学的学术事务权力机构,评议会的成员主要由教学与研究人员构成,

其中包括58名正教授，10名副教授或高级讲师，2名讲师和1名其他教学系列人员(《章程》第35款)。教学研究系列人员构成评议会成员主体，体现了“教授治校”、内行人管理的专业性、独立性要求；评议会在成员来源上兼顾了不同职称教师群体代表的广泛性，在一定程度上为较低职称教师群体的利益表达提供了空间；而且，关于教职代表的来源，《章程》也作了详尽规定，例如实验学部同非实验学部和学院的代表名额必须是对等的，进一步体现了公平性的原则。此外，从学术政策委员会的构成来看，教务长、副教务长和其他评议会成员，以及由评议会常务委员会任命的成员，共同占了相对大的比例(《章程》第47款)，他们将在议事过程中代表评议会或学术管理系统发出声音，促使学术政策及相关决议在更大限度内反映学术群体的意志。

相对于校长选拔，希伯来大学的教务长作为学术管理系统的最高领导，在基本任职资格上具有严格的学术标准的要求。《章程》第65款规定，“教务长由评议会从大学正教授中选举产生”。除了教务长，其他学术管理的权力主体也都有明确的学术标准或属于学术群体身份的要求，例如副教务长和学部主任必须由正教授担任；学部副主任及其他学术机构负责人也需要从教学研究人员中选举或任命产生(《章程》第67、68、69款)。评议会主席由学术事务官——教务长，而非校长——来担任，以及对学术事务管理的权力主体的学术标准和学术群体身份的要求，进一步体现了希伯来大学对学术事务管理的专业性和自治性、独立性的重视。从教务长的选举来看，同样需要一个与校长遴选类似的严格程序。但不同的是，教务长遴选委员会除校长任委员会主席外，其他六名成员均为评议会成员，其他组织机构没有参与教务长选举的权力。也即，教务长选拔的主导权、决定权在学术管理系统内部。这进一步体现了希伯来大学学术事务管理的独立性及其与行政事务管理分治的特征。从根本上说，希伯来大学学术管理系统相对独立于行政系统，实现很大程度的自治，也是大学学术本位的制度表现。

(二)合理选拔与程序公正

作为大学最高的行政长官，希伯来大学校长选举具有一套严格的程序。校长的选举权从根本上属于大学理事会，理事会授权执行委员会负责任命一个特殊委员会专门执行校长遴选事宜。校长遴选委员会由大学管理委员会和评议会推荐或任命成员构成，其中管理委员会推荐成员为6名社会公众代表。遴选委员会对校长候选人资格具有基本规定，除了适当学术水平(并未严格要求为正教授职称)外，应“全面掌握和了解大学生活的各方面以及高等教育目标”(《章程》第59款)，显然这是作为一名大学校长应具备的基本素质。对遴选委员会的推荐人选，执行委员会在以在场投票成员的百分之七十通过的条件下，最后由大学理事会来行使决定权，理事会是以在场投票人员的简单多数通过的方式来决定候选人能否当选校长的。由此可见，希伯来大学校长选拔过程中，管理委员会、评议会、执行委员会和理事会等多个机构和校内外人士共同参与，体现了公开、严格和程序公正的特征。合理的大校长选拔制度和事务决策与执行的程序公正，是大学制度改革的关键内容和基本原则。

（三）开放办学与共同治理

大学组织机构的构成与产生方式本身就体现了大学治理的方式。希伯来大学理事会的成员除了理事长、校长、教务长等当然理事外，还包括社会团体、学生群体、学者、社会贤达，体现了理事会构成的社会化。管理委员会的构成也具有强调社会参与的表现，《章程》第 31 款规定，管理委员会成员中应具有八名公众代表。同时值得强调的是，章程还规定理事会中有一半理事应定居国外（《章程》第 3 款）；类似的原则还出现在：《章程》第 13 款规定，任何理事会会议的法定人数中至少十名与会成员为国外理事或副理事；《章程》第二章第 18 款规定，执行委员会成员中至少有十二名定居国外；等等。对于国外成员的规定在很大程度上表明了希伯来大学在大学管理上力图保持国际视野。无论是大学组织机构构成的社会化、国际化，还是理事会会议召开期间邀请嘉宾参与讨论（《章程》第 15 款），以及执行委员会邀请非该机构人员列席其会议（《章程》21 款），都体现了希伯来大学办学及其管理的开放性。开放办学、利益相关者共同参与大学治理，这是当代大学运行管理模式的核心特征。

本节结语

大学章程是大学的宪法，《希伯来大学章程》通过具体的条款规定来强化其权威地位。例如，《章程》规定，作为大学最高权力机构的理事会其行动权“必须服从本宪章与基本章程规定”；作为大学“最高领导”，校长须“服从于本宪章与基本章程”；大学评议会全权负责管理学术事务，但其职权由章程来规定等。良好的规范效力是大学章程发挥治理功能的保障，《希伯来大学章程》的权威性将较好地促进其功能的发挥：

（一）推进大学本土化发展

民族主义体现着一种基于民族认同的民族情感，是增进自我民族的力量、自由或财富的一种愿望。[①]《希伯来大学章程》所反映的民族主义表明希伯来大学非常重视推进国家和民族进步、发扬本国和本民族文化。在国际化背景下，大学在成为国际的大学之前，首先是一个国家和民族的大学，要为本国、本民族进步承担责任，担负起发扬本民族文化的历史使命，即一所大学成功的标准首先是能满足本土要求，这是大学走向国际的基础。

（二）为大学提供“意义与行动的框架”

《希伯来大学章程》对希伯来大学推动本国、本民族进步和发扬民族文化，创造和传播知识、促进社会公平和为人类谋福祉的使命的规定，为希伯来大学提供了一个“意义的框架”；对于希伯来大学公认机构、法人及注册公司角色的规定，则实质上是作为大学“行动的框架”。意义与行动的框架规范着大学的组织的目标、结构及运行，使其符合预设的价值取向，并逐渐成为自觉。建构起以知识价值为指向的大学文化是大学学术本位的制度表征。

（三）保障学术权力自主运行

在组织机构的设置上，《希伯来大学章程》确立了一个学术、行政系统相互独立的基本架构；通过对各组织机构的权能划分，建立起两大系统分治的大学管理模式。在学术事务管理系统内，通过对组织机构构成与运行方式的科学设计，进一步确保该系统的独立自治，并实现了内行人管理，即把教学与研究管理的主导权赋予学术力量，这为希伯来大学学术权力自主运行提供了制度保障。这不仅仅是大学学术本位在制度上的表征，而且也推动了学术本位目标的实现。这对于以“去行政化”为要务的我国大学制度改革和章程建设都具有启发意义。

第五节　权力有序运行与学术权力的保障

——《加州大学董事会章程与常规》文本解读[②]

公立大学在美国高等教育发展中发挥着不可或缺的作用。在美国公立大学系统中，加利福尼亚大学（University of California，简称 UC）是最具影响力的公立大学之一。该校起源于 1853 年建立在奥克兰的加利福尼亚学院，如今已发展

---

① [美]格林菲尔德. 民族主义：走向现代的五条道路[M]. 王春华，等，译. 上海：上海三联书店，2010：导言 1.

② 本章程文本来自：张国有. 大学章程：第二卷[M]. 北京：北京大学出版社，2011：19.

成一所拥有10个分校的巨型大学系统，其伯克利分校、圣地亚哥分校和洛杉矶分校都是世界一流学府。在《美国新闻与世界报道》(US News & World Report)历年的“全美公立大学”排行榜中，加州大学伯克利分校经常位居前茅。

加州大学是依据加利福尼亚州的大学《组织法》设立的。1868年加州颁布《组织法》，依此设立了加州大学，《组织法》实际上就成了加州大学宪章，涵盖了大学主要的管理和运作规则，确立了“加州宪法-大学章程”的法治模式，体现了大学和国家意志相结合的办学理念。本节选取的《加州大学董事会章程与常规》(The Bylaws and the Standing Orders of the Regents of the University of California)于1969年由校董会通过，使得《组织法》基本理念在加州大学进一步具体化。[①]《加州大学董事会章程与常规》分为董事会章程和董事会常规两个组成部分，章程部分主要是对董事会的体制机制的规定，包括法人的组成与权力、董事会下的各委员会、官员及其职责等；常规部分则包括学校官员、教师、雇员及学术委员会的相关条例。

一、大学法人地位的确立

在美国，公立性质的州立大学法人地位是以公益信托[②]的方式确立的。《加州大学董事会章程与常规》章程5(5.1a)规定，“加州大学应组建一个公益信托且该信托由现有的法人加州大学董事会管理”。按照信托理论，加州大学董事会基于政府意志和公共利益的需要，具备了对信托财产即大学的一系列权力。章程5.1f规定，“加州大学董事会被赋予加州大学名下及为大学利益所持有地产的合法所有权、管理权和处置权”，“拥有一切必要或方便有效管理财产的权力”。尽管加州大学作为公立机构，政府依法享有干预大学的权力，但章程所赋予董事会的权力仍在最大限度上保障大学的自主权。对于政府的大学管理权及可能出现的不必要干预，章程明确规定，“大学完全独立于政治或宗派影响，保持董事会的任命自由和事务管理自由”。而加州大学董事会的责任与权力是有宪法依据、受宪法保障的，根据章程内容，加州大学法人“形式、组成、责任和权力根据《加利福尼亚州宪法》第9款第9条”而规定，这就为《加州大学董事会章程与常规》的

① 张国有.大学章程[M].北京：北京大学出版社，2011：3-4.

② 公益信托是指出于公益目的，即使整个社会获得利益之目的而设立的信托，此种类型的信托在社会生活中通常表现为：委托人提供一定数额的财产作为信托财产，由受托人管理该项财产，并按照有关信托行为的规定，将信托利益运用于举办公益事业，如科学、教育、卫生、环保或社会福利事业等。详见：朱志峰.公益信托的法律特征及我国模式的探索[J].当代法学，2008(6)：112-116.

法治效力奠定了宪法基础，大大提高了其实施的效能。

通过以上规定，加州大学的法人地位得以确立，大学董事会所享有的大学最高权力也得以确认。法人地位的确立为加州大学成为具有自主权的办学实体提供了必要条件，而获得“实体”地位与办学自主权，正是大学维系其组织属性和发挥组织功能的基本前提，因为只有作为一个办学实体，才意味着大学能够摆脱政府的全面控制，而只有享有自主权，大学才能树立主体自觉意识，以内在价值取向作为行动的依据。因而，法人地位的确立也是大学实现学术本位不可或缺的必备要素。当然，需要指明的是，大学法人地位的确立及其对自主权的强调并不意味着政府完全放掉大学治权，而是说大学在相关法律、章程规定范围内充分行使权力，政府不对大学做出过多或不当的干预。何况，作为公立机构，加州大学不仅要接受来自政府的资助，也有义务履行政府赋予的公共职责。事实也是如此，美国政府通过财政资助、立法及问责等合理干预方式确保大学学术进步，同时也促使大学履行公共职责。①

二、大学最高权力机构的构成与运行

董事会是加利福尼亚大学的最高权力机构，对大学的行政、学术及外事等一切事务享有决定权。董事会的构成与权力运作方式在很大程度上反映着加州大学甚至全美公立大学的组织结构的主要特征。通过加州大学《董事会章程》的规定可以看出，董事会在构成上呈多元化特征，在运行上实行集体决议。

（一）董事会的构成呈多元化特征

大学法人的设立与机构构成是大学章程的核心内容。大学权力机构的构成是反映大学治理特征的重要指标。作为加州大学法人，加州大学董事会的成员包括：七名当然董事，即州长、副州长、众议院议长、公共教育监督官、加州大学校友会主席与副主席、加州大学现任校长；18 名由州长委任并由州参议院多数通过的委任成员；享有完全参与权的一至两名教员与学生代表。根据章程内容，董事会委任成员由州长参照“重大事务委员会”意见任命产生。该委员会由如下成员组成：众议院议长，议长指定的两名公众人士，参议院议长，参议院制度委员会指定的两名公众人士，州长指定的两名公众人士，大学董事会主席，大学校友会选出的一名校友，大学学生会主席团选出的一名学生，大学学术评议会选出的一

① 薄建国，王嘉毅.美国公立高校的法人治理结构及其特征[J].国家教育行政学院学报，2010(12)：87-90.

名教师。

从加州大学董事会的构成及对董事会成员遴选具有重要影响的重大事务委员会之构成来看，可以发现若干加州大学的治理特征：其一，作为公立大学，州政府在一定范围内参与大学管理，以促使大学建立公共意识和责任观，回应公共诉求，承担社会使命，避免"学术的狭隘"；其二，无论是政府代表、校友会代表作为董事会成员，还是社会公众代表影响董事会构成，都体现着外部参与大学管理的取向，外部参与管理与教师和学生代表参与管理相结合，表明加州大学实施利益相关者共同治理大学的模式；其三，正如章程 5.1d 所规定的，"董事会成员应反映加州经济、文化和社会多样性的各领域有能力的人士"，这与当代大学多元化的社会角色与社会需求相一致，因为当代大学既要反映不同社会需求，又要从不同领域汲取办学和管理的建议。而这一切都与加州大学作为一个庞大的公立大学系统的角色、使命与组织要求相适应。在共同治理模式中，我们发现加州大学董事会这一最高权力机构具有鲜明的"外行董事会"特征，①非学术人员占到董事会成员的大多数，学术群体代表可谓"势单力薄"，这与前面分析的各大学权力机构构成显著不同，应该说这与美国大学行政权力主导、市场化办学的制度和传统密切相关。

（二）董事会权力运作实行集体决议

大学董事会是大学最高权力机构。为提高董事会的权力运行效率，董事会设立一系列常设委员会，包括合规和审计委员会、薪酬委员会、教育政策委员会、财务委员会等；经董事会授权，校长或董事会主席有权任命特别委员会。上述每个委员会可以根据工作需要设立小组委员会，以服务于特殊事务的管理。根据章程规定，各委员会并不具有对处理事项的最终决议权，它们行使的往往仅是建议权，而对任何事项做出决议并采取行动的权力由董事会保留。对于呈递给董事会的事项，董事会以多数票通过的方式来决定；对于章程或常规效力中止问题，则需要董事会成员的三分之二以上投赞成票，方可通过（章程 7）。对于董事会处理事务的会议，章程还规定了确定的法定人数：例会的法定人数为 9 名董事会成员，特殊会议则需保证 12 名成员；若法定人数不足，则会议需要延期（章程 16.3—16.5）。

也就是说，董事会是以集体决议方式行使大学最高管理权的。集体行使职权，有利于防止个人权力因过分集中而出现专制，并提高权力实施的质量。同时，集体决策与大学的组织特征也是相符合的，因为大学因其学科与基层组织的

---

① 邓光平. 美国大学董事会的制度特点[J]. 高等工程教育研究，2005(5)：95-97.

多元性而在组织目标上呈现出同样的多元性,①这决定了大学组织不可能由谁单独做出只代表某个群体甚至某个人的决定。在这一点上,下文所提到的加州大学运行中的民主协商与权力制约机制,也有同样的理由。

三、权力运作中的民主协商与权力制约原则

(一)民主协商

董事会是加州大学最高权力机关,享有最高的管理权,但董事会作为一个整体性的权力主体,在实施权力过程中并不是独裁专制的,而往往是就某些事项与在与大学其他机构进行协商基础上做出决议。例如,在董事会委任教师与学生董事资格时,学术评议会和学生自治组织有权提出建议(章程 5.1c);董事会成员遴选中,重大事务委员会对州长提出遴选建议(章程 5.1e);常设委员会有权对提交事项进行考量并对董事会提出建议(章程 10.1b);个人和组织有权依据规定程序在董事会或委员会会议中发言,并可能得到董事会决议采纳;学校主管官员和为学校利益最大化所需的其他人员有权列席董事会和委员会会议(章程 16.10a、d)等。

校长是加州大学的行政首脑,对大学各项事务管理和运行拥有全部权力,但校长行使职权亦不是完全基于个人意志,而是在与其他机构与官员进行协商的基础上行使权力。例如,校长在授予荣誉学位时需要征求学术评议会的意见(章程 100.4b);校长在行使某些人事任命权如常务副校长、资深副校长、审计官等时,应参照常设理事会相关委员会的意见(章程 100.2);当人事变动为教职系列时,当校长处理事项涉及教学、研究政策时,校长应与学术评议会进行协商(章程 100.4c.j);等等。

民主协商性的决策形成与权力实施机制既具有管理民主化的形式意义,更具有吸纳多方智慧、提高大学管理水平的实质意义。尤其是权力机构就教学、学术相关事宜向学术管理机构进行协商和征询,很大程度上反映了美国大学制度中行政权力服务于学术的重要特征,是学术本位的重要体现。这对于科学处理行政权力与学术权力间关系具有一定的启发意义。

(二)权力制约

权力约束是加州大学组织结构的一个重要特征,这在加州大学章程中有所

---

① [美]伯顿·克拉克.高等教育新论——多学科的研究[M].王承绪,等,译.杭州:浙江教育出版社,2001:13-116.

体现。首先，大学董事会作为最高权力机构，由于州政府力量的渗入，其部分权力会受到政府制约，如作为董事会总裁的州长在任命董事会委员时，其提议需要经过参议院多数票通过（章程 5.1b）。其次，作为大学行政首脑，校长的决策权在很大程度上需要董事会授权和核准，例如校长拥有人事任命权，但其他机构如财务委员会等对校长的任命权具有考量权、发言权（章程 12.3L），对于常务副校长、资深副校长、审计官、分校校长等官员的任命权则由董事会掌握（章程 100.2b）；大学首席投资官、董事会总顾问、首席合规和审计官等官员直接向董事会而非校长负责（章程 100.4b）；校长有权批准不超过 6 000 万美元的资产改善计划修订案，当总费用超过 6 000 万美元的项目，或总费用超过 2 000 万美元而追加费用超过标准费用增长 25％以上的项目更改，都需要董事会核准（章程 100.4q）。尤其值得指出的是，大学校长不得担任合规和审计委员会以及与遴选大学校长相关的特别委员会成员（章程 10.4），从而有利于大学审计的独立性和校长遴选的公平性。此外，章程明确规定，董事会成员不得担任常设管理委员会职务（章程 8.3）；管理委员会就大学主管官员、各委员会主席和委员的任命、职责和权力具有考量权（章程 12.9g）；董事会总裁、主席及财务委员会主席签署文件同时需要法人团体秘书长签字，否则无法律效力（章程 21.1），等等。这些都体现了加州大学对权力制约的重视。

事实上，民主协商制度本身也是一种权力制约机制，但权力制约的有效性更需要明确以制约为直接目的的制度设计。上述关于政府与大学董事会共同行使董事会成员的任命权、董事会对校长权力的授权和核准、其他组织机构对校长权力的考量和监督，以及相关决议法律效力的形成条件等的规定，都属于加州大学组织结构中的权力约束机制。权力约束是提高大学权力实施质量的机制保障，大学自主权及内部权力主体各自职权的合理行使，都客观上需要权力的相互制约。大学要建构学术本位的治理结构，最基本的要求就是要实现学术权力具有一定的制约能力。

四、学术事务管理与教师权益保障

（一）学术事务管理凸显基层自治

加州大学设学术评议会，是加州大学的校级学术管理机构，同时也是教师的代表机构。①根据加州大学章程内容，“开设课程的教学人员”都属于学术评议会

---

① 黄莺．美国州立大学总校管理体制研究［D］．厦门：厦门大学，2005：13．

成员，并具有投票权(除工作不满 2 年的教师外，章程 105.1a)。学术评议会经董事会批准有权决定加州大学学术政策及相关的学术事宜，例如关于大学入学标准、毕业证书颁发和非荣誉性学位证书授予的决定权，对除某些专业学院外的教学与研究单位开设课程的监督权，对各学部部务会组织形式的决定权(章程 105.2a、bc)等等。除了学术事务外，学术评议会还有权就预算问题向校长提出建议。

但值得指出的是，学术评议会对院系课程只具有监督权，而不具有决定权，关于课程的设置与废止等的决定权掌握在院系及其教师手中。可以说，大学学术评议会主要负责的是大学校级或宏观学术管理，而具体学术事务管理权则由基层学术组织行使。此外，在基层内部事务表决中，所有教职人员都具有参与权和表决权。加州大学基层学术单位拥有很大自主权，同时这也反映了美国大学权力结构的一个重要特征，即权力重心偏于基层。从根本上说，基层学术组织享有学术自治权是大学组织的内在要求，学科、讲座、系所等单位在大学基层的会合决定了整个大学就是一个“重在基础的组织”①，而大学之所以是一个“底重”的组织，是因为基层学术组织才是真正的知识生产者，而非大学。权在基层，这是大学学术本位的一个重要表现形式。

除了学术评议会外，董事会常设委员会“教育政策委员会”和“长期规划委员会”对大学的学术发展负有相关责任。依据加州大学章程规定，前者主要是就大学现行的学术政策、教学和研究相关事务进行考量并向董事会提出建议(章程 12.2a)；后者则着眼于包括大学教学与科研在内的未来发展规划，就此向董事会提供咨询，以促进大学学术的世界一流水平(章程 12.10a)。

(二)教师权益保障推进学术自由

1.以职业安全保障学术自由

美国大学与教师非常珍视学术自由，大学在招聘教师过程中也严格遵守这一原则，例如加州大学章程明确规定，“在教师聘用过程中不应对其进行政治考察”(《章程》101.1d)。而在美国大学被公认为是保障教师学术自由有效机制的是终身教职制度。加州大学章程规定：“教授、副教授和同级别的聘用将为终身任期，直到退休、降职或解雇而得以终止”；即使未获得终身教职者，在就业潜在

① [美]伯顿·克拉克.高等教育新论——多学科的研究[M].王承绪，等，译.杭州：浙江教育出版社，2001：120.

保障期①内其职业安全也得到可靠保障。只有在理由充分的情况下，且经过了学术评议会及其委员会举行的听证之后，即对解聘与终止提议是否具有充分理由进行审视和辩论之后，终身教职的终身任期或已签订的就业保障合同才可能终止(《章程》103.9、103.10)；而且，解雇终身教职或雇佣期保障内教师须在征询所在各校区校长意见后，在总校校长提议下经董事会投票决定。

终身教职制度与就业潜在保障合同为教师提供了职业安全，这成为学术自由的保护条件；学术评议会的举证制度赋予教师的申诉空间、董事会对于终止教师终身任期和就业合同所秉持的慎重性原则，则进一步强化了这种职业安全，从而也进一步加强了对学术自由的保护。以职业安全保障学术自由是美国大学治理的重要特征，也是美国大学学术本位逻辑的重要制度表征。

2.增强教师薪酬竞争力

为了方便董事会对大学行使管理权，加州大学董事会下设一系列常设委员会，薪酬委员会是其一。薪酬委员会的主要职责在于就有关大学雇员的薪酬、福利事宜向董事会提出建议，以确保相关政策的公平、透明和有效，并对大学为增长薪酬、实现对各类雇员提供有吸引力的薪资而采取的举措等进行评估。薪酬委员会将通过定期调研来研究加州大学教师的薪酬相比于同类机构的竞争力(章程 12.8a、b、d)，依此来制定新的薪酬政策，并向董事会提出调整学术等级薪资的建议。如果说终身教职制度为大学教师提供了职业安全，那么加州大学对教师薪酬竞争力的重视则为教师提供了职业吸引力，有利于充分调动教师的工作积极性和主动性。为教师创造良好的生活环境，是充分尊重教师主体地位及其学术创造能力的体现，是符合学术共同体之组织要求的。

3.通过学术休假提高专业能力

除了为教师提供职业安全保障外，加州大学章程还明确赋予教师以“学术休假”(Sabbatical Leave)的权力。章程 103.4 规定，“根据大学校长制定的规章制度，给予学术休假，使休假者投入到集中的学习和研究中，以成为更高效的教师和学者，提升为大学服务的水平。”学术休假是美国大学教师发展的一种重要制度形式，是指大学教师为学校连续服务规定的年限之后，通过全部或部分补偿的休假提供给教师，在此期间，教师通过自主性的学术研究或学术交流来提高自身

① 讲师、高级讲师或助理教授在自受聘起八年之内未升为副教授或教授者，将不能继续受聘。在特殊情况下，校长可批准其在此职位上继续工作不超过两年。所谓的就业潜在保障期就是指此 8—10 年的任职合同期。

专业水平。它源于19世纪末美国研究型大学的崛起及其对教师国际化的需求，后被证实在提升教师教学水平、促进科研创新能力、提高教师队伍士气、缓解教师职业倦怠等方面有明显作用。① 目前，我国部分大学也在试行学术休假制度。② 学术休假是基于教师内在需求的一种特殊福利，是增强教师学术生产能力的有效手段。

本节结语

第一，政府合理干预下，大学实施自主管理。加州大学属于美国公立高校，政府对其具有一定的干预和管理权，同时加州大学作为一个学术组织又具有充分的自主管理权。《加州大学董事会章程与常规》以加州宪法为依据，明确规定了加州大学的法人地位及其职权，对加州政府与加州大学的管理权限作了合理划分。政府与大学关系得以正确处理，这是加州大学充分地实施自主和自治权，在提高学术成就的同时充分满足政府和社会需求的基本前提，也是大学制度改革的首要目标，是制定大学章程的核心内容。

第二，民主协商、集体决策、权力制衡与基层自治。对于当代大学而言，建立一个合理的大学内部权力结构是制度改革的重点和难点，因而也是大学章程建设的主要任务。《加州大学董事会章程与常规》为加州大学的权力结构进行了科学设计，保障了权力有效运行，这主要表现在大学权力机构民主协商、集体决策的权力实施方式，以及权力之间形成相对制衡的格局，从而避免了行政权力的膨胀。此外，根据加州大学章程规定，大学院系具有充分的学术自治权。民主协商、集体决策、权力制衡与基层自治，这是描述加州大学内部权力结构的关键词，而这正反映了大学组织以学术为本位的内在要求。

第三，教师合法权益的充分尊重和保护。关于教师条例的规定是本章程的重要内容。关于教师合法权益，章程明确设计了以职业安全或就业保障来保护教师的学术自由权利、赋予教师学术休假权以促进教师自我实现、为教师维护自身合法权益设置举证和申诉制度等教师权益保护方案。在此过程中，章程为上述方案的执行方式和程序进行了详尽具体的规定，以确保方案的实施有据可稽。

---

① 林杰.美国大学的学术休假制度[J].比较教育研究，2008(7)：56-60.

② 张建.吉林大学推出“学术休假”制度[N].中国青年报，2012-04-30(2).

充分尊重教师合法权益，调动其积极性、创造性，这是大学进步的源泉，是学术本位的重要标志。

第六节 中国台湾地区公立大学治理及其特征

——基于台大、台湾“政大”、台湾“清华”、台湾“交大”四校章程文本的解读①

20世纪90年代之前，我国台湾地区的高等教育发展较为缓慢。1994年台湾当局本着学术自由和大学自治的精神修订所谓“有关大学法”，实施高等教育改革，台湾高等教育由此迎来了“教育松绑”、自主办学的新时代。2000年，台湾出台了首部所谓“大学教育政策白皮书”草案，推动台湾高等教育朝着“质量平衡，开放竞争”两个方向发展。到2002年，台湾的高等教育改革取得了实质性突破。② 近些年，在世界大学排名中，中国台湾地区大学逐渐占据一席之地，其中台大、“政大”、台湾“清华”“交大”是中国台湾地区大学中的杰出代表。

本节没有选择单所大学的章程文本，而是以中国台湾的台湾大学、台湾“清华大学”、台湾“政治大学”、台湾“交通大学”的各自章程文本为例，通过对以上四所大学章程文本的解读，对台湾地区公立大学章程作相对整体性的分析，从中发现我国台湾地区公立大学的治理特征，并对我国大陆地区大学的制度建设与章程建设提供借鉴。

一、大学宗旨体现大学对自身价值与社会价值的追求

中国台湾地区大学章程的第一章均为总则，是对大学基本信息的梗概。其中，各大学章程均对大学宗旨或使命作了声明，其关键词包括“学术”“真理”“人才”“文化”及“国家”等，在对大学作为一个学术组织的属性及其教育、学术与文化功能进行确认的基础上，都对大学关于服务国家的使命和职责进行了强调。例如《台湾大学组织规程》第一章总则第二条规定：“本大学以追求真理、研究学术、培育人才、提升文化、服务人群为宗旨”；《台湾“清华大学”组织规程》第一章第三条规定“本大学以培养学术与品德兼备之人才及促进文化发展与国家建设

① 本节选取的大学章程文本来自：张国有．大学章程：第一卷[M]．北京：北京大学出版社，2011：179-248．

② 丁三青．21世纪初台湾高等教育改革述评[J]．比较教育研究，2003(7)：52-55．

为宗旨”;《台湾“政治大学”组织规程》第一章总则第三条规定“本校以研究学术、培育人才、提升文化、服务社会、促进国家发展为宗旨”,等等。实际上,强调大学作为一个学术的、文化的组织,强调学术本位的大学逻辑,强调学术本位逻辑下大学的内在知识价值标准,并不等同于否定大学之服务于民族和国家的使命,而是说大学的服务功能及其价值必须以学术功能、学术价值为基,大学只有在确保自身内在属性的基础上才可能作为一个社会组织来发挥正向功用,也就是做到自身价值与外在价值的统一。《台湾“清华大学”组织规程》在总则中还特别强调“尊重学术自由之原则”,“在法律规定范围内享有自治权”。《台湾“交通大学”组织规程》第一章总则第二条也发出了学术自由和大学自治权声明。从整体上说,中国台湾各地区大学章程关于大学宗旨的规定都是以台湾当局有关大学的规定即所谓的“大学法”为基本框架的,该规定第一章总则中第 1 条规定:“大学以研究学术,培育人才,提升文化,服务社会,促进国家发展为宗旨。大学应受学术自由之保障,并在法律规定范围内享有自治权”①。

二、权力机构的构成与官员任职体现教授治校理念

中国台湾地区大学基本上形成了在横向上由校务会议作为最高管理机构实施统领,旁设教务会议、行政会议、教师评审委员会等各机构负责具体事务,在纵向上由校务会议至院务会议、系务会议及院系所各级教师评审委员会,以及由校长、院长、系主任等机构,由上至下依次负责的大学治理结构。

(一)学术群体作为大学权力机构的主要构成

校务会议是中国台湾地区大学核心权力机构,也是大学实施共同治理的重要形式,尤其是作为大学教师表达群体意志、参与大学管理的重要形式。从各大学章程关于校务会议构成的规定来看,会议代表多元化是一致性特征,除了大学各级行政领导如校长、教务长、院长等,还有来自教师、研究人员、学生、职员及工友代表。这表明作为大学章程赋予了大学利益相关者以共同参与大学治理的权力,而非仅仅将大学管理权当作少数大学官员的特权。其中,尤其值得强调的是,各大学章程均明确规定校务会议代表中,教师代表占据主体地位;进一步,在教师代表中具有教授、副教授资格者又作为主体。如《台湾大学组织规程》第三章第三十六条规定,教师代表“应为校务会议代表总额之二分之一”,“教师代表

---

① 台湾当局有关大学规定[EB/OL],http://edu.law.moe.gov.tw/LawContent.aspx?id=FL008606.

中具备教授或副教授资格者，应占教师代表总额三分之二以上”;《台湾“清华大学”组织规程》第二章第九条、《台湾“政治大学”组织规程》第五章第三十二条、《台湾“交通大学”组织规程》第三章第十条等都有类似规定。

在学院、系所及其他教学研究单位，也设置了院（系、所或中心）务会议，其组织原则与运行方式与校务会议一致。由于校务会作为各大学最高管理机构，这就为代表不同群体意志的会议成员以参与大学治理，并在此过程中表达其群体权益提供了机会。校务会议在行使决议权时采用集体表决机制，在制度上保证了在校务会议中占据主体地位的教师群体扮演了大学事务的决策者角色。从本质上讲，这种权力机构的构成形式和行使职权的方式限制了行政长官的专制，而为“教授治校”创造了必要的条件。这是大学学术本位的重要制度表征。

（二）校长的选拔与去职反映学术群体意志

中国台湾地区大学校长产生机制尤其值得关注。中国台湾地区大学校长产生机制由大学遴选与教育主管部门聘任两环节构成。在大学遴选阶段，大学校务会议任命产生校长遴选委员会，该委员会在构成上同样体现了多元化、社会化的特征，即除了校务会议选举代表（主要是教授）外，还有校友代表、社会人士及教育主管部门选举代表。《台湾“清华大学”组织规程》还规定，校长遴选委员会应邀请大学的职员代表、学生代表各一人列席。如此，校长遴选就成为一个反映各方价值与意志的过程。校长人选经遴选委员会确定后报请教育主管部门聘任之。尤其是台湾“清华大学”，遴选委员会选出的候选人能否最终被任命为校长，还取决于全校教授与副教授（称“校长同意权人”）不记名投票结果。该校规程第三章第三十四条规定，至少获得校长同意权人同意票达二分之一，候选人才有资格当选校长。

大学校长首任结束，有资格申请续任。校长续任的决议方式在不同大学有所区别。《台湾大学组织规程》第二章第七条规定，校长首次续任，只需校务会议代表总额过半数同意，第二次续任则需要代表总额三分之二以上同意。在台湾“清华大学”，校长续任决议权则掌握在校长同意权人手中，获得其二分之一及以上同意票即可报请教育主管部门续聘。在台湾“交通大学”，其组织规程第四章第三十四条规定，投票权“由全校专任教师采不记名方式为之，得投票总数二分之一及以上之同意票为通过同意续任。”在台湾“政治大学”，校长续任与否则由全校人员来决定。同样，校长离职的动议和决议权也主要掌握在学术群体手中，例如在台湾大学、台湾“交通大学”，校长免职案均由校务会议提出和表决通过，报请教育主管部门解聘；在台湾“清华大学”，则由校长同意权人即全体教授与副教授提出校长去职案，达到法定票数比例即可报请教育主管部门解聘校长。

当校长的遴选与续任由校务会议行使决议权，由于教师代表、教授与副教授代表在人员构成比例上的主体优势，可以认为教学与研究群体即学术力量在校长选拔过程中行使决策权的主动性。而当校长遴选与续任的决议权掌握在更大范围的校长同意权人即全体性的教授与副教授群体，这就直接标志着学术力量在校长选拔中的主导权或支配权。当决议权扩及更大范围的大学全员手中，则体现了大学校长选拔的民选取向。反之，关于大学校长的去职或解聘，同样在很大程度上包含了学术力量的重要参与权甚至是决定权。总的来说，中国台湾地区大学校长聘任与解聘制度较为充分地反映着学术群体的意志，而在此制度框架下，大学校长能在更大程度上代表基层学术人员的利益，并真正向基层负责、向教学与学术负责。

（三）大学官员及各部门主管的学术性资格要求

中国台湾地区的大学对校长、副校长、教务长、院长等各级单位主管官员的资格作了明确规定。一般来说，大学校长、副校长、院长、副院长等都明确要求其具有教授资格，系所的副主管则一般至少具副教授资格。如《台湾"清华大学"组织规程》第三章第三十九条规定，"本大学教务长、学务长、总务长、研发长……须由具备教授资格之教学或研究人员兼任；图书馆长由校长聘请副教授以上教师兼任"，"一级行政单位副主管由校长聘请副教授级以上教学人员或研究人员兼任"；《台湾"交通大学"组织规程》第四章第三十九条规定："本大学教务长、学务长、研发长、图书馆长由校长聘请教授兼任之"，"总务长由副教授以上教师兼任之"，等等。尽管由教授或副教授担任各级官员很难说就等同于实质意义上的教授治校，但作为一个学术组织，由懂学术的人即内行人管理，却是与大学组织管理的要求一致的。从这个角度而言，大学管理的专业化、科学化的要义之一就是内行管理，包括学术人管理学术。学术力量主导学术管理，这也是大学学术本位的要求。

三、教师的评审、处置与申诉贯彻以师为本的原则

在中国台湾地区各大学章程中，普遍将教师或教职员工的相关规定作为重要内容，对教师聘用、晋职、处置、解聘及申诉等环节进行了较为详尽的规定，有的大学将此作为独立章节。这在很大程度上反映了大学对教师主体地位及其合法权益的重视，以及在处理教师相关事宜过程中所秉持的慎重性原则。

（一）教师评审委员会的组成与决议

从各大学的章程内容来看，大学的教师相关事宜主要由专门的"教师评审委

员会”来负责实施，实施依据的条例及办法也由该委员会制定并通过校级权力机构核定生效；而从大学到学院、系所，教师评审委员会自上而下成为一个专门系统。各级教师评审委员会的成员由官员和基层人员组成。如《台湾“交通大学”组织规程》第三章第二十二条规定，校级教师评审委员会由教务长、各学院院长、通识教育委员会主任委员及推选教授代表若干人组成；院级教师评审委员会由院长及各系推选教授或副教授代表若干人组成。《台湾“清华大学”组织规程》第二章第十九条规定，校教师评审委员会由校长指定副校长一人、教务长、研发长、共教会主任、各学院院长、来自教学与研究基层组织的具有教授资格的代表四人组成。对于教师评审的裁决，各级委员会采用民主投票、集体表决的方式作出。

（二）教师的晋升、聘任及相关处置办法

由于教师晋升、聘任的依据首先为教师绩效，教师评审委员会的重要职能是对教师的教学、研究、社会服务等工作绩效进行评鉴。在聘任、晋升环节，教师评审委员会应对被评人进行公正的资格审查。教师聘任应本着“公平、公正、公开”的原则，这是各大学章程所一致明确规定的内容，如《台湾大学组织规程》第四章第四十八条、《台湾“政治大学”组织规程》第三章第九条、《台湾“交通大学”组织规程》第五章第四十二条，均对此原则有明确规定。

如果对教师做出停聘、解聘及不续聘等评审决议，评审委员会应对具体原因进行充分认定和审议，以确保做出上述决议是基于正当理由。同时，各级教师评审委员会应通过投票表决的方式做出教师解聘、停聘之裁决。例如《台湾大学组织规程》第四章第四十九条规定，各级评审委员会做出的裁决应“经全体委员总额三分之二以上委员同意”；《台湾“交通大学”组织规程》第五章第四十七条规定，各级教师评审委员会会议做出的解聘、停聘和不续聘等决议须经委员会委员三分之二以上出席、出席委员会半数以上之同意。在台湾大学，受评审人还有权就评审委员会的裁决申请陈述个人意见。

（三）教师申诉制度的建立

对于教师评审委员会所做出的停聘、解聘及不续聘等裁决，若教师本人持有异议，有权利提出申诉。在台湾各大学都设有教师申诉评议委员会，作为受理教师申诉的专门机构。申诉评议委员会的构成相对于评审委员会其成员代表更加具有广泛性和基层化特征。例如《台湾“清华大学”组织规程》规定该校教师申诉评议委员会除了各学院、共同教育委员会推选的具有教授资格的代表、教师会推选的代表外，还有社会公正人士和教育学者各一人；《台湾“交通大学”组织规程》规定申诉评议委员会成员中“未兼行政职务的教师不得少于总额之三分之二”。

对社会公正人士和代表基层化的强调符合教师权利救济及其公正原则的要求。《台湾"政治大学"组织规程》《台湾"交通大学"组织规程》还规定,校教师评审委员会委员不得担任教师申诉评议委员会成员,这显然也是为着公平公正之原则,因为对教师做出解聘裁决的评审者显然不适合作为核查甚至推翻此解聘裁决的、负有教师救济之责的评议者。

四、编制制度反映政府控制与科学管理两个趋向

中国台湾地区大学的另一个重要特征是对岗位编制的严格控制,大学各单位设置岗位、配置工作人员需依据员额编制表,大学教职员员额编制表只有在报请教育主管部门核定后方可实施,且要函送相关部门核备。例如,在学院,只有下属系和所的总数、专任教师数、学生总数等达到了规定标准,才可以设置一位副院长;若要设置两位副院长,相关数据标准相应提高。在学系、研究所以及其他教学、研究单位,其副主管的设置同样需要满足具体标准。而且,对于副主管设置或增设,必须经教育主管部门核定,并对大学员额编制表进行修改后,才可以实施。《台湾大学组织规程》第二章第十五条规定,学院设置副院长需要达到如下标准之一:"一、学院系科、所总数四个以上;二、学院所属专任教师一百人以上;三、学院学生总数一千人以上";若再增置副院长一人,则需满足下列标准之一:"学院所属系科、所总数八个以上;专任教师二百人以上;学生总数三千人以上;……";学系、研究所要设置副所长或副主任一人,需符合条件之一:单位中"专任教师三十人以上;学生总数五百人以上;……","副主管设置及变更,需报送教育主管部门核定后为之"。《台湾"政治大学"组织规程》第四章第十八条、《台湾"交通大学"组织规程》第二章第六条等有类似的规定。

对岗位的严格控制以及教育主管部门对编制的控制,反映了台湾有关当局对大学的干预,尤其是对大学编制的控制,实际上是对大学自治权的严重伤害,因为大学按自身教学、科研及服务需求设置必要的岗位或职位,并按自身确立的标准来招聘所需人才,是大学自主权、自治权的基本反映;但从另一方面而言,设置严格的岗位与职位标准,尤其是行政性、服务性岗位或职位,有利于在一定程度上遏制现实中以权力和利益需求而非以大学功能性需求为依据的现象,防止出现机构臃肿或权力膨胀。在我国大陆高校去行政化进程中,精简高校行政管理机构及岗位,加大资源向教学与研究领域倾斜的力度,应该是去行政化和学术本位化的一个重要方向。因此,单就大学自身而言,增强岗位设置的科学性、必要性的论证力度,走向管理科学化、专业化,也是大学制度改革的一个要求。

本节结语

(一)与其他大学章程相比,中国台湾的公立大学章程没有声明其法人地位。

台湾有专门的所谓“《大学法》”,赋予了教育主管部门全面控制大学的权力,包括大学的“设立及类别、组织及会议”及教师政策、大学评鉴等各个环节均可见“由教育主管部门定之”的规定。① 据各章程内容也可发现,教育主管部门对公立大学的运行与管理施加着广泛影响,大学的委员会设置条例及相关决议、大学的人事与会计管理、大学的编制等均需报请教育主管部门核定。台湾高等教育管理体制具有集权化特征,教育主管部门“组织法”首条就明文界定:教育主管部门主管全国学术、文化及教育行政事务。② 在政府管制下大学如何实现自治与学术自由,值得深思。

(二)在集权的大学管理体制下,仍可发现中国台湾地区公立大学可资借鉴的办学经验

其一,大学组织结构反映大学的治理特征。中国台湾地区大学章程关于大学权力机构构成及其决议方式的规定、关于大学行政长官的遴选与去职程序的规定,都反映了大学利益相关者共同治理大学和民主管理的特征;尤其是以教授为代表的教学与学术群体在大学核心事务管理中发挥着重要作用,甚至是决定性作用,学术权力作为一种实质性权力。教授治校的实现、学术权力的充分表达,正是大学实现学术本位的关键所在。其二,大学管理以教师为本。中国台湾地区大学章程中,教师的评聘、处置及申诉是重点内容,反映了对教师合法权益的重视与保护。各级教师评审委员会作为处理教师相关事宜的专门机构,其多元化的构成、集体决议的裁决方式,对程序性规则的详尽规定及在此过程中遵循的程序公正原则,都有助于对为教师提供好的环境。教师申诉评议委员会的设置,以及该委员会与评审委员会关系的协调,进一步为保护教师的合法权益、彰显教师主体地位提供了制度保障。

---

① 台湾当局有关大学的规定[EB/OL]. http://edu. law. moe. gov. tw/LawContent. aspx? id=FL008606.

② 王孙禺,蓝劲松,江丕权.祖国大陆与台湾高等教育体制的宏观比较研究[J].清华大学学报:哲学社会科学版,2000(2):27-34.

第七节 大学章程建设的比较及其启示

通过分析不同国家和地区的大学章程建设及其在大学治理中的作用，我们发现大学章程是个性与共性的统一，其个性取向为大学章程建设兼顾环境与本校实际需要提供了余地，而其共性则为大学章程建设反映大学组织特征、践行大学理想提供了规定性。大学章程通过大学制度的设计及其实践转化而在大学治理中发挥着重要作用。这也正是我们所亟须借鉴之处。

一、个性化：不同大学章程间的差异

受不同的体制、文化及法律等因素影响，不同国家与地区的大学章程的制定程序、文本形式及内容规定等也有所不同。就本章分析的若干个大学章程来看，也体现出较鲜明的个性特征。例如《伯明翰大学章程》有着基于国家权力保障的严肃性和权威性，关于教师权益保障的规定具体详尽并体现出鲜明人文精神和程序正义；《柏林洪堡大学章程》中对教授治校进行了巧妙设计；《希伯来大学章程》开篇即显示出强烈的民族主义色彩；《加州大学董事会章程与常规》架构起了一个具有鲜明的权力制衡特征的治理结构，并通过完善的制度建设保障学术权力；中国台湾地区大学章程在校长选拔过程中将决定权真正赋予了广大教师，等等。即使在同一国家或地区，大学章程也会因大学各自不同的历史传统、办学模式等因素影响而有所差别，例如从中国台湾地区大学章程来看，不同大学对教师赋权的力度是不同的；此外，中国台湾的台湾“清华大学”和“交通大学”与其他几所大学相比更加强调大学的自治与学术自由等。本研究未对日本大学章程做样本分析，但从其部分章程的文本来看，也体现着同一国家不同大学的章程间存在明显差别，如《东京大学章程》的规定直指大学对自主自治、学术自由的要求，章节规定很有原则性，但缺乏细化，可操作性比京都大学章程、早稻田大学章程都低一些。①

不同大学的章程在构成、具体条例、制度设计及其实施方式等方面所表现出的差别告诉我们，制定大学章程，一方面应尊重本国本地区的基本制度、法律传统等环境因素；另一方面，则应充分体现一所大学办学的理念、模式、规划，服务于本大学发展，从这个角度而言，章程制定或修改的主体权应由大学掌握。这反

---

① 张国有.大学章程:第二卷[M].北京:北京大学出版社,2011:311-357.

映了大学章程建设过程中所应遵循的一些基本原则。

二、统一性：大学章程的普遍构成

然而，同为大学组织的思想和行为规范，不同国家地区、不同大学的章程又有着根本一致性，表现为共同的价值指向，包括维护大学之学术本位。作为学术组织，大学的使命首先在于追求知识，而知识活动内在地要求大学需要遵循大学自治、学术自由及教授治校等基本原则，从根本上说就是要遵循学术本位的大学逻辑。尽管大学章程在形式上表现出一定的自由性，但其服务主体——大学——及其价值所向决定了它们的价值在于维护大学的逻辑，促使大学学术功能的充分发挥。共同的价值追求又决定了各具个性的大学章程有着相近的基本构成，而无论是对大学宗旨或使命的规定，对大学职能定位与法律地位的规定，还是对大学组织结构的规定，对教师合法权益保护的规定，都是大学章程通过其文化维新、权力规约等功能来维系大学学术本位的基本逻辑，从而促成其职能的发挥。

从本章解读的多个大学章程来看，各章程均涵括了“大学使命或宗旨”“大学的职能定位与法律地位”“大学的组织结构”“教师或学生合法权益保护”等内容（表 1）。而这些内容实际上也作为一个大学章程内容的主要构成，是对大学基本和核心事项的规定，因而也是我国在制定大学章程过程中所必然要考虑的问题或领域。

表 1　　不同章程的基本构成

内容 章程	使命或宗旨	职能定位或法律地位	大学的组织结构	教师合法权益保护
柏林洪堡大学章程	“洪堡大学坚持研究与教学的统一、学生与学者的共同体、学术自我负责和自主管理，因为学术离不开自由，自由离不开责任。柏林洪堡大学本此精神修订其章程”（《章程》序言）	“大学的人事、经济、预算和财政管理，学费征收以及健康医疗属于国家事务”，政府对大学的管理由“大学统一的管理机构与学术事务一起实施”（《章程》A 章第 1 款）	1. 学校组织结构 2. 院系组织结构 3. 系所组织结构 （规定了不同层次的决策与执行机构以及其间的关系，反映了教授治校的显著特征——《章程》B—F 章）	“全职教授退休后依然享有与教学相联系的种种权利”（《章程》F 章 31 条） 该章程并未将教师与学生内容独立成章节，只是散见于其他相关条例中

（续表）

内容 章程	使命或宗旨	职能定位或 法律地位	大学的组织结构	教师合法权益保护
巴黎第一大学章程	“实现包括教育、研究和传播知识文化在内的公共服务职能”，“本大学是从事科学研究的场所”（《章程》“序言”，1编4条）	“多学科的、尤以社会学专业见长的”，具有“科学、文化性质的公立机构”，依赖于“公共资金”（《章程》1编1、2条）	1. 教学与科研机构； 2. 领导决策机构：校长与三大委员会； 3. 科学咨询委员会 （规定了不同组织间关系，反映了行政主导和大学共同治理等特征） （《章程》3、4、5编）	该章程并未将教师与学生内容独立成章节，只是散见于其他相关条例中
伯明翰大学章程	“伯明翰大学是一所教学与研究兼顾的大学，目的是促进独创性研究”（特许状第11款）	“……永续存在的社团法人，拥有完全权力和能力去起诉、应诉，及从事一切法律允许的活动”。大学制定、废止条例的权力“不受现存和后续规定限制，也不受具体范围限制”（特许状2、14款）	拥有绝对权力的理事会、吸纳外来智慧的议事会、掌握学术评价权的评议会等，反映了伯明翰大学强调统一管理、重视社会参与管理、学术群体掌握学术评价权等治理特征	以职业安全保障学术自由原则：“确保教职员探索知识……不得因此将其置于失去工作或其他权益的危险之中”；赋予教师学术休假的权利，等等《条例》第24章）
美国加州大学章程	因本文选取的“加州大学章程”实际上为加州大学董事会章程，其并未对加州大学的办学宗旨或使命做出规定	“加州大学应组建一个公益信托且该信托由现有的法人加州大学董事会管理”。（章程5.1a） “董事会被赋予加州大学名下及为大学利益所持有地产的合法所有权、管理权和处置权”（章程5.1f）	对董事会、常设委员会、特别委员会、小组委员会、法人与大学主管官员的权责及相互关系进行了规定，反映出大学行政主导、共同治理、民主协商、集体决议、权力制约、教师为本等大学治理特征	“教师聘用不应进行政治考察”（101.1d）；“教授、副教授和同级别的聘用为终身任期，直到退休、解雇”；只有理由充分且经学术评议会听证，终身教职或就业保障合同才可终止（章程103.9、103.10）

（续表）

章程 \ 内容	使命或宗旨	职能定位或法律地位	大学的组织结构	教师合法权益保护
耶路撒冷希伯来大学章程	“大学的使命是促进犹太学研究”，“对锡安主义的追求”。“推动人文、艺术、自然科学和其他学科研究，从事科研和教学，为各学科的发展和传播竭尽全力”(《章程》导言)	“大学为公认机构，依法成为具备各项权利和义务的法人，并自主管理其学术和行政事务的机构”；按“注册公司”的职权标准来运行。(《希伯来大学章程》“导言”)	1. 行政管理系统的构成 2. 学术管理系统的构成 3. 两大系统之间建立了分治而协作的关系 4. 通过组织结构反映出大学开放办学、共同治理、程序公正等特征	该章程并未将教师与学生内容独立成章节，只是散见于其他相关条例中
中国台湾地区大学的章程	中国台湾地区大学章程的第一章均为“总则”，都对大学宗旨作了声明，关键词包括“学术”“真理”“人才”“文化”及“国家”等，在对大学学术属性及其教育与学术、文化功能进行确认基础上，强调服务国家的使命	“尊重学术自由之原则”“在法律规定范围内享有自治权”(《台湾“清华大学”组织规程》第一章) “受学术自由之保障，在法律规定范围内，享有自治权”(《台湾“交通大学”组织规程》，第一章)	中国台湾地区大学都对校务会议、院务会议、校长等组织机构进行了相关规定，反映出学术群体在校务决议、校长遴选等事项中享有广泛参与权甚至决定权、学术权对行政权形成有效制约等特征	中国台湾地区各大学章程都对教师聘用、晋职、解聘及申诉等环节进行了详尽规定，在很大程度上反映了大学对教师主体地位及其合法权益的重视，以及在处理教师相关事宜过程中秉持慎重性原则

大学的宗旨或使命既反映着大学组织的目标，也为大学组织的行为提供了一个基本的文化范式，主要是价值或意义的指向，它告诉大学自己应成为什么、应该做什么、怎样才是有价值有意义的。从根本上说大学的宗旨或使命反映着大学的价值所在，反映着大学的内在属性，是所有大学章程首先关照的要件。

大学的职能定位与法律地位，前者是在大学达成组织目标或实现其意义的具体形式，本质上是作为大学组织的行为框架；后者即法律地位则为大学职能的发挥提供可能性的基础，尤其是它界定了政府与大学关系，因而是一种维系大学组织本性的重要保障。赋予大学真正的法人地位是我国大学改革的关键。

大学的组织结构是大学章程的核心内容，因为各组织机构包括教学与研究机构、管理及服务机构、决策机构等是大学作为一个功能体而存在并发挥其整体功能的载体，而对各组织机构的职能、权限及相互之间关系的合理规定则正确反映大学角色与本性的内在要求，促使各组织机构形成一个有机体。构建一个学术本位的治理结构作为大学制度建设的主要内容，就是要以学术本位原则指导确立起各组织机构之间的合理关系。这是我国大学章程制定的首要任务。

作为一个以培育人才和探索知识为使命的教育、学术组织，教师与学生是大学的教育和学术活动的主体，是大学存在并具有存在价值的根本基础，没有了师生，大学就没有存在的理由，故而关于教师与学生合法权益的保护条例必然是大学章程的基本要件。完善的师生权益保障机制是当前我国大学制度体系中相对欠缺的，因而是我国大学章程建设所重点记载的内容。

可以说，大学的组织目标、组织的主体、组织行为方式、组织保障等，是大学作为一个复杂系统的基本组成部分，其相关规定也就构成了大学章程的基本要素。尽管人学章程在形式上具有相当的自由空间，但这些基本要素则是保障章程获得实质意义所必需的，是维系大学学术本位所必然要关照的。

三、大学治理结构设计是章程的核心

(一)大学与政府关系的科学界定

政府与大学间的关系是大学治理结构的外部维度，是大学内部治理结构改革的主要制约因素。从以上各大学章程的文本构成来看，对二者关系的规定是章程的重要内容，而对于合理确立二者关系的设计主要是规定和强调大学的法人地位，并对大学法人地位进行进一步的确认，例如“社团”法人、“永续存在”的法人、“公法”上的法人以及作为法人的“注册公司”运作方式等。法人的基本精神就是独立与自主，法人身份的赋予首先从法律上明确了大学的独立地位，有资格享有法定权利和独立承担法律义务，这就规定了其与政府间的法律关系，同时意味着大学获得了作为一个办学实体的可能。这为大学获得自治地位、行使自治权并践行学术使命提供了基本前提，使大学实现学术本位成为可能。

大学章程能否对双方尤其是政府起到实质的规制作用，需要要看大的法治环境。在法治化程度高的国家，大学章程的法治功能也就获得更大的实践空间。在美国，大学的独立地位和自治权力具有充分的法律依据，学术自由更是明确写入美国宪法之中，同样，美国大学章程的法律地位和法治效力也有着可靠保障。早在 19 世纪，著名的“达特茅斯学院诉伍德沃德案”便已奠定了大学章程作为大学保护合法权益之法律依据的地位。如今美国大学的章程一般是由州议会以法案形式批准，成为州法律的一部分。例如，康奈尔大学的最新版章程，直接纳入了纽约州的综合教育法规中，成为全州民众必须遵守的法律规范，由此可见大学章程在美国社会中的法律地位。[①]

大学章程的效力还深受国家的大学治理理念的影响，甚至这在很大程度上是决定性因素。从对《柏林洪堡大学章程》的分析来看，柏林洪堡大学作为“州的机构”，但并未成为政府的依附物，而是在相当大程度上保持着独立与自主，原因在于政府信奉和执行“文化国家理念”，在此理念影响下，政府正确认识并尊重大学的学术属性及其对自主权的要求，从而将大学治权让渡于大学自身。这在《巴黎第一大学章程》中也有类似体现，即政府通过设置科学咨询委员会来间接行使大学治权，实际上是国家权力的让渡。只有在政府自觉的条件下，大学章程才会在更大范围内发挥规制作用。没有政府自觉，法治力量在国家政治权力面前也可能是式微的。因此，在国家权力或政府面前，大学必须具有作为一个享有特权的特殊组织，而这要求国家给予特殊保障。

在我国，大学真正获得法人地位，离不开政府管理方式的改革，但这并不等于否定大学章程建设的意义。大学章程通过程序性、技术性设计，将作为自下而上推动政府走向善治的重要力量，例如章程作为行政合同、章程的程序立法及将章程纳入地方法规等设想，都有利于增强章程对包括政府在内的各利益相关者的规制作用。因此，我国大学章程建设必须明确大学独立法人的地位，科学界定大学与政府的权责关系，也就是要清晰地阐明双方的权力和责任。

（二）大学内部权力关系的有效协调

大学内部治理结构决定着大学功能发挥的质量。大学内部治理结构的建构与改革，最终在于彰显教授权利或学术权力的本体地位，即作为标准与目标的意义。从所选取的若干个大学章程来看，关于大学内部治理结构的规定是最主要的内容，包括各组织机构的设置、职权、责任及其相互关系等。设计一个反映大学组织本性的内部治理结构，是大学章程建设的要务。根据对章程文本的分析，可以发现一系列值得我国大学章程建设与大学制度改革借鉴的先进经验。

1. 不同组织机构权责明确，界限相对清晰

各章程都对大学不同的组织机构之权力和责任进行了具体详尽的规定，实际上是为不同组织机构间的权力设置了确定的边界，在为权力实施提供明确依据的同时，有效地防止了不同权力间的僭越。例如，《希伯来大学章程》给人最深

① 陈立鹏，陶智. 美国大学章程特点分析[J]. 中国高等教育，2009(9)：59-60.

的印象就是在大学最高权力机构即理事会的统一指导下，学术事务与行政事务两大系统实行分治，较好地协调了行政权力和学术权力间的矛盾；《巴黎第一大学章程》明确了不同组织机构的权力性质，如大学校长行使大学事务决定权，行政管理委员会行使审议权，科学委员会与学习生活委员会则行使建议权，同时大学的学术事务管理具体由科学委员会负责；《柏林洪堡大学章程》与《巴黎第一大学章程》都明确规定了院系学术基层单位的自治权，尤其是前者的规定更加详尽具体，后者为原则性规定，从而较好地避免了大学权力对基层的不当干预。

2. 教师权益得到保护，教授治校理念得以贯彻。

从以上对各章程文本的对比来看，教师权益相关条例是大学章程所普遍关注的内容。从教师聘任、晋升，到教师处罚，再到教师申诉，整个过程都设计了一套完整、具体、细致的程序，并体现出程序公正和为教师负责的基本原则。其中，《伯明翰大学章程》的教师权益条例其人性化、程序化、公正化堪称典范，而《加州大学章程》则突出了通过教师职业安全保障学术自由的思想。教师合法权益的维护和保障反映了大学章程的首要价值追求。

以师为本的另一含义是充分重视和发挥教师群体在大学治理中的作用，即教授治校。洪堡大学从大学各权力机构的组成到权力实施方式，全面反映了教授治校的治理原则，以教授治校理念来指导大学组织结构是《柏林洪堡大学章程》最鲜明的特征；中国台湾地区大学则更加突出了大学治理中教师参与的广泛性甚至全员性，这主要体现在大学校长的“民选”上。以师为本、教授治校实质上也就是在大学内部权力格局中对学术权力的彰显，是大学学术本位的基本精神和内容。

3. 权力运行反映出决策民主和权力制衡的特征

权力运行方式是大学治理结构的动态表现形式，影响着治理结构的性质或状态。从各大学章程文本来看，对于大学权力运行方式的规定普遍体现了民主与制衡原则，主要体现在集体决议、民主协商和权力相互制约三个方面。集体决议是指大学事务处理中并非由个人占有决定权，而是由权力机构通过集体投票表决的方式来决定，而权力机构本身往往不是个体性的，而是作为一个群体。这一点在所选取的几个大学章程中都有所体现。民主协商是指不同权力机构之间就同一事务在商议性民主原则下共同做出决定，而非由单一机构做决定。如希伯来大学章程中规定大学校长的选举产生是学术评议会、大学管理委员会、理事会共同参与下完成的；伯明翰大学章程中关于教职员的处分决议不是由单一权力代表独自做出，副校长、审理委员会、评议会之间的相互协调及教师本人的质询权都充分体现了民主协商原则。权力制约指不同权力主体之间的相互监督和实质性影响，从而形成权力间的相互牵制；有时权力的制约意味着事务处置权在不同权力主体间的分配；同时，权力运行的集体决议与民主协商本身也构成一种权力制约形式。加州大学章程中关于大学校长任命权、财务审批权行使范畴的限定，法人团体秘书长签署权对董事会与财务委员会职权的限制，都体现了大学权力的相互制约。

（三）大学治理与外部利益相关者的参与

利益相关者共同参与管理的大学治理是大学制度改革的一个必然方向。大学治理要求管理主体多元化，除了要求政府的合理干预外，要求社会力量以适当方式参与大学管理。① 外部利益相关者或治理主体的多元化，在很大程度上就避免了大学自主权的狭隘和迷失，平衡大学自我价值追求与市场需求间的矛盾。同时，就如王洪才教授所指明的，对于我国大学而言，社会参与治理是遏制大学行政化趋势蔓延的一个有效选择。② 从本研究选取的大学章程来看，通过吸取外部主体的智慧和力量来提高大学管理质量是其大学治理结构设计的重要内容。政府参与管理方面，《柏林洪堡大学章程》《加州大学董事会章程》中都有所体现，如柏林州对洪堡大学行使专业监督权，加州政府代表作为加州大学董事会主要成员，等等。在其他方面，例如《柏林洪堡大学章程》规定大学董事会吸收工商界代表，《巴黎第一大学章程》规定大学行政管理委员会必须包含“校外人士”，《伯明翰大学章程》规定校外学术机构、政府机构、宗教机构等共同加入大学议事会，《希伯来大学章程》规定理事会、管理委员会中必须包含一定数量的社会贤达及国外人士，如此等等，都表现了大学对社会参与大学管理的重视，因而成为不同大学章程制定中一致纳入其中的重要内容。

从各章程所规定的大学共同治理的具体方式来看，社会参与大学治理的权力，主要是通过加入大学的权力机构及其执行机构来实现的，即大学组织机构成员的来源和身份多元化。这就使得大学共同治理或社会力量参与大学管理由一种大学理念转化为具体的、可操作的行动方案或步骤，加强大学权力及其运行机构的多元构成也就成为大学制度改革的一个切实可行的方向。我国大学管理也

---

① 李福华. 大学治理与大学管理[M]. 北京：人民出版社，2012.

② 王洪才. 大学治理的内在逻辑与模式选择[J]. 高等教育研究，2012(9)：24-29.

必将逐渐走向共同治理，大学章程如何设计出可行的治理方案，使不同利益相关者的治理权得以顺利实施，国外章程建设相关经验值得借鉴。

四、大学章程建设的程序与技术性问题

如果说大学章程的功能性价值在于维系或促成大学学术本位，那么其价值实现离不开章程建设中的程序与技术性建设，例如大学章程的制定与修订是否合乎必要程序，是否经过了充分的民主商议，章程的权威性如何得以保障以确保章程功能充分发挥，章程的内容是否清晰、具体，以确保其作为行为规范的可行性，等等。

（一）章程的制定、修订

大学章程是各主体表达权益诉求的共同渠道，而其制定过程实际上正是一个各利益相关者通过民主协商而达成利益共识的过程，在体现管理民主化特征的同时，休现了当代大学走向共同治理的趋势。例如，《柏林洪堡大学章程》的制定权在全校大会，学术评议会与校董会行使审议、讨论权，柏林州政府负最终予以核准，在此过程中，政府、大学权力机构与学术群体共同参与其中；由于大学权力机构的成员多元化以及学术群体占主导地位的因素，共同治理与教授治校的特征便更加明显。《伯明翰大学章程》由特许状与大学条例组成，从宏观上反映了政府与大学治理之间的关系；其中大学条例又是由理事会通过、枢密院批准生效，则进一步体现了这种关系。中国台湾地区的大学章程的制定与修订的普遍模式是校务委员会集体通过与教育主管部门核定相结合，同样校务会作为一个多元构成的权力机构，也反映了基层组织与个体的参与权。

从各章程文本来看，关于章程修订的条例普遍是大学章程的重要内容，在一定程度上反映了大学章程作为大学宪法的权威性与修改过程中需要秉持的慎重与严肃性原则，同时也反映了利益调整的民主化要求。《希伯来大学章程》明确规定，章程的修订必须经由大学理事会、评议会和执行委员会三个机构在共同协商并以投票表决方式进行。章程的修订实际上是利益相关者对各主体意志与权益格局的协调过程，与作为达成权益共识的章程制定过程的本质是一致的。

（二）章程的权威性

章程的权威性是其规范效力的基础，是大学章程发挥大学治理功能的保障。由政府核准章程生效与修订，在很大程度上有利于提高章程的权威性及其规范效力。在这方面，英国大学章程由国家权力机关和作为国家最高权力象征的

国王联合颁发特许状，大学管理条例则由国家权力机关枢密院核准生效，其权威就具有更高位阶。在提高章程权威及其规范效力方面，美国大学尤其是公立大学章程通常纳入州法律体系，也对于提高大学章程的治理功能具有重要意义。我国南方科技大学章程(《南方科技大学管理暂行办法》)由地方权力机关即深圳市人大会议通过并以政府令形式发布，被誉为"中国高校第一部基本法"①，实际上对于改变我国大学章程缺乏规范效能的现状具有重大探索和示范价值。

(三)章程条文的详尽与精确性

大学章程作为大学的根本大法，是对学校重大基本事务的原则性规定，对于大学运行与管理的具体环节将由专门的规章、细则以章程为依据作进一步地规定。但从所分析的几所大学章程文本来看，详尽、具体、明确是各大学章程内容的一致特征。对于大学组织机构的成员构成及其比例关系，关于权力机构的具体权限、职责及运行方式，关于教师与学生权益保护的具体程序等，各大学章程都进行了明确细致的规定。章程条例详尽、具体和明确作为章程制定的普遍原则，有利于引导各权力主体严格按规范行使权力，避免因职责与权限模糊而发生运行混乱；同时，也为大学实施问责提供了确定的依据。

本节结语

大学章程因环境和自身因素的影响而呈现出形式与个性的自由，但作为大学的章程，大学的组织属性决定了大学章程的共同价值取向，即对学术本位的追求。这种内在的一致性决定了不同大学章程在基本构成上的一致性，都包括了大学的使命、大学的定位、大学的组织结构、教学主体的权益保障等主要内容。这是大学章程建设所必须关照的核心要件。

大学章程对大学使命的规定，主要是宣示大学作为学术组织的根本属性及其学术之天职，这为大学组织的运行提供了内在规范。大学立足学术本性，以学术发展为价值追求，这是大学学术本位的第一要义；大学章程规定大学的法人地位，协调其与政府的关系，通过推动政府改革大学管理方式来维护大学的自主自

① 《南方科技大学管理暂行办法》发布[EB/OL]. http://www.sdpc.gov.cn/xxfw/fgdt/t20110610_417366.htm. 2011-6-10.

治权，进一步维护了大学的学术本性，符合大学本性要求的外部治理结构是大学学术本位的又一要义；大学章程通过对大学组织结构的合理设计，促使实现决策民主、权力制衡，学术权力能够相对自主地运行，学术利益得到较好保障，教授治校理念在其中得到尤为彰显：一个学术权具有充分表达空间的内部治理结构正是大学学术本位的核心要义；大学章程关于教学主体核心利益保障的规定，使学术群体获得学术自由的权利，从而实现其学术价值，反映了大学学术本位的目的。

总之，尽管有的大学章程受体制或传统影响而存在与学术本位相悖之处，但从整体上仍可以发现其维系大学学术本位的目标及实现这个目标的途径，对我们基于学术本位的大学章程建设来说具有宝贵的借鉴价值。

第五章
我国大学章程建设的基本策略

大学章程是大学学术本位的制度保障,我国大学学术本位的背离要求建设大学章程,发挥大学章程的制度保障作用。目前我国大学章程建设已经进入实践阶段。但从实践情况来看,我国大学章程建设的成效并不尽如人意。导致我国大学章程建设不力的因素是多方面的,主要是缺乏适宜的内外部环境,例如政府对大学的控制、行政化的大学内部管理传统等,严重阻碍着我国大学章程建设。但就章程本身而言,未能贯彻学术本位这一理念是造成章程建设成效不高的重要原因,当前我国大学章程建设仍有着显著的"行政化"取向。因此,大学章程要发挥其促使大学回归学术本位的作用,其自身必须是学术本位的,这也是国外大学章程建设给我们的启示。

所谓学术本位的大学章程,是说章程的文本内容在关于大学的使命、定位、组织结构等各要素的规定中必须深刻反映大学的本质要求。例如,大学必须定位于学术、教育和文化机构;大学的使命必须以促成知识进步和受教育者的解放为核心;大学的组织结构设计必须以大学的组织属性为依据,贯彻大学自治、学术自由和教授治校等大学理念。从章程制定与实施的角度来说,学术本位的大学章程就是章程的制定过程必须是一个以学术群体为主的多元主体共同协商的过程,学术意志作为制定章程的根本依据;在实施上,以学术权利的充分实现作为章程实施质量的最终衡量标准。总之,学术本位的大学章程就是以学术本位思想作为指导,将学术本位理念具体化为大学的制度安排,以实现学术本位理想作为归宿。只有立足于学术本位,我国大学章程建设才可能承担起应有的使命。

第一节　我国大学章程建设的导向与原则

章程建设过程中,是否坚持了正确的价值导向,是否具有明确的思路和科学的设计方案，都影响着大学章程建设的质量。我国当前大学章程建设必须明确和坚持正确的价值导向和基本原则，从大学的内在要求与我国大学发展的现实需要出发，制定合理的思路和步骤，设计出科学的行动方案。这个价值导向和基本原则就是坚持、贯彻学术本位理念。

一、我国大学章程建设的根本价值导向

正如前文所述，大学章程是作为一个学术组织的“大学”的章程，它依附于、服务于大学，因此大学的组织属性及其要求是大学章程建设的根本依据。当前我国大学在很大程度上发生了某些异化，大学的本性被遮蔽，这表现在大学价值取向的迷失上，外在的政治、经济标准在很大范围内取代了应有的内在学术标准，造成学术本位受损甚至严重缺失。我国构建现代大学制度，就是要促使大学重拾学术本位的逻辑，而这也成为我国大学章程建设的“意义与行动的框架”。大学章程建设的根本目标就是促使大学回归学术本位，而学术本位也就成了大学章程建设的精神实质。只有以学术本位理念为指导，并落实学术本位之精神，大学章程才会发挥其治理功能，章程建设才是有现实意义的。

当前，我国大学章程建设在取得初步成绩的同时，也面临着诸多问题，其中的一个重要困境恰恰在于学术本位精神未能落实在章程建设的实践过程之中，甚至就像米俊魁博士所说的，我国目前大学章程建设在很大程度上仍是反映行政权力本位的。而“去行政化”是我国现代大学制度和大学章程建设的一个主要目标，反映了我国大学章程建设的特殊意义。[①] 显然，忽视甚至违背学术本位原则的大学章程不可能承担起我国大学制度从理想向现实转化的重任，不可能承载起我们所赋予它的促使达致大学之治的期望。因此，在整个大学章程建设过程中，我们必须以学术本位作为根本的指导精神和原则，以学术本位作为衡量章程建设质量的标准。当下我国大学章程建设面临的困难首先是改革仍处在一个因循守旧的价值体系之中，在这种价值体系中，大学陷入的异化困境被视作合理的，并且这种不合理的继续存在被视作理所当然，甚至利用这种“不合理”来维系当下的这种不合理的权力和利益格局，而改革也就必然要受其掣肘，因为大学章程建设在本质上是对大学利益与权力关系的调整。正因如此，现实的大学章程建设并不具备实质性意义，它始终没有也不可能对我国大学改革发展过程中的深层次的、关键性的问题和矛盾做出应有的、合理的回应。而当前我国高等教育

① 朱家德.权力的规制：大学章程的历史流变与当代形态[D].武汉：华中科技大学，2011:3.

和大学发展面临的任务和挑战表明，现实亟须改变，改革必须深入。从根本上说，改革的不断深入就是要求必须从大学的组织本性出发，建立和坚定学术本位的价值导向，在此指导下重构大学的权力和利益格局。

概而言之，我国大学章程建设必须坚定不移地遵循学术本位这一根本的价值导向，这既是大学章程建设的归宿，也是大学章程建设取得成效的根本保证。从制度建设的视角而言，普遍树立起坚定的学术本位的价值导向，这也是通过大学章程建设来建构文化认知的过程，而理想的、学术本位的文化认知的建构正是现代大学制度建设的重要内容。

二、我国大学章程建设的基本思路和内容

（一）建设思路：践行学术本位理念，改造学术失位的现实

基于学术本位的大学章程建设应遵从何种建设思路？具体来说有两条基本线索，其一是深刻把握学术本位的内涵，在章程建设中贯穿学术本位这一根本逻辑，践行大学自治、教授治校和学术自由等集中反映学术本位的大学理念；其二是要清醒地认识到当前我国高等教育或大学改革发展中的一系列问题、困境及其学术失位的根源所在，章程建设应以基于学术本位的制度架构来促使大学回归学术本位。在很大程度上，前者是一个践行大学理想的建构过程，后者则更是一个志在改变现实的批判建构过程。

这两条基本线索同时也是大学章程建设的两个基本依据，反映章程建设的基本任务和目标，二者是共同行进而不可偏废的。前者有关大学章程建设的思想和价值指向，后者涉及大学章程建设的现实需求。前者反映了大学作为一个社会组织的普遍性要求，是大学章程建设所必然要遵循的共性原则，德、美、英等其他国家或地区的大学章程莫不以学术本位为准；而后者则反映了我国大学章程建设所必须反映的“中国语境”，是我国大学章程建设所表现出的现实的、个性的要求，而我国大学章程建设要取得积极成效，一个基本前提正是立足国情，构建中国的大学章程，解决中国的大学问题——学术失位。衡量我国大学章程建设是否取得积极成效，最终要看它是否有助于或真正促成了这些困扰我国大学改革发展的问题的解决。当然，践行理想与矫正现实是“一体两翼”的关系，后者需要前者作为标准或理论的引领，而理想或标准的重要价值就在于引领改革实践，并在实践过程中得到体现，例如，行政化是我国大学发展过程中面临的一个突出问题，而“去行政化”改革则反映了学术本位的要求及其指导意义。我国大学章程建设必须以学术本位为指导，在实践中体现学术本位，这一过程必然也是

推动我国高等教育或大学走出困境的过程。

(二)主要内容:基于学术本位的文本、程序与保障机制建设

大学章程建设是一个系统性的工程,要充分发挥其大学治理功能,需要各个环节相互促进,协同发挥作用。例如,制定出一个科学完备的章程文本;大学及其内外部利益相关主体的积极参与,尤其是政府在改革中主导性角色与功能的发挥;建构起有效的实施与保障机制等。概括地说,文本建设、程序建设及实施保障机制建设是整个章程建设的三个主体工程。

所谓文本建设,就是制定出一个反映大学学术本位的章程文本。大学章程在很大程度上就是一个理想的大学制度体系的文本化。作为大学制度改革和制度实施的依据,这是大学章程发挥治理功能的作用机制。因而以学术本位为指导的章程文本建设是大学制度改革的先决性环节,也是章程建设最为关键的第一步。没有一个科学的、反映大学内在要求的章程文本,大学章程建设就不具备发挥治理价值的基础。我国《高等教育法》《高校章程制定办法》等都规定了章程文本的基本要素,国外大学章程建设也提供了相关经验,但要素构成本身并非章程文本建设的关键,关键在于每一个要素如何做出科学设计,反映学术本位并解决我国大学学术失位的问题。我国大学章程不能发挥实质作用是多因素造成的,但其中之一就在于章程文本本身就是缺乏科学性、合理性的,是违背学术本位原则的。

所谓程序建设,主要是指章程制定程序的科学化和民主化,涉及章程制定的主体、章程制定的形式和流程、章程生效的程序等环节。大学章程具有大学治理的功能,而制定大学章程这个过程本身就是一个大学管理的过程,例如章程制定过程中吸纳大学多元利益相关者共同参与,并引入民主商议制度以充分兼顾多方意志和利益,这正反映了大学治理的精神。章程要发挥实际作用,要有一个科学完善的章程文本,而章程文本的质量跟章程制定这一环节是密切相关的,章程制定程序不合理,就难以制定出好的文本,因而程序建设在章程建设中也是至关重要的。当然,除了章程制定程序外,大学章程的修改也要遵循同样的程序性原则。在国外大学章程中,较少对章程制定程序做出明文规定,但都有明确的条例对章程修改做出程序性规定。在章程的程序建设中,多元主体共同参与是基本原则,但在此基础上上,学术群体的主体地位是关键,即章程制定应以学术力量作为主体,以保障文本反映学术意志和学术利益,这是由大学的学术本性决定的。

所谓实施保障机制建设,就是说大学章程的治理价值最终还要借助于章程

实施来实现，而章程的顺利实施则需要有相应的配套机制来保障，例如国家层面的法治与政策支持、大学内部的问责与激励。在我国，大学章程治理功能的发挥在一开始并不是一个自觉主动过程，而是需要通过外部激励来形成依章办事的文化氛围。当前大学章程建设遭遇困境，表明大学章程的有效实施既与政府管理大学方式的改革及相关政策支持分不开，也需要大学自身为章程建设提供良好的运行环境。缺乏良好的运行环境，没有配套机制的保障，大学章程就无法顺利实施，即使章程文本是科学的、完善的。因此，实施保障机制的建设决定着大学章程能否由文本化走向现实的、具体的制度化和实践化。而在建立和完善章程实施保障机制过程中，建立章程实施评价标准是一个重要内容，而这个标准就是以学术本位原则来衡量章程的实施是否切实保障了大学学术价值的实现。

大学章程建设是一个系统工程，要充分发挥其大学治理价值，文本的科学完备、程序的合法合理和保障机制的得当有力，这三个环节都是不可或缺的。因此，文本建设、程序建设和保障机制建设，共同构成了大学章程建设的主体内容，同时也反映了章程建设的主要行动步骤。

三、我国大学章程建设的核心任务与关键

我国大学章程建设要充分发挥其大学治理功能，必须要着眼于当前我国大学改革发展所面临的核心问题。治理结构是现代大学制度的基石，①而大学治理结构的失调是当前我国大学发展过程中遇到的核心问题。② 因此，调整和优化治理结构正是我国大学制度改革的核心任务，而架构起一个反映大学组织要求的、基于学术本位的大学治理结构，也就自然成为大学章程建设的核心任务。

(一)核心任务：以学术权力为本，协调各主体权力间的矛盾关系

我国大学治理结构的失调主要表现为大学各利益相关主体未能各安其位，出现了不同权力间的矛盾冲突，因而大学章程建设的核心任务就是合理规定各权力主体的权力范畴及其权力运行的方式，使其权责明晰、功能调和，而这正是大学章程本质的反映。具体来说，大学章程建设的核心任务就是要处理好以下几对矛盾关系：从外部关系来看看包括政府与大学之间的关系、大学责任主体与

---

① 王英杰.治理结构：现代大学制度的基石[J].比较教育研究，2012(2)：85-87.

② 祁占勇.高等学校学术权力本位治理结构的现实困境与逻辑路向[J].高等教育研究，2012(2)：27-33.

外部问责主体之间的关系;从内部关系来看,包括党委与校长之间的关系、管理服务系统与教学研究系统之间的关系、大学与基层学术组织间的关系等;反映在权力关系上,其中涉及我国政府统一集中的大学管理权与大学办学自主权之间、大学自主权与社会监督问责权力之间、大学政治权力与行政权力之间、行政权力与学术权力之间、大学校级统一性权力与基层组织自主权之间等一系列权力矛盾。此外,值得指出的是另一对矛盾关系,它反映了大学专业开发及其自我规范,即大学专业权的自主与自我约束间的对立或冲突。因为,大学背离学术本位的逻辑不仅仅是外部力量的裹挟所致,还是大学操守失守的结果。在提出以上矛盾关系解决方案过程中,需要以学术本位为指导原则,将大学自治、学术自由和教授治校等思想理念具体化为具有规范指导作用的制度规则,确立学术权力在整个大学权力格局中的本体地位。

(二)关键所在:明确学术主体的主导权,界定各主体的权力与责任

我国大学体系中所存在的这诸多矛盾关系,集中反映了各矛盾体之间在权力、责任和利益上缺乏明晰的分界,发生相互冲突,这是矛盾的实质。因此,要解决这些矛盾关系,首先就要明确大学及其内外部利益相关主体的角色、职能和权责,形成一种明确分工基础上相互协作的有序化关系网络,这个关系网络也就是一个理想的大学制度的基本框架和主要内容。因此,对于我国大学章程建设而言,核心任务是处理好以上一系列矛盾关系,而其关键则是要对大学各利益相关主体的角色赋予科学定位,在此基础上明确、清晰地规定各主体的权力与职责。王洪才教授指出,建立"职、权、责、利"明晰的管理方式是构建现代教育制度、实现科学管理的第一步。① 大学及其各利益相关主体角色定位准确,权力与责任明晰,事实上也就是确定了不同权力之间的边界。当然,在这个过程中通过对各主体合理赋权,以确保学术权和学术利益的实现,也就是要明确赋予学术群体以学术主导权和大学治校权,这是基本的指导原则。从大学章程建设整体而言,这既要在文本建设中阐明各主体的权与责,又要为各主体践行职责与运行权力设计出科学的路线图,而对于大学及其各利益相关主体的权力运行与权利实现方式等,大学章程的相关规定应该尽可能地使之程序化,并遵循具体明晰、可操作及程序公正的原则。例如在国外大学章程中关于校长选拔制度的规定中,从组建遴选机构,到中间的选举过程,到最后的任命,各个环节都有着非常明确甚至是量化的操作步骤。程序化对惯于经验管理和意会文化的我国大学尤其具有改

① 王洪才.论教育中介组织的培育与教育制度创新[J].江西教育科研,2004(4):3-6.

革价值。

四、我国大学章程建设的若干基本原则

(一)既要具有国际化视野,又要立足本土化

在国外,大学章程建设的历史较长,积累了更多的先进和成熟的经验。从本研究所分析的德、英、法、美等国和我国台湾地区的大学章程文本来看,无论是其大学制度设计所反映出的制度先进性,还是章程本身所体现出的条理性、明晰性、完备性、可操作性及程序公正等特征,都表明了其章程建设的可借鉴之处。相对来说,大学章程在我国的历史还很短,且由于众多因素影响,章程建设面临着诸多困难;而与此同时,大学章程建设在我国大学制度改革进程中的重要意义日益成为共识。这要求我们必须具备全球视野,积极学习、借鉴国际上大学章程建设的成功模式。但这种学习和借鉴必须是一个批判地吸收的过程,国际经验必须进行本土化改造。因为大学章程是一个国家高等教育制度、历史传统、大学文化乃至社会综合因素的集中反映,不存在一个世界普适性的章程模板供套用。对于我国大学章程建设而言,不仅要着眼于当前我国高等教育改革发展中遇到的急需解决的现实问题,还要兼顾高等教育管理体制甚至是整个政治体制,兼顾大学制度体系中的非正式约束因素乃至整个社会文化传统。中国大学的行政化弊端与去行政化的当务之急,政府对大学的管理方式以及大学文化中的负向文化样态,决定了我国的大学章程建设必然是独特性的。因此,国际化视野与本土化策略相结合是我国大学章程建设的基本原则。这也就是海南某高校 W 书记在接受笔者访谈时所说的,西方大学章程不是绝对的标准,我国大学章程建设不应完全拘泥于西方模式。

(二)既要尊重国情,又要具有创新和超越的理想

显然,我国大学章程建设的本土化原则也就是要尊重我国国情,有些影响因素是难以突破的,有些则是不可突破的底线。所以,章程建设的底调应该是务实性的。但需要指出的是,所谓改革,其目标就是要改掉不合理的安排,建立合理的秩序,在此过程中必然要遇到各种各样的障碍,而改革也总是要克服障碍,才能达到改革的目的,因此改革既是务实的,也必须是超越现实的,唯有超越才有所创新,才可能真正改变不合理的现实。就我国大学制度改革而言,既不可能超越某些政治性界限,但又需在可能的范围内促使其更加合理,例如党委领导作为国家大学治权的重要制度,大学制度改革不可能动摇党的领导,相反要始终坚持这一根本原则,但对于党委负责的具体方式是可以有所创新的,

既能加强党的领导，又不对大学组织造成伤害，并促使党在领导我国高等教育事业发展中的作用得以更加充分的发挥。在我国大学制度改革过程中，无论是改革实践，还是理论研究，所谓的国情往往成为改革缺乏深入、探索缺乏创新的理由。① 在我国大学章程建设过程中，尊重国情是基本原则，但不应该完全被既成的不合理的制度、文化等因素束缚，片面强调“天不变道亦不变”的观念，仅仅是对现实大学制度或政府政策的解读。② 但正是因为这种“诠释性”“权宜性”思想的影响，我国大学章程建设才会出现诸多不力。因此，我国大学章程建设既要尊重现实，又要望向未来，具有超越现实的理想，在实践中进行创新性设计，这样大学章程才有真正价值。W 书记在接受笔者访谈时也指出，我们的大学章程建设既不能被高等教育法限制死，也不能盲目照搬西方经验，应该有自己的理念，应有所创新。

（三）既要遵循法治规则，又要尊重学术本位的大学内在规定性

大学章程与一般的大学内部规章制度相比其特殊性在于具有一定的法律性质和法治规范效力，是国家高等教育法律法规的下位法，是大学规章制度体系中的根本法。很多学者也主张，应明确和提高大学章程的法律地位，以增强其法制规范效力。这应该说是大学章程能够有效发挥治理功能的重要保障。当严格以法律或法治的要求去认识和指导大学章程建设时，其最基本的原则就是章程必须与法律法规保持绝对一致，这体现了一种法的精神和原则。客观地说，大学章程只有是依法的，才可能起到保障大学办学有法可依的作用。

但纯粹从法治规则去审视大学章程建设，又会导致另一种困惑。例如，根据相关的法理要求，司法介入大学内部事务需要遵循“法律保留”原则，这要求大学在制定章程时，在法律、法规没有现行规定的情况，不能自行设定规则的内容。③ 显然，这跟大学章程的主旨精神是相冲突的。大学章程的相对与任意记载事项是章程内容的重要组成部分，是彰显和维护一所大学管理特色的重要内容。再如，在“刘燕文案”等一些学生或教师诉高校的案件中可以发现，大学内部规章有时会与国家的法律法规有所抵触，而司法介入时必然是以国家法律为判决依据的。但问题在于，大学作为一个特殊组织，其运行和管理必然有其自身的规律和要求，其某些规则虽与法规有所冲突，但却是合理的，因而依法判决往往是不利

---

① 王长乐.诠释性的大学制度理论何以能长期流行[J].全球教育展望，2012(4):60-67.

② 王长乐.对一种权宜性现代大学制度理论的分析[J].大学教育科学，2012(1):18-26.

③ 马雷军.论大学内部事务的司法介入[J].中国教育政策评论，2012:267.

于大学的有序运行,比如学生未达到学校规定的获得学位的资格,学校不颁发学位证书,这种校方规定不符合法律关于学生学习自由权的规定,但却是维护正常教育教学秩序的必要之举。因此,本研究认为,我国大学章程建设中既要遵循法的原则,又要尊重大学作为一个特殊的学术组织的性质,给予其更大的“立宪权”,对于司法介入而言应在一定范围内遵循“学术禁入”原则。张楚廷先生在论及大学的自由与法规间的关系时指出,法规并非大学的一切,“当某种机遇来到了的时候,我们不仅要及时调整大学目标,必要时还需要调整法规”,“大学并不是依法规而按部就班的,否则大学很可能接近平庸”①。因此,大学章程建设既要尊重法治原则,更要尊重学术本位原则。

当然,大学章程建设作为一个系统性工程,需要遵循系统性原则,包括文本建设、程序建设与保障机制建设的协同共进,政府、社会、大学及其内部主体的共同参与和配合等;大学是学术组织,学术本位既是大学章程建设的根本价值导向,同时也是贯穿章程建设全程的指导原则;大学章程建设是一个文化建构的过程,必须以文化的视角去审视大学章程,以建构起适宜的大学文化为章程建设的根本性目的,等等。总之,我国大学章程建设必须科学合理,兼顾自身个性需求和外部客观条件,正确处理大学或大学章程与环境之间的关系。

本节结语

从根本上说,我国大学章程建设质量取决于是否以学术本位为根本的价值导向与原则。在章程建设实践中,既要有追求理想的姿态,又要有从实际出发的态度,将践行学术本位理想与改造我国现实国情结合起来,同时,推动大学章程的文本建设、程序建设和实施保障机制建设三个环节协同共进;抓住当前我国大学制度改革发展中遇到的主要矛盾关系,合理、明晰地确定各主体权责;将国际经验与本土要求结合起来,既要尊重历史和现实,又必须要望眼未来,勇于超越,有所创新;在尊重法治原则的同时,更要以大学组织的内在规定性为根本依据。概而言之,我国大学章程建设要取得积极成效,就必须以大学的组织本性与学术本位的逻辑为根本的出发点和落脚点。

---

① 张楚廷.高等教育学导论[M].北京:人民教育出版社,2010:363.

第二节 大学章程与大学相关主体的权责边界

文本建设是大学章程建设的关键第一步，而基于我国大学改革中遇到的主要问题和大学制度改革的核心目标，文本建设的首要任务是厘清大学主要相关主体的权责关系，这是协调当前我国大学多元权力间的矛盾、建构学术本位的大学治理结构的前提。从国外大学章程的文本来看，一个重要内容就是在尊重大学组织特性的基础上，规定不同组织机构的权力和职责。而基于学术本位的要求，我国大学章程建设必须在厘清大学相关主体权责过程中，明确赋予大学以自治权，赋予学术群体以治学和治校的主动权，这是贯穿方案设计始终的灵魂。

一、大学章程对政府和大学的权责的界定

政府控制和大学依附，是我国大学治理结构失调的第一表现。因此，协调好政府与大学的关系，促使政府改变传统的大学管理方式，赋予大学应有的办学自主权，保障其学术组织本性，这是大学学术本位的内涵之一，也是大学实现学术本位的基本前提。界定二者权责，归宿在于维护大学自治权。

（一）政府的大学治理权

政府要改变大学管理方式，在角色定位上应明确自身作为大学的促进者、支持者的角色，将大学视作与政府共同实现国家发展目标的同盟者；政府只作为高等教育结构、质量、方向的宏观调控者，而非大学具体事务的干预者。总的来说，政府对大学的权力和责任主要表现在高等教育规划与立法、教育经费的划拨与监管、大学的评估等，具体地反映在大学章程文本建设中，主要规定政府的监管权和评估权及其适用范围，包括对大学的办学方向、教育教学质量、教职工权益保障、国有资产安全、财务运营和经费使用状况、教育方针政策的贯彻实施等进行评估和监督。其中，应明确规定政府的评估方式，除了改革传统大学评估模式外，应探索在政府认证基础上社会中介组织对大学的评估，在社会评估模式中，政府重在对社会中介组织的元评估，即资格认证；还应重点规定政府负有教育财政经费的投入和保障之责，德国汉堡大学保罗·科什夫（Paul Kirchhof）教授就

指出，学术自由的重要内涵就包括了"防止国家侵害；国家提供财力支援"[①]。由管理向监管转变，由单纯强调权力到兼顾责任，体现政府转变管理大学方式，以符合大学作为一个对自治有着特殊要求的社会机构的个性。建立二者平等关系，我国政府需借鉴德国"文化国家"理念，而这考验的则是政府治理国家的智慧。

(二)大学的自主权

处理政府与大学之间的关系，政府的权力和职责主要由国家高等教育法规来规定，对于大学章程而言，主要是对大学权责进行科学合理的界定。关于大学的自主权与责任的规定，主要体现在确立大学的特殊的事业单位法人地位。章程应明确规定大学的法人地位，规定大学的权力和责任，主要包括办学权，即对其经营管理的财产、资金、设施享有占有、使用和依法处置的权力，这是落实大学法人地位，增强其面向社会自主办学的基础性权力。人事权，包括根据大学自身发展需要向政府提出更换校长的权力、组织和实施校长遴选的权力，以及在副校级及其以下各级行政服务人员的任免、职务晋升，教学与研究人员的引进、职称评定等方面，大学应享有决定权。[②] 教学与研究的自主权，包括自主决定教学的目标、内容和方式，自主依据知识规律与市场需求调整和设置学科、专业与课程体系，[③]而事实上我国《高等教育法》第 23 条已经赋予了"高校依法自主设置和调整学科专业"的权力；在科研方面主要是研究的方向和内容、研究成果的评价和学术标准的制定等由大学自己主导，大学还应具有发表言论和学术成果，并依此向社会提出批判和建议的权力；在此特别指出，大学研究自主权要求摆脱由政府启动的各种"重点项目制度"，因为这不仅强化了行政部门在高等教育资源配置中的权力，还助推了学术资本化等学术异化现象；[④]招生自主权，主要是扩大大学在考生评价和录取环节的主导权，等等。总的来讲，在大学章程中，大学自

---

① 湛中乐，李凤英. 刘燕文诉北京大学案——兼论我国高等教育学位制度之完善[J]//劳凯声. 中国教育法制评论：第一辑. 北京：教育科学出版社，2002：318-344.

② 作为高校办学自主权重要内容的人事权仍掌握在政府掌控之下，政府人事部门给学校制定编制总量，严格限定机构总数和教学、管理等职务、职称数，以此核定工资标准，对学校财政性工资、校内绩效性工资、福利工资进行总额限制，这就削弱了大学自主权。请参见：吕继臣. 中国公立高等学校法人制度研究[M]. 北京：北京师范大学出版社，2011：98.

③ 我国在计划经济下形成的由政府主导专业的管理方式沿用至今，大学原则上只能在目录范围内来申报和举办专业，突破者须经最高教育行政部门审批。专业申报除了一般条件如师资、图书资料、仪器设备等之外，还有一定的数量控制。请参见：张楚廷. 高等教育学导论[M]. 北京：人民教育出版社，2010：66.

④ 冒荣. 学术行政化与学术资本化的联姻[J]. 江苏高教，2011(4)：1-5.

主权应主要强调其人事任命、学术治理和经费使用的自主。

大学章程不仅要明确各利益主体的权力，而且需要明确各自所担负的责任，实现自主与担责的统一。[①] 在大学的责任方面，在大学章程中主要表现为大学的宗旨、使命和职能以及实现、实施方式。

二、大学章程对党委和校长的权责的界定

国家举办的高等学校实行中国共产党高校基层委员会领导下的校长负责制，这是我国高等教育管理体制的核心。但由于党委与校长之间权责缺乏明显边界，这一体制在运行中出现“班子重叠，职责不明”“以党代政，以政代党”及管理效率低下等一系列问题。[②] 协调二者间的关系成了当前我国大学治理结构优化的主要内容。

（一）大学党委的重新定位及其权责

坚持党的领导是我国大学制度改革的基本原则，而要充分发挥党的领导作用，必须创新党的领导和工作方式（后文述及），在此基础上界定其权责：通过思想和组织建设，保证大学的社会主义办学方向和培养目标；监督和检查大学在贯彻党和政府的方针政策、使用财政拨款、任免干部、实施思想政治教育工作等方面的执行情况；为大学的改革发展提供咨询和建议，就重大事项参与决策；联结政府与大学，向大学传达并推动大学执行党的路线、方针和政策，向政府反映大学改革和发展的需求；党委还可以在召开党委会议期间邀请校长、教授乃至社会人士参与，集思广益，以更好地发挥党委的咨议功能，并促进大学积极面向市场开放办学，避免走向封闭。党委有权就某事项召集校长等行政管理人员或组织按程序进行质询，或参与听证等；对于不符合党和国家基本政策、明显违背社会公正甚至违法乱纪的大学行为，党委有权问责大学，责令大学整改或停止该行为。这样，大学党委将直接管理权、决定权让渡给校长行政系统，但由于抓住了领导权的核心，即思想、组织和政治领导，以及大学重大事务的参与决策权，就确保了党对大学的有效监督、控制和领导，且促进了大学党委领导权和校长行政权之间边界的明晰化，因而从本质上说是更加强了党的领导和提高了党领导的科学性。正如邓小平在《党和国家领导制度的改革》（1980 年 8 月 18 日）中所说：

---

① 陈运超.大学章程的价值与实现[J].复旦教育论坛，2012(3)：22-26.

② 陈时见.正视问题　研究对策——践行党委领导下的校长负责制[J].中国高等教育，2003(23)：22-24.

“为了更好地改善、加强党的领导，党委领导下的校长、院长负责制也应有步骤地加以改革，以促使党委摆脱日常事务，集中力量做好思想政治和组织监督工作。”①因此，在大学章程中，大学党委的最高监督权、关于重大事务的决策权（包括否决权）以及顾问、咨议职能，党委行使权力和发挥职能的范围等，应作为关键内容。

当然，关于党委重新定位的设想必然会遭到质问或反对。笔者在访谈 L 书记时谈到大学去行政化问题，L 书记首先认为许多所谓的行政化都是经不起推敲的，在党委领导体制下，大学党委的权力必须得到保证，赋予其一定的行政管理权力有利于加强党对大学的科学领导。笔者认为，虽然这种观点不乏对大学管理制度改革的思考，但与被访者的角色仍深刻关联。显然，在主体权责缺乏明晰界定的条件下进一步扩大党委权力，同我们关于协调党委领导与校长负责之间关系的一般认识是相矛盾的。

（二）校长的治理主导权

党的领导是政治领导，包括政治原则、政治方向和重大决策的领导，而具体的管理则由大学校长负责。② 在大学党委增强监督与咨议的权力与责任的基础上，大学校长作为大学的法人代表，作为大学的教学、研究和行政管理工作的第一负责人，应被赋予更多的自主权、主动权，增大其处理大学事务的自由裁量权，以充分发挥其能动性和创造性。主要包括：组织制定大学发展规划、改革方案和相关统一标准；决定和核准副校长与其他内部组织机构负责人的任免；核准基层教学与研究组织的设置、调整和学术人员的评聘，校长尤其应掌握规划和决定重要人才引进的权力；授权各组织机构及其负责人的权力和责任，并实施问责和决定奖惩；决定大学校内经费等资源的配置，统筹协调大学学术事务管理、行政事务管理的实施，等等。需要指明的是，强调扩大校长权力并不意味着超越党委的领导，校长、校长办公会、校务委员会的行政大权需要受党委监督和指导，但与传统模式相比，校长行政权及其自由裁量的空间必然是扩大的。同时，作为一校之长，必须保护广大教职工的合法权益，负有协调校内人员矛盾关系的责任，在整体上为大学有序运行、提高办学质量提供可靠的保障。同时，大学校长的权力不是无限的，其能否高效履责，必须接受党委与校内其他组织或个人的质询与问

① 湛中乐．通过章程的大学治理[M]．北京：中国法制出版社，2011：299.

② 毕宪顺．论高等学校内部领导管理体制的构建：一个政治学研究的视角[J]．教育研究，2005(11)：32-38.

责，向党委和全校教职工代表大会作工作报告。需要指出的是，大学校长行使大学事务的主导权，不等于个人专制，而是校长会议及大学治理主体共同意志的体现者和执行者。以上关于大学校长权力与职责的内容，都应重点出现在大学章程文本的规定之中。校长获得大学管理主导权，有利于大学的独立自主，加之配以科学的校长遴选制度，这是大学作为一个实体走向学术本位的关键。

三、大学章程对行政管理者和其他群体的权责的界定

行政权力过大是我国大学内部治理结构的主要问题，其中，行政权力干预和压制学术权力，学术权力在式微的同时具有学术管理行政化的趋势，这成为我国高校行政化的表现形式。① 行政权力的僭越和学术权力的式微，乃至二者之间的"共谋"②取向，其权责不清既是一种表现，也是矛盾的重要致因。所以，划清二者权责是协调二者关系的基础。此外，规范行政权力而提高民主权力，也是我国大学治理的要务。

（一）行政管理群体的权责

从我国大学制度改革的角度而言，大学行政管理应向管理服务转变，其服务职能首先是围绕大学教学与研究群体及其学术活动的，"大学行政权力从属于保障学术独立与自由，从属于保证学术繁荣，这是大学行政权力合理存在的唯一基础"③，因而其职责主要体现在为教学与研究提供资源和条件保障、执行大学的教学与研究政策和规划；在关涉广大教职工生活、日常工作、福利等方面的事务，行政管理组织应担负服务、统筹和协调的责任；在大学的财务、审计等方面，行政管理组织应在不断提高专业化水平的基础上具体负责；大学对外事务方面，包括提供社会服务、吸引社会资源、促成科研成果转化等，行政管理组织应代表大学开展对外交流。当然，无论是学术管理事务，还是大学整体事务，行政管理组织都具有参与讨论的权力，尤其是关于行政管理系统内部事务，行政管理组织有权依据最高行政长官校长的决策自主处理；对于行政管理者按照学校政策、规划、制度及校长等校权力机构的授权而做出的合理安排，包括学术人员在内的其他群体都有遵守的责任。反映在大学章程中，应重点规定行政管理的服务定位，及其服务于教学和研究的职能。

---

① 杨德广.关于高校"去行政化"的思考[J].教育发展研究，2010(9)：19-24.

② 冒荣.学术行政化与学术资本化的联姻[J].江苏高教，2011(4)：1-5.

③ 张楚廷.高等教育学导论[M].北京：人民教育出版社，2010：170.

(二)教学与研究群体的权责

“我国大学面临的最突出问题是行政化色彩太重,学术价值不具有本体地位,只是一种依附性价值;现代大学制度架构首先要确立学术价值与行政价值的关系”,而要确立学术价值的本体地位,“学术权利立法是第一步,也是最根本的一步”①。

协调学术权力与行政权力间的矛盾,关键在于科学界定学术群体的权力与责任。一方面,学术群体在大学事务管理中具有当然参与权、投票权和决策权。大学事务从根本上说是围绕教学与研究展开的,学术权力在大学整体事务中必须具备主体地位,掌握主动性,例如在学校战略与规划、校长遴选、资源与经费调配方面,学术权力必须参与决策,当然学术群体是以制度化的组织和形式去行使以上权力的。另一方面,在学术事务系统,学术群体具有当然的主导权和决策权。在科研方面,具体包括学者个人自主选择研究主题、自主安排项目经费的权力;在学术研究过程中,研究者具有自主选择研究方式和表达研究成果方式的权力;学术评价则由学术组织以同行评价方式进行;学术资源的配置、学术规划与政策的制定、学术人员职称评聘等,主要由学术组织主导施行。在教学方面,教学的组织形式、教学水平评估、专业和课程设置、教材选用等,教学人员应具有自主权。在教学与研究过程中,必须改变行政力量在制定学术政策、实施学术考核与评价、配置资源和相关事务中掌握主导权和决定权的现状,为教学研究人员创造一个公平和自由的学术环境。值得强调的是,当学术利益受到侵害,受害者应通过正常渠道维护自己的权益,因而应赋予学术群体以申诉权。在学术责任方面,教学与研究人员首先应树立“人—知识”二元融合的大学组织目标,在知识活动中促进受教育者全面发展,同时积极促成大学发展目标,并担负社会责任;遵守学校的相关政策,尊重教学与研究的内在规律,遵守师德和学术规范。在这一部分,总的指向就是确保“教授”学术自由,确保其治学的决定权和治校的充分参与权、话语权。

(三)学生群体的权责

大学生是大学教学主体,从学术的角度而言也是大学学术研究的主体。而在现实中大学生的权利和责任往往是边缘化的。大学生的权利主要表现为学习权,有学者将大学生学习权归纳为学习自由权、学习社会权和学习相关权。笔者认为,对于当代大学生而言,思想自由的学习自由权是重要内容,因为“只有理智

---

① 王洪才.现代大学制度:世纪的话题[J].复旦教育论坛,2011(9):24-27.

的自由才是唯一的、永远具有重要性的自由”，[①]而自由更是大学的生命所在，“大学这一综合体的中心思想是自由”[②]；对于学生而言，另一项重要而被忽略的权利是“现有教育设施的使用请求权”和“必要教育设施之创设请求权”[③]，事实上前者应作为大学生的一项基本权利，但现实中这项权利往往得不到实现，一个重要原因在于传统的大学管理与权利观更强调学生的“受教育权”，学生并未获得主体地位，其自我管理在能力上不被信任，而权利上没有保障，从这个意义上说，大学生的自我管理权将作为大学章程的一项重要规定；相对来说，自我管理权在更大程度上表现为学生为维护学习权而参与大学管理的权力，学生如何行使这种权力，其权限、程序、形式等应成为大学章程重要记载事项。当然，学生的自由权必须受到合理的约束，这本身就体现了学生的责任，包括学生应履行的一些义务，这也应是大学章程的重要记载事项。

（四）民主权力主体的权责

民主权力与政治、行政权力之间的矛盾主要表现为管理者与广大师生的等级化及其之间的分离，前者主宰一切，后者则缺乏话语权，处于被动的被支配地位。但随着大学治理改革的深入，提高民主权力在大学权力系统中的地位，增大其表达空间已是必然趋势。民主权力群体的权力主要是指广大教职工参与大学治理的权力，就大学规划、政策和制度的建立与实施提出意见和建议；尤其是就涉及教职工普遍性权益的问题参与讨论和投票，影响最终决策；就大学的资源性、过程性和产出性信息享有知情权，有权要求大学的机构和部门公布相关信息；对于包括校长在内的职能、管理或服务机构的履责情况，广大教职工有监督权，并有权通过合理方式进行问责。民主权力群体如教代会、工会、教授会等的民主监督与“参政议政”权力，是推动高校法人治理结构达到权力良性平衡的重要力量。[④] 至于职责，则主要是指民主力量以推动实现大学组织目标为己任，以合乎章法、合理科学的方式参与到大学共同治理之中。

当前我国大学治理结构中的一系列矛盾关系，更多的是表现为政治与行政权力同其他权力之间的矛盾，而对大学本质及其价值产生最大影响的是同学术权力之间的矛盾，即哲学意义上的主要矛盾。而最能标识学术权力的则当属教

---

① ［美］杜威．我们怎样思维：经验与教育［M］．姜文闵，译．北京：人民教育出版社，1991：281.

② ［美］克拉克．高等教育系统——学术组织的跨国研究［M］．王承绪，等，译．杭州：杭州大学出版社，1994：279.

③ 倪洪涛．大学生学习权的类型化［J］．现代大学教育，2010(3)：11-18.

④ 吕继臣．中国公立高等学校法人制度研究［M］．北京：北京师范大学出版社，2011：193.

学与研究人员的自主权和相关决策权，其在建构学术本位的大学制度过程中的实际意义更加显著，这也是我国大学改革治理结构的关键。因此，在大学章程中，确定大学教师权责及其运行保障机制更是大学章程内容的核心，这是大学实现学术本位的关键。

四、大学章程对大学和基层组织的权责的界定

大学是一个松散联合体，在其目标体系中，既有基层组织的各自目标，又有作为整体的大学发展目标，二者的差异性决定了其间的矛盾关系。反映在权力关系上，这种矛盾表现为大学的校级统一管理权与基层教学研究组织的自主自治权之间的矛盾。大学功能的发挥必然以基层教学与研究组织功能为基，但基层组织功能的发挥同样依赖于大学制度的保障。因而，促使二者权力由冲突走向和谐，划定二者的各自权责，也就成了大学章程建设的重要内容。

（一）大学的校级统一权及其职责

大学的校级权力主体应具有确立大学总体发展目标，制定大学改革发展的政策和规划的权力；决定和核准基层教学与研究组织的设置、撤销、调整，组织和协调不同基层组织之间的合作，如建立跨学科研究中心的建立、大学生跨院系选课、调停不同组织之间发生的纠纷等；监督基层在财务、人事等方面自主权运行的科学性，评估其资源利用效率；在大学整体组织目标指导下，制定各基层组织共同遵守的行为准则和统一性标准，等等。当然，大学统一性的权力的实施必须遵循民主集中的原则，应该参照基层意见和建议作出决策。在责任方面，大学应确保为基层组织持续提供充足经费和制定有力的政策，引导基层学术组织积极面向市场和社会所需。

（二）基层组织的自治权及其职责

基层教学研究组织承担着大学教育教学与科研的主体功能，其本身的价值是以知识活动为表现形式的，而知识生产活动的内在规律要求大学基层教学与研究组织必须具有科学限度的自主权和自由权。主要包括：学校所拨经费的支配权；人才引进计划制订权和实施权、职称评聘主导权和决议权；组织与实施教学的权力，如课程设置自主权、教学方式与方法的选择权、教学评估权等；科研绩效考核与科研成果评价的主导和决定权，这是作为知识生产组织获得秩序保障的关键；招考环节尤其是研究生招考中的考核与评价权、招录自主权等。在责任方面，基层组织应尊重大学整体发展目标，自觉促进自身目标与大学目标的共同实现；科学利用大学提供的资源，提高人才培养、科学研究和社会服务的效益；遵

守大学统一的规范和标准等。同时，基层学术组织既要追求自主与自治，但又要防止陷入封闭，而必须积极参与大学的社会服务之中，满足社会经济发展需要，在此过程中促进自身学术进步，即实现内在与外在价值的统一。

在大学校级权力与基层权力的矛盾协调过程中，需要处理好一个关系，就是既不能过分强调大学统一管理权，也不可一味强调基层权力；过分强调前者显然跟大学的组织特征是不相适合的，易于压制基层的学术创造力，而过多强调后者则不利于不同学科间的合作。德国大学一度非常强调教授权力，但目前的趋势则是逐渐赋予大学校级和院级更多权力。① 而王洪才教授提出的"中位原则"在很大程度上也缘于此考虑。②

五、大学章程对大学和社会相关主体的权责的界定

(一)大学的自主权及其自我规范

所谓大学自主权的内在矛盾，主要是指大学自主开发和使用专业资源的行为与其应所遵守的价值、规范之间的对立关系，反映了一种自由与自律之间的关系。大学在享有人事、财务、学术等方面的自主权，并作为其专业行为之保障的同时，必须要受到一定的引导和约束，既包括外在的国家法规、政策的规制，也包括大学内部规章体系尤其是章程的自我约束，而从更深层次的角度讲还包括大学应有的价值、操守、精神的规范。当然，我们将这种文化性的规范表征于大学章程的规制，例如，大学在提供教育和培训服务、开发课程资源、同企业进行合作、参与政府政策制定、评议政府方针政策和社会问题等社会服务，应采取何种适当方式，坚持何种原则，以不至于同大学追求真理、培育人才和引领社会文化的使命、责任相悖，不至于为了盲目追求收益而损害大学的价值基础与学术本位的根本逻辑？因此，大学如何贯彻其使命和宗旨，如何发挥其功能和履行职责，都是大学章程所应包含的内容，这主要表现在大学章程对大学的宗旨与使命、职能的定位与实施方式等方面的规定。大学自主权和专业能力的合理使用与开发，是大学保障其学术本位的自身要求。

(二)大学社会相关主体的权责

当前，社会力量与大学之间的交流越来越多，一方面，大学与社会团体或个人之间的合作正空前加强；另一方面，社会参与大学治理的空间越来越大。这样，

---

① 李强.德国大学治理的特点及启示[J].当代教育科学，2010(1)：40-42.

② 王洪才.论大学内部治理模式与中位原则[J].江苏高教，2008(1)：5-8.

大学在与社会进行合作过程中既有立足于自身的组织要求和办学自主权提供服务的权力，反对合作方不合理地干预大学内部事务；同时，大学也有按照合作协议为合作方提供优质服务的责任。对于社会合作方来说，也应该在合法合理范围内对大学提出意见和建议，实施监督权，或在协议框架内就合作事项参与共同决策。这里的“一定范围”主要是指社会合作方基于投资合作所获得的权力不应影响到高校的基本定位问题。反映在大学章程中，大学与社会如何展开合作，合作中双方各自遵循何种原则，如何行使各自权力和承担各自义务，都是章程应规定的内容。

社会参与大学治理的权力不仅仅表现在社会合作方在与大学的协议框架内的管理、监督和决策权力，还表现为纳税人依法享有的参与管理大学的权力。在大学与纳税人之间，大学首先有责任提高办学水平，提高资源利用效率，满足纳税人的要求；而纳税人有权力要求大学提供相关信息，如教育经费使用、政府和社会组织对大学的评估结果、毕业生就业状况等信息等，在此基础上对大学提出意见和建议，实施监督和管理权，而这一方面体现了大学的信息公开的责任，信息公开已经成为大学制度改革的重要内容；①另一方面则反映了纳税人的问责权和大学接受问责的责任，社会问责大学是实现大学共同治理的有效机制。②同样，纳税人依法享有参与大学管理的权力，同时也必须在合理的“一定范围”内行使管理权。这样，在大学章程中，大学接受外部问责的责任、信息公开的责任，以及纳税人及其他外部相关主体的问责权，问责的范围、途径等都应有所反映。

本节结语

我国大学治理结构调整的目标是形成学术本位的治理结构。大学章程的治理作用首先就是要通过明晰各权力主体的权责，建构一个各权力主体各安其责、学术权得以彰显的权力格局。在这个权力格局下，大学获得办学自主权，校长获得学校管理主导权，行政权力向服务型转变，学术权力获得了参与、决策学术管理和大学治理的实质性权力，大学自主权和专业权得到有效规范。这样一个大学治理结构就有效解决了大学“行政化”之弊，大学的学术属性得到保障。这是大学章程保障大学学术本位的主要表现和作用机制。

---

① 王洪才．现代大学制度的内涵及其规定性[J]．教育发展研究，2005(11)：41-44.

② 张继明．问责制视角下的大学管理制度变革[J]．国家教育行政学院学报，2008(10)：34-38.

第三节　大学章程关于权力运行的程序规定

大学章程在界定了大学相关主体的权力与责任后，需要进一步对其权责的运行方式进行规范，就是要保障权力运行实现程序化。在国外大学章程文本中，大学主要组织机构行使职权的形式和步骤普遍作为章程主要内容。为大学各相关主体实施权力和履行职责提供可供参照的程序，以避免权责运行发生偏误，这是大学章程发挥治理功能的重要机制。《规划纲要》便明确提出了“健全议事规则与决策程序”的要求。对于我国大学章程建设而言，权责运行的程序规定的意义尤显，将推动大学制度实施中改变经验管理、人治化管理的传统模式，体现程序公正和制度正义。L处长在接受笔者访谈时就认为，行政化的重要表现就是大学的领导批示、行政部门的“红头文件”作用胜过法律法规及大学运行规律，而大学章程的重要作用之一就是通过程序化功能来克服行政意志优先的人治模式。

一、大学章程关于权力运行的程序设计

大学正处在复杂的权力和利益关系之中，大学及其相关主体的权责运行必须具有清晰合理的规范。但大学章程不可能对所有的主体权责运行都作出规定，且章程亦不可能取代国家的政策或法律，在宏观领域内尤其是政府的大学治权及其实施应更多通过政策或法律进行规定。本节选取有限的几个方面加以阐释，以体现大学章程的程序化规定对权力运行的规范作用。某985大学原党委书记L教授在接受笔者访谈时也特别强调党委权力、校长选拔和学术委员会建设在当前大学制度改革中的关键性，并指出这是大学章程建设不可绕开的核心问题。

(一)关于大学党委的权力运行

大学党委是大学权力结构中政治权力的代表，我国大学制度改革，从政府管理大学方式的改变到大学内部机制架构，“党委领导”制度的改革是一个关键点。根据上一节的分析，当前我国大学党委要在提高领导科学性的基础上进一步加强党的领导，必须重新定位其角色与职能，即大学的思想与组织领导机构，大学发展的咨议机构和参与大学重大事务决策、就特殊重大事务行使否决权的机构，而这一重新定位的前提是党委产生方式和运行方式的改革。在产生方式上，本

研究认为党委最好由政府任命产生，成为政府的大学派驻机构，这将在后文中加以详述。关于政府选派大学党委或者说党委的产生模式应通过专门制定《大学法》或修订《高等教育法》，以教育法规的形式予以确定。而作为大学的领导、咨议、监事机构，其监督咨议职能及特定范围内的决策权如何行使，这则需要在大学章程中作为程序性内容加以明确。例如，党委会内部的运作与决策方式、党委召开党委会的周期；党委向政府作工作报告的间隔周期；党委召集相关会议或党委委员参与校长会议及其他机构召开的会议所采取的方式、所享有的具体权限；党委参与听证、问责大学校长及其他组织机构的程序，等等。

本研究认为，党委作为政府在大学的代表，在权责实施上是独立于大学其他机构的，按相关政策及内部规章制度实施咨议、监督及决策职能；大学在处理重要事宜如制定改革发展规划、重大人事调整、大项经费使用、对教职工及学生做出严厉处罚决议等过程中，相关权力机构有责任通知党委实施检查、监督或参与决策；关于财务审查、纪律监察等方面，党委职能部委除了根据学校实地情况进行随机性涉入外，应按专业规则行使职权；而党委行使职权应以不影响学校正常生产秩序为原则。大学章程明确规定党委实施权责的方式和程序，有利于权力运行规范和职能行使清晰。

（二）关于大学校长选拔制度的改革

校长选拔制度改革是我国大学制度改革的一个重要节点，本研究提出了由政府直接任命校长转向校内推举与政府任命相结合的新制度。在新的制度框架下，推选程序的科学性对于大学内部推选产生校长具有重要意义。在此过程中，大学党委将承担组织者和监督者的角色，先由其发起选举校长事宜，并与校委会、学术委员会等共同组织具体选拔事务。首先是协商确定大学校长候选人的资格标准，其中学术素质将作为一个主要维度，因为“无论怎样，校长的一切活动都仍然是应当指向学术发展的，即使是‘在办公室里看的是账簿’……他的一切活动的有效性都聚焦于学术发展”，而要选出教育家型校长，还需要在教育理论上有所建树。① 确定了校长候选人资格标准后，接下来是协商产生校长遴选委员会，该委员会是一个大学利益相关者的共同体，包括党委、行政管理与服务系统、教学与研究系统及其他系统的代表，但其中教学与研究群体代表应占据大多数席位，因为大学校长首先代表的是学术利益；学术代表的产生将由基层学术组织的教授会按一定方式选举产生；遴选产生校长候选人后，应继续经过全校的教

① 张楚廷. 高等教育学导论[M]. 北京：人民教育出版社，2010：431.

学与研究人员的公选决定是否上报政府主管部门。无论是遴选还是最后的公选，都应采取票选制。同时，整个过程中，党委具有投票权，并实施监督权，确保选举过程公正透明。经过遴选和公选后的校长候选人上报政府，政府经过审核后任命校长；政府有权对大学推选的候选人进行否决，当否决时，大学应按选举程序进行新一轮选举。

在我国大学章程中，关于校长选拔程序的规定将不可缺少，包括校长任职标准、校长遴选委员会的产生及各群体代表所占比例、遴选之后公选的具体组织形式、投票形成决议时多少票可通过，以及党委如何同其他组织机构进行合作并发挥监督职能等，都应是重点记载的程序性内容。L书记在接受笔者访谈时指出，大学章程应该在推动我国大学校长选拔制度、规范校长遴选程序方面发挥作用，尤其是关于校长遴选的程序，我们应该学习很多西方国家大学章程，对遴选程序做出细致、公正的规定。

（三）关于大学学术组织建设

教授治校是学术本位的重要内涵和制度表征；教授通过什么途径实现治校，是大学章程程序性规定的重要内容。本研究认为，我国大学加强教授治校应首先加强校级学术委员会建设，主要是提高其权力位阶，赋予其更多的实质性权力，成为一个独立的权力主体，而不仅仅是一个咨询、评议机构，甚至是连学术管理都不能主导的附庸机构；其权力也不仅仅局限于“治学”，而应该是一个“治校”组织；在治校过程中，不应仅仅是“参与治校”，而应该“主导大学发展”。这样，学术委员会成为最高学术和行政组织，是一种以学术权力为主导、学术权力与行政权力相耦合的大学内部管理体制。① 相应地，院系两级都应该加强学术委员会建设，使之在院系的学术管理和院、系务管理中发挥主导作用。例如，2000年东北师范大学在院系一级设立教授委员会，实行在教授委员会决策下的院长负责制，教授会的主导地位和决策权得到了制度保障，院系权力结构得到了重大调整。② 在学术委员会建设过程中，应遵循一定的原则，比如学术委员成员必须以不担任行政职务的教授为主体；书记、校长等行政领导不应担任各级学术委员会负责人，而由资深教授担任；2010年华中师范大学新一届学术委员会中，除主管学术的副校长外，书记、校长等校领导全部退出。刘道玉先生认为这是对教授权

---

① 毕宪顺．教授委员会：学术权力主导的高校内部管理体制[J]．教育研究，2011(9)：45-50．

② 郭卉．权利诉求与大学治理——中国大学教师利益表达的制度运作[M]．青岛：中国海洋大学出版社，2009：156．

力的尊重，有利于大学回归学术本位。① 笔者认为，L书记在访谈中提到的大学党政领导在加强制度规范的条件下担任学术管理机构负责人的主张，需要一个较长的制度和文化建构过程才可能实施，在当前并不具备必需的环境，继续维持传统做法只能付出进一步的代价。需指出的是，教授治校不是完全自治，既需要接受党委的思想和组织领导、监督，也要与校长行政系统相互合作、制约等。

由于各级学术委员会作为决策机构，人员构成是有一定数量限制的；而为了保障最广大教师的治学与治校权，应在院系级成立教授会，吸纳基层教师，为其提供一个意志和权益表达的平台。与学术委员会相比，院系教授会应该是一个相对松散型的组织，根据随时需要而开展活动，如选举学术委员会负责人和成员，对学术委员会的提议进行商讨，或对其决议展开讨论，就涉及教师权益的事项向学术委员会提出议事请求等。除了专门的学术组织建设，教授治校的另一重要途径是学术委员会的成员作为党委会的列席代表和校长会议及其他行政管理系统会议的正式代表，以行使建议权或决策权，这体现了大学各种权力系统在分工基础上的合作与制约。

在此制度架设下，学术委员会的活动和议事规则是怎样的，决策是如何形成和贯彻实施的，学术委员会如何产生，人员构成是怎样的等整个运作过程；其他包括教授委员会如何组织和行使相关职能，学术委员会如何同其他组织机构进行合作等，其中涉及的具体步骤、程序和原则，都应作为重要内容出现在大学章程中。

（四）关于教学与研究主体合法权益的保障

教师参与大学治理体现了教授治校，也是教师权益实现的路径，但当教师权利得不到正常实现，就需要设置专门的权益维护和保障机制。同样，学生的学习权和参与大学治理的权力要得到充分保护，也需要机制保障。从国外大学章程的文本来看，师生权益保障普遍作为重要内容，伯明翰大学章程中关于教师处罚的条款，加州大学董事会章程中关于教师职业安全、学术假期等的规定，都反映了大学真正以教师为本，体现学术本位的原则。

在我国现代大学制度构建过程中，师生权益保障机制应作为重点项目来建设，例如教师聘任制，从发布用人计划，经候选人考核评价，到最后的择优录用，以及教师职称评聘中的同行评价与最终评定等，整个过程中如何贯彻学术权力

---

① 回归学术本位是大学“去行政化”的基点[EB/OL]. http://www.jyb.cn/opinion/gdjy/201011/t20101115_399641.html. 2011-11-15.

主导以及程序公开、透明、科学的原则，都需要制度化的规范，而这必须在大学章程中明确规定。拓宽教授治校和广大师生作为民主权力参与大学治理的空间，是建立教师或学生表达利益诉求的主要通道。除此之外，建立完善的救济和申诉制度是维护师生合法权益的重要保障。当师生合法权益受到损害，从受损害者向相关权力机构申请处理，到申请获得立案，正式进入各级权力机构的事务处理程序，以及申请事务处理的具体步骤及其遵循的精神和原则，都应在章程中明确规定。接下来，面对权力机构的调停或处理结果，申诉师生有权继续进一步上诉；当校方对师生做出处罚性判决甚至做出诸如解聘教师、开除学生学籍等决议时，师生有权力继续使用申诉权和辩护权；在此过程中，教师申诉和辩护应采取何种方式？不同机构之间如何协调？例如校长做出某个处罚性决定，学术委员会作为学术权力的代表如何参与形成决议，教授会如何代表教师利益表达意志，甚至党委如何进行听证、监督或做出否决建议？当多个权力主体未能达成共识，如何协调不同意见并最终达成一致？对由于校方的不当判决对师生造成权益损失，损失如何挽回，对受害者应如何进行补偿？……这都是在大学进行救济与申诉过程中必然要涉及的内容。

随着市场观念影响和大学制度的变革，教师与学生的主体意识、权利意识正日趋增强，他们已经不是计划体制、威权体制下的被支配者，大学必须尊重他们的合法权益。而这些程序性的规定都应该在大学章程中做出清晰的规定。值得强调的是，在这个过程中，必须强调学术本位和以人为本的精神与原则，即大学依赖教师和学生，所以爱护教师和学生。伯明翰大学章程中关于教师处罚的条款表露出的信息就是，大学即使在调查和处罚教师过程中也始终为其留有很大的机会空间，章程中对于这一过程做了非常详尽的设计，这种真正尊重教师、以教师利益为上的理念非常值得我们借鉴。

二、大学章程设计权力运行方案的规则

大学章程的程序性规定实际上是关于权力运行的一种方案设计，为大学权力运行提供一个合理而清晰的路线图，而这个方案设计必然以大学组织的内在要求为依据，同时从调整和优化我国大学治理结构的实际需要出发。也就是说，大学章程的程序性规定必须确保大学的权力在一定的规则下运行。

（一）权力运作实现相互约束与制衡，突出学术权力的运行空间

我国大学管理具有典型的人治化特征，而人治的主要方式是权力的个人专

用，实质上也就是权力的专制。[①] 除了书记和校长往往站在大学内部权力体系的最高端、统管大学一切事务外，在各部门内，一般也是“一言堂”的局面，这与大学管理的民主化、科学化要求及相关利益者共同参与大学治理的改革趋势是相悖的，与大学的组织属性及其对学术自由和教授治校的要求也是冲突的。打破权力专制的局面，实现权力的制约和制衡，就成为我国现代大学制度建设中重构治理结构的重要目标，而如何实现多元权力的相互制约以达成制衡局面，则是大学章程中程序性规定的关键内容，这在国外大学章程中也普遍有所体现。例如，在美国加州大学董事会章程中，规定大学最高行政首脑校长要受到董事会制约；规定对于大学校长所作的人事任命，大学财务委员会有权作出考量和评价；规定对校长关于资产处置权采取限额制，以及规定大学校长不得担任审计委员会、校长遴选委员会成员等，都体现了权力的约束。伯明翰大学章程中强调大学审计员相对于大学的独立性，并规定大学议事会和理事会的成员或者其配偶不得被任命为审计员；在柏林洪堡大学章程中，规定最高权力机构董事会在配置国家授权时必须以尊重全校大会的决议性方案为前提，学术委员会对董事会在规费、学科、预算等方面的治权具有监督权，等等。这些都反映了大学权力间的相互制约。需要强调的是，大学权力间的制衡不是搞均等化，学术本位的大学逻辑决定了在大学权力格局中，学术权力必然是具有最大的运行空间，是各种权力运行的标准。这种突出学术权力地位的“不平衡”局面，才是大学权力制衡的真义。

（二）权力运作实行集体民主决策，突出学术主体的参与空间

要实现权力间的制约与制衡，显然集体管理、集体决议是一个有效手段，因为集体管理和决议就是打破一个人说了算的局面，实际上是不同权力间的相互制约，通过制约达到多元权力间的相对制衡。我国大学制度改革的一个重要方向就是走向集体管理，推进民主化管理和共同治理。对于大学章程来讲，其程序性规定实际上也是对大学权力运行方案的设计，应该以促成我国大学管理的集体化，即行政权力、学术权力、民主权力都具有话语权，最后的配置方案是多方协商而定的；同样，在某一权力系统中，其内部决议的形成也是通过其成员共同参与、民主协商来完成的。例如，大学党委内部决议是各委员集体商讨决定，是党委的决议而非党委书记一人的意志反映；在校长办公会上，校长作为大学学术与行政事务管理的最高负责人，但最终的决议是校长、副校长及列席会议的其他代

---

① 龙宗智.依法治校与高校领导体制的改革完善[J].北京大学学报：哲学社会科学版，2005(1)：140-147.

表共同意志的体现；同样，学术委员会的决议形成也是一个反映多方意志的过程。从根本上说，大学决议的形成是大学利益相关者民主商议的结果。当然，民主商议事实上是一个博弈的过程，在这个过程中，权力不可能均衡分配，意志或利益表达的空间并非完全等同，书记、校长等机构负责人必然是占有相对更大的话语权，从民主集中制的原则来讲，权力的绝对平均或绝对的民主也是不科学的。因此，在大学章程的程序规定中，既要促成这种集体决议制度的建立，又要在技术上做出合理的权力配置方案。例如，伯明翰大学章程中，当相关委员会对某教师做出处罚性决议，这是一个集体决议过程，但副校长仍有否决这个决议的权力，当然副校长否决权属于特别权力，其实施既需要遵守程序，又必须有合适的理由。

同样需要强调的是，大学的集体民主决策制度必须为学术力量的诉求表达提供最大空间。就我国大学制度改革而言，民主化管理和大学治理的主要精神也就是要让基层组织和广大师生参与到大学决策之中。从根本上说，这是由大学学术本位的要求决定的。

（三）在整个大学权力格局上，强调学术权力的本体地位

我们在强调权力的相互制约与制衡时，必须始终坚持学术权力在大学权力格局中的本体位置，亦即我们所要建构的大学治理结构必须是学术本位的。也就是像前文所述及的，大学的各种权力必须以促进学术权力的有效运行、教授权利的充分实现为最终标准。大学权力间的制衡就是这样一种突出学术权力的“非制衡”，而这种非制衡也才是真正符合大学组织要求的真制衡。要在大学治理结构建构中促成这种“非制衡”的真制衡，实现学术本位的目标，就需要在大学章程中作出有效规定，既体现多方权力主体参与共同治理，权力之间相互制约，又要保障学术权力的本体地位。而《柏林洪堡大学章程》中的相关规定为我们提供了有益的启示。例如，在柏林洪堡大学，院务委员会是学院最高决策机构，根据章程规定，在院务委员会的 13 名成员中，必须包含 7 名教授；在下设专业较多的学院，院务委员会成员扩大到 19 名成员时，教授代表随之增加至 10 个。通过这样一个巧妙的规定，就保证了教授代表人数总是比总人数的一半多一个，在票决制度下，这就为学术权力的本位化提供了可靠保障。而这给我们的基本启示就是在大学权力机构的席位中，如何确保学术群体的代表占有优势比例，至少占有相当的比例，以确保学术权力在决策过程中不至于失去话语权。而前面所提到的集体化的管理与决策制度为此提供了可能。学术本位是我国大学章程建设的根本价值导向，章程的程序建设是建构和保障我国大学学术本位的重要手段，

也反映了大学章程发挥治理价值的机理。

当然，权力的制约、管理与决策的集体化原则以及学术权力本体位置的保障，在复杂的大学制度改革中仅仅作为几个突出的方面而提出来，大学章程对各主体权责运行的程序性规定虽应详尽全面，但在本研究中也不可能面面俱到。例如在权力制约环节，不仅仅是对校长、书记以及处长、主任等权力个体的约束，基层学术组织对大学统一权的制约、民主权力对行政权力的制约等，都应是大学章程程序性规定的内容；关于学术权力本体地位的保障，无论是校级学术委员会与校长会议的联席会议，还是院系层面的院务、系务会议，都需要在不同主体的意志表达中确保学术群体意志的优先地位，这也需要大学章程做出程序性的设计。在此，只是提出以上三点来集中说明大学章程程序规定的重要性。

三、权力运行过程中的票决制度

票决制度是尤为值得我们关注和借鉴的一个具体的权力运行和实施机制。大学的利益相关主体共同参与大学治理，大学管理由个人专制转向集体民主管理，这都需要具体可行的参与和实施方式，而票决制度就是一个选择。从前面对境外大学章程文本的分析来看，投票表决是大学民主管理和各权力机构形成决议的重要机制。例如在台湾地区，大学校长的选拔或连任在经过专门委员会认定后，需要向全校的教授和副教授（如台湾“清华大学”）或全体专任教师（如台湾大学）投票决定是否将校长人选上报教育主管部门，而这一票决制度的运作和原则在各自大学章程中都做了明确规定，通过票决环节，教学与研究群体的意志得以表达，学术权力得到很好的保证，教授治校原则真正成为现实；在《柏林洪堡大学章程》中规定，董事会主席、校长、院长等行政负责人有权列席学术评议会会议，并享有发言权和动议权，但不具备表决权，从而确保大学学术事务管理的主导权、支配权掌握在具有表决权的学术群体手中，学术权力的实施得到了可靠的保障，因而票决制度还体现了表决制度的权力制约功能。

票决制度对于我国大学制度建设的意义是不言而喻的，在一个习惯于长官个人意志至上、缺乏充分民主的权力运行环境里，建立完善合理的票决制度并促使其发挥实质性作用，将有效地推进大学的民主管理和共同治理，为教授治校或学术权利的实现提供一个有效的实现机制。因此，对于我国章程的程序建设来说，如何对票选制度进行合理设计，就是一个非常值得思考的问题。

本节结语

我国大学相关主体的权力运行要实现有规范化，就必须为之设计出清晰、可操作的程序和步骤。因为传统上我国大学相关主体的权力关系陷入冲突和失序，从技术层面上讲是因为权力运行缺乏预设的轨道，太多地从意志甚至即时的想法出发。只有实现权力运行的规范化，大学治理结构才可能是有序的，行政权力会受到程序与规则的约束，学术权力则受到保护。大学权力运行的有序、合理，就要求大学章程在对大学权力运行进行程序化设计时，为其设定一定的规则，如权力制衡、民主决策及学术本位等。王洪才教授指出，大学章程建设就是要确立大学内部的制度架构，规定行政机构和学术机构的组织原则和程序性的步骤，确定处理二者之间关系的准则，使双方权力处于一种平衡且相互制约的状态，避免行政权力对学术权力的侵犯或学术权力对行政权力的替代。① 权力运行科学、有序，这是大学章程关于大学主体权力运行程序化设计的目的所在。

第四节　我国大学章程的制定和实施

大学章程的大学治理价值体现于其制定、实施的整个过程。例如章程制定过程本身就是一个各主体参与大学管理的过程。在制定环节，确定制定主体非常关键，因为这关涉章程的科学性、合法性问题。根据现代大学制度的基本精神，在多方利益主体共同参与基础上突出学术力量的参与，是一个必然选择。大学章程的治理价值最终在其实施过程中体现出来，在我国特殊的环境里，如何确保大学章程实施有力，是一个亟待回答的难题和重要课题。

一、我国大学章程的具体制定过程

(一)制定主体：在多元化基础上确保学术主体的参与空间

当代大学是一个利益相关者的联盟，现代大学制度建设在本质上也就是要协调各利益相关者的相互关系。大学章程作为一个协调权力和利益关系、由各

---

① 王洪才，赵琳琳. 现代大学制度：缘起、界定与突破[J]. 江苏高教，2012(3)：31-33.

方主体博弈产生的规范文本，也必须反映不同主体的意志，因而章程应该是大学各利益相关者共同参与制定而成。在此涉及的是大学章程的制定权和制定主体问题，这也是大学章程建设过程中的一个核心问题。在国外，大学章程制定都很好地体现了利益相关者共同参与的精神与原则，因为无论是德国、法国还是英国、美国的大学，主持章程制定工作的机构（一般为最高权力机构）本身就是一个包含多方利益相关者的机构，来自政府、社会、大学及大学内部各群体的代表在形成决议包括制定、审议章程中都具有投票权。

在我国，大学章程的制定具有两种不同情况：一是关于新建高校的章程制定。根据我国《高等教育法》规定，“申请设立高等学校者，必须向审批机关提交章程”。这意味着新建高校在正式成立前就已经有了章程，这种章程的利益相关主体相对来说构成较为简单。根据《教育法》规定，设立学校必须具备合格的教师。这样，从理论上讲，作为已经存在的相关主体——教师、举办者和办学者——就构成了章程制定主体；但在实践中一般是由举办者授权办学者制定，实际制定章程的应该是大学“筹办委员会”。而这种章程必然存在很大的修改空间，因为一所大学的办学理念、特色及稳定的治理结构等都是在一定的办学历史中形成的，学术主体应在章程的修改、完善中发挥重要作用。二是“无章办学”的大学补制章程。1999年《教育部关于实施〈中华人民共和国高等教育法〉若干意见》规定：“在《高等教育法》施行前设立的高等学校，未制定章程的，其章程补报备案工作由其教育主管部门制定规定逐步进行”。目前我国的大学章程建设主要是就补办章程而言。那么，对于第二种情况而言，在章程制定过程中就应该将制定权交给大学的内外部利益相关主体，尽可能地兼顾更广泛的主体意志。在笔者访谈中，W书记也指出，教师和学生需求必须在章程中充分体现，应为其开辟有效的章程建设参与途径；西北某部属高校发展规划处L处长则尤其强调大学举办者的主体地位，高校在制定章程中应避免片面追求自身利益最大化倾向，而应充分反映举办者的意图，兼顾举办者的利益要求。[①]

因此，主体多元是章程制定基本原则，但基于学术本位的要求，学术主体也就是教学与研究主体必然在共同治理中居于核心位置，学术发展的需要是制定章程的根本依据。在国外，大学章程的制定也实施多主体共同参与，但通过程序

① 2013年5月26日，笔者电话采访了西北某部属高校发展规划处的L处长，他是该校制定工作小组成员，是章程制定的亲历者和实践者；同时，他在挂职新疆某高校校长助理期间也参与了该校的章程制定。通过采访，了解他对章程建设的认识，了解其所在高校制定章程的基本状况。

和技术设计，在多元主体共同参与基础上，学术主体的意志表达空间都得到保障，有的大学章程还赋予了学术主体以绝对主导性的地位。而强调教学与研究群体参与章程制定对于我国大学治理结构改革而言显然是一个重要原则，因为在传统模式下政策制定和制度实施的过程往往是学术失位的。

（二）制定过程：在坚持民主化基础上重在反映学术诉求

具体来讲，章程制定的第一步骤是提案，即制定章程的提出。一般来讲，提出制定章程的为大学权力机构或正式组织。对于我国大学而言，党委、校长、学术委员会等都有章程制定的提案权；当院系教授会经过联合达到一定数量，也可以向校权力机构提出制定章程。提案获批后，进入起草阶段。

1.形成章程草案

负责起草章程的只能是一个由少数人组成的“起草委员会”，该委员会成员由校长会议和学术委员会协商任命，主要由法学、教育学、管理学等相关领域的专家和具有大学管理经验的副校长构成，因为大学章程在很大程度上是一个具有法律性质的文件，同时我们也必须赋予其一定的法治效力，这就要求遵守一定的法律规范；同时，章程在本质上是要建构和维护大学秩序，是一个大学管理的问题，而且，大学章程要发挥治理价值，其本身必须是关照现实的。从这几点来讲，相关学科的专家和具有实际大学管理经验的校级行政人员参与起草就是必需的。在起草委员会之外，应另设成员代表性更加广泛的顾问和咨询会议，成员包括教师、各级行政服务人员、学生及其他群体的代表，一方面为起草委员会提供各方面的经验和信息，另一方面也有利于起草章程充分兼顾不同群体的诉求，尤其是教学与研究群体的诉求。章程草案的专业性、科学性、全面性在很大程度上决定着其在后续阶段的有效性和整个章程建设的效率，而充分反映学术诉求是确保章程草案科学性的前提。

2.章程草案的公告

草案形成后，应该面向全校乃至社会公布草案。章程关涉各方主体的利益，因而公开章程草案应该是大学实施信息公开、回应利益相关者知情权的职责所在。同时，章程草案的公布更重要的意义在于发起一个广泛的民主商议过程，即最大限度地为大学利益相关者提供一个“参政议政”的机会。在传统模式下，我国大学制定和出台政策、制度都是在信息严重不对称情况下进行的，因而往往只反映少数人的意志，广大基层只能作为被动的管理相对人，而如此产生的政策和制度常常难以保证其科学性。信息公开和管理民主都是我国建构现代大学制度的重要内容。这样一个民主商议过程实际上是一个各方主体充分表达诉求、相互博弈的过程，而章程草案的修改则是对各方利益关系所做的调整，是博弈的结果。大学章程就是在反复的调整和修改中形成终稿的。章程草案的公布是大学章程制定的一个重要环节，也是大学利益相关者共同作为章程制定主体的表现。对于我国大学章程建设而言，章程草案的公布和民主协商过程，主要意义在于让广大教学研究主体获得表达权益要求的机会，这是传统的大学管理模式严重不足之处。

3. 章程的审议和通过

审议即对各方讨论和修改意见的审视和再议，通过则是指章程的初步定稿。在我国大学章程的实践中，行使章程审议和通过决定权的主体是不同的，但大多数大学的章程制定主体和行使审议权和表决通过权的主体为教代会和党委会，例如，中国政法大学章程制定过程中由教职工代表大会单独行使审议和表决通过权；北京师范大学章程是"教代会审议、党委会通过"。本研究认为，在我国大学章程建设中，应建立由校长会议代表、学术委员会代表、教授会代表、职员代表、学生代表等大学所有不同群体的代表共同组成的临时性机构，由其行使审议权，因为章程的审议主要是在定稿前进行民主讨论，因此应为更广泛的群体提供话语空间；在此审议机构的席位安排上，应该确定不同群体代表的比例，基本原则就是扩大以教授为代表的学术群体的席位优势。从公告到审议，所形成的意见和建议应通过一定形式进行收集，进一步的整理和章程修改仍由起草委员会负责。审议后的表决通过权则应由校长会议和学术委员会各自代表组成的联席会议来行使。从章程的审议和表决通过的过程来看，仍体现了一个利益相关者共同治理大学、突出学术主体地位的基本精神。需指出的是，在此过程中党委应在保障程序公正、章程制定方向正确方面发挥监督作用，而非参与具体的"立法"，更不是这个过程中的权威，因为党的领导使命是"思想、组织和作风"领导。①

4. 章程的核准

我国《高等教育法》规定，章程是申请设立大学所必须向审批机关提交的材料；《教育部关于加强教育法制建设的意见》还规定，章程制定完毕必须报请主管教育行政部门审核。在我国大学章程制定过程中，政府显然是重要的利益相关者，但从现实层面而言政府实地参与章程制定的可能性并不大，而章程的核准则可以视作政府参与章程制定的过程。因为对于大学提交的章程定稿，政府将从

---

① 湛中乐，等. 公立高等学校法律问题研究[M]. 北京：法律出版社，2009：134.

自身意志出发进一步审议，进而提出新的修改意见或予以批准。所以，访谈中W书记指出，大学章程一方面要规范政府行为，另一方面"必须尊重党和政府的意志"，这有助于其行使公共职能。

报请政府核定在我国具有尤其重要的意义，因为经过政府核准并备案的大学章程具有了法律效力，相对于大学内部通过的章程在严肃性和规范效力上会更高。W书记在接受笔者访谈时就尤其强调政府核准大学章程的现实意义，他认为经过政府核准是大学章程具备大学基本法地位、能够发挥作用的重要前提。L处长也指出，未经政府审核的大学章程不具有法律效力。现实中，有的大学章程仅仅由内部行政主管部门核准，如浙江某高校的章程，这既不符合政策规定，也不利于章程得以有效实施。

值得提出的是，南方科技大学在筹备过程中曾声明将运用深圳特区地方立法权将《南方科技大学章程》报地方人大审议通过成为特区法律。显然经由立法程序生成并纳入地方法律体系的大学章程在法制规范效力上会更强。但在此过程中如何协调立法机关与大学及其直接利益相关者的关系，仍是一个值得思考的问题。

5.章程的修改

大学的改革和发展是一个不断持续的过程，因而大学章程在相对稳定性基础上仍需要不断修改，目的在于使之更加完善。关于章程修改的条款在国内外大学章程中都有所规定，表明章程修改的重要性是一个普遍共识。例如《柏林洪堡大学章程》《东京大学章程》等都以专门条款的形式对章程修改做出规定；我国《吉林大学章程》则是以附则的形式对章程修改做出相关规定的。章程制定的多元主体同时也就是章程修改的主体，所以章程的修改同样是一个多方利益相关者共同参与的过程。当然，基本的指导精神还是要突出学术主体的关键角色。

综之，在大学章程的制定过程中，每道程序或环节都应体现利益相关者共同治理大学的思想，"程序本身就是一种民主的方式，它开放性的结构要求公民广泛参与其中，有助于克服理性不足的弊端，从而使选择的结果更具有合理性"①但共同治理绝不等于对大学自治和教授治校的否定，在大学章程制定的多方主体中，大学及大学内部的教学与研究主体应始终作为决策形成的主要参照，尽管吸纳外部相关者参与大学治理具有不可否认的价值。况且，即使是以外行管理为重要特征的美国大学，其非专业化董事会模式正受到现实的挑战和学者的批

---

① 李建华.公共政策程序正义及其价值[J].中国社会科学，2009(1)：64-70.

评,“由于并非行家里手,大学董事会在试图理解并管理日益复杂的大学,以及在处理与日趋扩张的社会之间的关系时已经遇到了挑战”①。也即,大学章程的制定在强调共同治理理念的同时,始终应以大学自治和教授治校为不变的法则。

(三)我国大学章程制定的案例

1. 论证充分,目标明确,理念引领

W书记在接受笔者访谈过程中介绍了该校章程建设的基本进展。W书记说,该校启动大学章程建设,目的在于试图通过章程建设为学校日常管理的规范化、科学化提供行动指南,是基于学校改革和发展的内在需要。该章程在制定前,学校成立了专门的、由不同职能部门代表和学科专家组成的课题组,论证章程设计,并通过广泛发放问卷,了解广大教学与研究主体的真切需求;在此基础上明确学校发展的“目标定位”及“过程管理”和“自我评价”的模式,构成章程的主要内容,作为学校办学和运行管理的依据。该校章程建设由校长办公会直管,其中章程初稿的草拟工作由校办具体负责。W书记说,章程草案形成后将交由党委会审议,最后由职代会讨论是否通过,章程获通过决议后上报省教育厅核准备案。W书记特别强调,章程的制定过程是一个将大学理念转化为具体管理制度的过程,在这个过程中,章程将反映该校在特色立校、立足区位优势发展强势学科、推进国际化等办学理念;其中,关注学生的成长,尤其是关注学生心理健康、加强学生自我管理能力培养的理念将始终作为章程建设的核心指导思想,以人为本是该校章程建设在优化学校文化方面的首要目标。

笔者认为,该校章程制定值得称道的是在章程制定前成立了专家组,行政管理者与学科专家共同参与,进行了调研和论证,同时通过问卷调查了解师生需求,这一方面有利于章程设计的合理性,因为章程制定在一定程度上经过了多元主体的共同参与,是以满足学校发展的真实需要为目的的;另一方面则体现了以师生为主体的思想,较好地体现了大学学术本位的根本逻辑,符合大学作为教育组织的内在要求。另一值得称道的是该校章程制定有着鲜明的理念指导,尤其是以人为本理念,推动建构充满人文关怀的大学文化是大学章程的一个重要功能。当然,该校章程正在制定之中,很难对其最终质量做出评价,尤其是很难严格以学术本位的标准来衡量,但从初期制定程序来看还是反映出一定的科学性。

2. 兼顾不同群体参与机会,但学术主体的表达空间缺乏保障

① [美]杜德斯达,等.美国公立大学的未来[M].刘济良,译.北京:北京大学出版社,2006:124.

在程序上值得肯定的是上海某211高校的章程制定过程。① 据该校发展规划处F处长介绍，该校章程建设由党委常委会领导，成立专门的工作小组，由发展规划处人员集体起草；起草过程中分别咨询过校学术委员会、二级学院院长、各职能部处负责人、学生代表，及学校的法律顾问专家，同时通过召开多次由行政管理人员、师生代表参加的座谈会，广泛征求意见。章程初稿形成后，先后经教职工代表大会、校长办公会审议，最后由党委全委会通过，并上报教育部核准。该章程从形式上兼顾了不同群体的参与机会，但在平均用力的条件下基层学术单位、教学与研究主体的如何获得更加充分的意志表达空间就成为一个问题。F处长最后指出，该校章程在当前的学校管理中的作用有待于进一步检验。有着同样问题的是某985高校的章程建设，据该校发展规划处M老师介绍，目前该校章程建设正处于前期的论证、准备阶段，为此制定了详细的《章程编制工作进度及分工》，但参与工作者皆为学校行政管理部门，包括关于“教授治学和学术自治机制”板块的设计，都完全由行政部门完成，学术主体在其中处于失语状态，显然这是不符合大学的组织要求和大学章程建设对学术本位的根本要求的。②

3. 严格按政策规定执行，拘泥于既有的行动框架

L处长在谈及他所在高校和挂职高校的章程制定情况时强调，两校章程制定的程序严格以《高等教育法》和《高校章程制定暂行办法》为依据，并认为这是各校制定章程所不可违背的基本原则，关于具体的制定过程L处长始终没有做出应答。不可否认，依法制定章程和尊重《办法》确定的基本思想、步骤，这是理所当然的，但如果拘泥于现有框架，尤其是忽略了我国大学当前面临的问题，不能从根本上反映学术本位的精神，大学章程的科学性和实效性都将值得质疑。正确的态度应该是根据大学组织特征，从我国大学发展面临的问题入手，在法律政策规定的基本精神指导下，进行创造性的设计和实践。马陆亭研究员就认为，章程的重要意义在于突破“国家法律法规——学校规章制度”的体制安排，在不违背法律与政策基本精神的情况下做出自主的、切合需要的改革设计。③

① 2013年5月26日，笔者采访了某211工程重点建设高校XX大学的发展规划处F处长，了解了该校章程建设基本情况，了解他对我国大学章程建设的基本看法。

② 2013年5月27日，笔者采访了某985人学发展规划处的M老帅，M老师是该校章程的工作小组成员，参与了章程制定的前期准备工作。目前该校章程初步形成了文本框架。

③ 马陆亭. 高校章程制定工作全面启动后的思考[J]. 中国高教研究，2012(3)：1-7.

二、我国大学章程实施的基本思路

在我国大学章程建设过程中存在一种顾虑，就是章程能否真正实施和发挥作用。现实中，也确实存在章程制定出来后就“束之高阁”的现象。然而，正如别敦荣教授所认为的，“大学不能没有章程，尽管我们现在还不具备依据章程办学的环境，但我们必须从现在开始建设。尤其作为理论工作者，要未雨绸缪，开展有关重大实践问题的超前研究，通过理论构建推动实践的进步。”[①]也就是说，我国大学章程的实施从理想的角度而言需要何种环境支持，要求我们首先在理论上做出设计。L处长在接受访谈中提出，任何一个改革都不是单项的，大学章程建设要取得进展，不能单单地就章程论章程，而是要把章程建设当成一项综合改革，通过相关配套改革为章程建设提供有利的环境支持。

（一）我国大学章程实施呼吁政府的主导和推动

我国大学制度改革是政治体制改革的一部分。我国现代大学制度改革不可能单凭大学一己之力来完成，而必须仰赖于政府在改革中的自觉意识和主导作用。所谓自觉意识，是指政府充分认识和尊重大学组织的性格，以此作为推动大学制度改革的依据；主导作用是指政府在构建宏观层次的现代大学制度中作为改革的主导者，这是由我国的体制环境、文化等因素共同决定的。大学章程建设同样如此，其大学治理价值的充分发挥需要政府的推动。

政府管理方式能否转变，其实考验的是政府善治的智慧。在理顺大学权力关系的努力中，作为政治权力代表的大学党委应在角色上有所改变，也就是转变为前文所述及的“监事、咨议机构”和一定范围（重大、核心事务）内的决策者，这是协调其与大学行政权力或校长负责间的矛盾的一个方案。而大学党委要实现角色转变，离不开政府的组织和推动。本研究认为，在新的方案设计中，大学党委应作为政府的大学派驻机构，由政府授权来监督大学以确保其社会主义办学方向，并防止发生有违法规、政策及社会公正等的事情发生。在产生方式上，党委书记和委员是由政府直接任命的，经由教育行政官员的教育培训机构协同大学相关学科专家的专门培训后，由政府派驻到大学。这样，党委与大学之间的直接利益关系（此处指个人私利关系）就被切断，保证党委公正、客观地行使职权。而党委与行政系统之间交错兼职、权责模糊和利益关系复杂正是我国大学权力格局的现状。政府选拔和派驻大学党委，必须以精简能干为原则，这体现了政府

① 米俊魁. 大学章程价值研究[M]. 青岛：中国海洋大学出版社，2006：序.

机构改革的基本精神，更重要的是从大学角度出发，是对大学学术本性的尊重，也是基于改变现实中大学党委在机构和人员设置上过于繁复庞杂、效率不高等问题的需要。显然，在我国，只有在政府强力的组织和推动下，大学党委的角色转变才具有可行性，在此基础上大学章程才有可能重新界定党委的权责，划清党委领导与校长负责间的权责边界，最终这种安排才会转化成现实。同样，大学校长选拔制度及选拔程序是大学章程文本的重要内容，而校长选拔制度能否由政府直接任命向校内推选或面向社会海选转变，还仰赖于政府改变大学管理方式的主动性、自觉性。从现实来看，从 2010 年辽宁省面向全国公开选拔省属本科高校校长，①到近两年教育部面向社会选拔数所部属大学校长，②都表明政府正在积极主动地探索大学校长选拔制度的改革。只有大学校长选拔制度真正发生了改变，大学章程关于校长选拔的具体方案设计才可能最大化地实现。

就章程建设本身而言，我国大学章程建设与政治或体制环境有着紧密联系，而当下我国政府在逐步赋予大学自主权的过程中正将大学章程建设作为重要举措，从《高等教育法》提出建设大学章程，到一系列关于大学章程建设的专门政策文件出台，再到近期《纲要》重申大学章程建设，并划定部分高校进行章程建设试点，以及最近教育部制定颁布大学章程制定办法，③这一历史过程充分表明政府对大学章程建设的高度重视和积极推动。

客观地说，在多重因素影响下，我国大学章程的实施必然会面临诸多阻碍。大学章程的实施和发挥作用需要进行有效的保障机制建设，而其中政府的重视和推动是根本。在整个过程中，一方面，政府必须自觉地放弃狭隘的利益观，将国家利益与大学利益统一起来；另一方面，政府必须通过立法、政策等手段打破落后的大学利益格局。从具体的角度来说，政府应进一步加大章程建设的政策宣传、动员力度，形成大学章程建设的舆论环境；建立关于大学章程制定与实施的监督、问责制度，使各高校产生章程建设的紧迫感；对各高校的章程制定和实施质量进行科学的评估，在此基础上采取一定的激励措施；进一步推进章程制定试点和经验推广；等等。

---

① 辽宁省面向全国公开选拔省属本科高校校长公告[EB/OL]. http://www.edu.cn/news_127/20100702/t20100702_492321.shtml.

② 从 2011 年到 2012 年，教育部先后公开选拔东北师范大学、西南财经大学、北京科技大学、北京中医药大学和中国药科大学等数所直属大学校长。详见：http://www.moe.gov.cn/publicfiles/business/htmlfiles/moe/s5744/201212/145075.html

③ 《高等学校章程制定办法》(中华人民共和国教育部令第 31 号)[EB/OL]http://www.gov.cn/flfg/2012－01/09/content_2040230.htm.

（二）我国大学章程的实施要求增强其规范效力

足够的规范效力强度和规制相对人的广度，是大学章程发挥治理功能的重要基础，即大学章程对大学内、外部利益相关者都具有规范效力，而且这种规范效力具有较高强度。因而，赋予和提高大学章程的规范力强度是推动其实施的重要手段。

1、章程制定应充分反映以学术主体为主的各方意志，尤其重视政府效应

大学章程应经过完整的制定程序，其中必须要坚持大学共同治理精神，在起草、公告、审议和通过各个环节都应保证大学各利益相关者的充分参与。大学章程只有吸纳各方意见，反映并兼顾不同的利益诉求，才会被尊重和自觉遵守。假如章程只是由少数人制定，反映少数人的意志和利益，那么必然得不到广泛支持，而这正是传统管理模式下政策或决议形成方式的弊端。“现代程序的基本特征是处于平等地位的个人参加决定过程，发挥各自角色作用，具有充分而对等的发言机会，从而使决定者更易获得共鸣和支持”①。当然，在强调共同治理的同时，还必须强调学术主体的本体地位，强调学术意志和利益作为章程建设之依据的价值。

在章程获得通过后，应将之上报教育主管部门，由政府核准。无论是章程作为政府与大学的契约，还是作为行政合同，经过政府核准的大学章程会对政府管理方式产生一定的规制效应；但最重要的是，从我国现实的角度来讲，经由政府核准的大学章程更具严肃性，对大学内部主体来说更有一种依章行事的心理倾向，这与我国长期以来的威权管理及其形成的文化是有深刻关联的，因而政府核准对于我国大学章程的实施具有特殊的意义。但从现实来看，有的大学章程仅仅在校内通过而未经政府核准，其实施效率必然会有所折扣。正如 L 书记在访谈中所提到的，大学章程建设必须是符合程序的，在中国，通过政府核准就是一个不可缺少的程序步骤；但 L 书记根据调研发现，很多高校在制定出章程后都没有报请主管部门或政府进行核准备案，“本身不符合程序的章程很难真的发挥作用。”

2. 增强大学章程的法治效力是章程效能的基础

从制度化、规范化的角度而言，要保障大学章程的有效实施，强调的是增强其法治规范效力。大学章程与一般的校内规章的区别不仅在于其大学宪法的最高位阶，更在于其具有一定的法律属性和法治效力。政府权威与法治效力在我

---

① 季卫东. 法治秩序的构建[M]. 北京：中国政法大学出版社，1999：80.

国有着特殊强效的号召力、引导力和规制力，而从政治与法治的关系来看，法治化又是政治文明发展的重要保障。[①] 所以，要对更广泛的大学利益相关者产生更有强度的规范效力，增强大学章程建设的法治效力才是有效举措。为此，应为大学章程建立明确的法律依据。美国大学的学术自由受到多种机制保障，其中很重要的因素是宪法保障，根据美国宪法第一修正案，学术自由是受宪法第一修正案承认和保护的一项特殊自由，在法律上作为独立存在和可诉讼的权利。[②] 对于我国大学章程而言，有必要在民法和行政法中明确规定其可作为诉讼依据的地位，并通过修订现行《高等教育法》明确其教育法规之“下位法”的法律地位。需要强调的是，我国《高等教育法》的“政策味”太浓，应加强其执法力度。[③] 赋予其明确的法律性质和法律地位，这是提高大学章程法治效力从而促进其实施的重要前提。

由教育主管部门核准的大学章程随即产生法律效力，但像南方科大的《南方科技大学暂行管理办法》这样由深圳市政府常务会议审议通过和发布，在执行效力上会有所提高，因为政府常务会议的权力位阶显然要高于教育行政部门。当然，最要赋予和强化大学章程的法治效力，最有效的方式仍是将章程建设纳入正式立法程序。南方科大方面曾经表示，将《南方科技大学章程》交给深圳市人大审议，经过人大立法审议通过的大学章程将具有更高的法治效力。但据悉，南方科技大学章程目前已由大学理事会制定完成并上报教育部，[④]所走的仍是传统路线。但时任南科大校长的朱清时表示将适时制定《南方科技大学条例》，并将其纳入地方性法规。[⑤] 赋予大学章程以地方法规的性质，就具备完全意义上的法律地位和法治效力了，显然会促进章程的实施。

在以上分析中我们发现，即使是从法的角度来讨论大学章程实施问题，也仍难以忽略政府在这个过程中的作用，例如政府的核准、法治建设等。还需要强调的是，从最根本的意义上说，大学章程要得以实施，需要其正确反映大学的内在逻辑，即学术本位。有违学术本位的大学章程不仅难以实施，更有甚者还会将大

---

① 汪习根.权力的法治规约——政治文明法治化研究[M].武汉：武汉大学出版社，2009.

② 余雅风.从美国教育法制看公立大学教师学术自由的原则与界限[J].比较教育研究，2006(7)：17－21.

③ 张斌贤.现代大学制度的建立和完善[J].国家教育行政学院学报，2005(11)：32-40.

④ 南方科技大学章程已上报教育部[EB/OL].http://politics.caijing.com.cn/2012-02-10/111670726.html.2012-02-10.

⑤ 南方科技大学“去行政化”最主要是立法[EB/OL].http://learning.sohu.com/20120429/n341998072.shtml.2012-04-29.

学引向危险的境地。这涉及大学章程建设的根本价值指向和原则问题。

（三）我国大学章程实施要求在建构文化认知的基础上加强实践

1.章程建设以文化认知建构为前提

在多重因素影响下，当前我国大学章程建设实施不力，其重要原因在于对大学章程的内涵及治理价值的认识并不到位，对于依据章程办学这种新的大学运行管理模式存在心理不适，而对传统的经验式大学管理有着很大的依赖性。这就要求从政府到大学都应加强舆论宣传，提高人们对大学章程建设的价值认同，增强章程建设与实施的紧迫意识，为大学章程实施进行充分的心理准备。社会学新制度主义指出，新制度的建立同时也是形成新的文化认知的过程。大学章程的实施要最终实现制度化和规范化，一个广泛动员、加强舆论宣传的文化认知建构过程是必不可缺的。另一方面，应加强关于大学章程建设的理论学习，形成正确的思想观念和理论体系。L书记在访谈中指出，章程建设取得进展的前提是提高我们的理性认识，例如他特别提到，应从历史的角度正确认识教授治校理念，避免在章程建设中受错误认识的误导，试图通过章程来建立一个“乌托邦”式的大学。

2.章程建设重在“躬行”

文化认知的建构是推动大学章程实施的基础性条件，但大学章程的价值最终需要落实到大学的运行与管理行动之上。这就需要从政府到大学，都必须积极主动、富有创造性地进行大学章程实施的试点工作，也就是要将对大学章程及其治理价值的重视切实转化成推动章程实施的具体行动，在章程实施总体不力的背景下选择少数院校进行试点，探索能够促使章程实施有力、功能充分发挥的模式，进而在更大范围内推广。在这个过程中，政府应该给以试点院校相关的政策支持和引导，并对其进行考核监督；而试点院校则应确定切实有效、具体可行的实施步骤，并严格按步骤进行章程建设试点工作。简而言之，当前我国大学章程实施必须着手“做”起来。只有行动起来，才有希望打破不合理的传统管理模式，打破路径依赖。也只有政府与大学相互配合、共同用力，才可能打破不合理的利益格局的深层阻碍。

3.章程建设呼吁一批教育家和改革家型的大学校长。

世界大学发展史也是一个卓越的大学领导者生发先进的大学理念、推动大学不断改革的历史。真正的改革需要有真正的改革家，他们富于改革和实干的精神，富有推动改革深入的魄力和能力。大学章程能否实施，在现实中发挥应有的作用，既需要政府善治的智慧，也需要教育家、改革家型的大学校长。我国民国时期大学获得短暂的辉煌期，跟一批杰出的大学校长是分不开的，而且他们在制定大学章程中也发挥了领导作用，如蔡元培主持制定《大学令》、蒋梦麟主持修改《北京大学章程》等。从现阶段我国大学制度改革和章程建设的历程来看，改革的瓶颈之所以难以突破，章程建设的实效之所以不得释放，一个重要原因在于缺少有力的组织和推动，从这个角度而言，我国大学章程建设要取得突破，必须有一批杰出的、具有改革和实践精神并具有充分的人格魅力的大学领导者，做改革的先锋。这也印证了王洪才教授的观点，中国大学模式的出现必须寄托于大学校长的创造性。①

本节结语

我国大学章程建设的价值目标在于推进大学走向学术本位，这一价值指向除了反映在章程文本建设所提供的大学治理结构设计上，还反映在大学章程的制定过程之中。具体来说，从确定制定主体，到包括形成章程草案、公布草案、章程审核和通过等诸环节在内的整个大学章程制定过程，都在遵照多元化原则的基础上，坚持以学术本位以指导原则，为学术主体参与提供最大化的空间，充分反映学术主体的意志，将促成学术权利的实现作为章程制定的根本依据。因此，大学章程的制定是一个大学共同治理的过程，也是一个彰显教授治校的过程，是一个为学术自由立法的过程。

关于如何推进章程实施，确保章程反映学术本位理念是根本，通过技术手段增强法治效力是重要手段，而政府自觉发挥组织、主导和推动作用则是我国大学章程建设取得实质进展的关键，这是由我国的制度、文化传统决定的。在章程实施过程中，大学的能动性、创造性以及勇于探索和改革的精神也是必不可少的驱动力。因此，我国大学章程建设要最终实现推动我国大学回归学术本位，呼吁政府和大学相互合作，共同行动。

---

① 王洪才. 对露丝·海霍“中国大学模式”命题的猜想与反驳[J]. 高等教育研究，2010(5)：6-13.

结语

一、大学章程建设是现代大学制度的建构路径

对于我国而言，变革传统的大学制度，建立起符合大学发展要求的大学制度，是一个构建现代大学制度的过程。当前我国大学制度改革的目标就是建立起基于学术本位的现代大学制度，它标识着我们关于大学制度改革的理想，承载着我们提高大学发展水平和高等教育质量的价值期许。推进我国现代大学制度建设，需要一个有效的制度实施机制。当前我国现代大学制度建设面临的难题之一就是缺乏有力的实施机制。而大学章程建设正是推进我国现代大学制度建设的可行路径。

(一)大学章程作为现代大学制度的文本化，提供了制度改革的依据

现代大学制度以改革大学治理结构为重心，在宏观上规范大学与政府、社会之间的关系，在微观上协调校长负责与党委领导之间、教学与科研之间、学术权与行政权之间、教育与管理之间等一系列矛盾关系。那么，从理想的角度来说，政府与大学之间应是怎样的一种关系？大学与市场或社会之间应是怎样的一种关系？大学内部各权力主体之间应形成怎样的权力格局？以及政府与大学、大学与其外部利益相关主体、大学内部各权力主体之间的理想关系状态如何达成？进一步讲，要达成这样一种理想的关系状态，各主体包括政府、社会和大学的各自权力和责任是什么？大学内部管理与服务者、教学与研究者及其他群体的权力和责任如何配置？各主体的权力获得、职责践行和利益实现，又是借助于何种实施和保障机制？从根本上说，现代大学制度框架下这一系列关系的调整如何反映学术本位？对于这些现代大学制度的基本问题，我们应形成正确的认识，从理念上建构起我们所期望的大学制度，以作为制度改革的思想基础。从大学章程的内容来看，这些关于现代大学制度的核心理念正是章程的主要记载事项。

科学性是大学章程建设的基本原则，这种科学性首先体现在章程文本合理

记载现代大学制度的核心要素及其构成方式，对理想的大学制度安排作出文本规定，最重要的是，这种设计尊重并反映大学的学术本性和学术本位的大学逻辑，因而它能够优化大学治理结构、促使大学回归学术本位。就如1817年《柏林大学章程》，该章程确立了学院制、教师等级制、教授会制、讲座制、利益协商制等五个方面的制度构成，不仅为柏林大学提供了先进的组织结构，使得柏林大学成为真正意义上的学术共同体，还促使形成了德国大学制度的主体框架，而该章程所确立的各项制度之所以产生了广泛而深远的影响，从根本上说正是因为它以大学的内在逻辑为依据的。因此，大学章程促成现代大学制度实施，在文本化环节必须确保其科学性、合理性；当然大学章程还需具备适切性，即文本设计必须兼顾当前我国大学制度本身存在的问题，大学的内在逻辑与我国大学制度改革的现实需求是大学章程建设的两个基本依据。

如此，大学章程作为现代大学制度的文本化，实际上也就是现代大学制度的设计方案，明确了现代大学制度的基本内涵，并统一了关于如何建构现代大学制度的思想认识，成为现代大学制度建设实践的行动依据。形成一个完善的、文本化的现代大学制度是制度实施的前提，这是大学章程作为现代大学制度实施机制的首先之义。

（二）大学章程通过其有效的规制效力，推动现代大学制度走向实践

现代大学制度只有走向制度实践，其价值才真正实现。大学章程在对大学治理结构做出文本设计后，通过独特的规范效力使大学制度的设计方案付诸实践，即现代大学制度实现了向实践状态的转化，这是大学章程作为现代大学制度实施机制的关键之义。

1.基于大学宪法的地位，保障大学制度理想的践行

一般的大学规章制度常常缺乏科学性，不具备足够的规范力，导致形同虚设，甚至发挥与大学内在要求相悖的负向作用。与此相比，大学章程不仅具有科学性保证，还有着很强的规范力，能够真正发挥出规章制度的规制效力。大学章程的规范效力首先表现为它在大学内部规章制度体系中居于“宪法”“基本法”的地位，是大学办学最根本的规范性文件，具有最高等级的地位与影响力，其他规章制度的制定、实施皆以大学章程作为标准和依据。这样，大学章程所设计出的现代大学制度架构，及其所蕴含的大学及其制度理想、学术本位的大学逻辑，就通过具体化的规章、条例、机制贯穿并落实到大学运行和管理的各个领域、环节，从而保障大学内部规制体系的科学性及其实施效力。W书记在谈到“大学章程能否发挥实际作用”时指出，大学章程是大学的基本法，通过合法合理的程序制

定，并在学校的思想动员、大力推动及辅助机制的综合作用下，就一定能奏效。

2. 基于独特的法治效力，推动大学权力的有序运行

大学章程推动现代大学制度走向实践，最关键的在于其权力规制功能，它由于是大学各利益相关主体博弈而成的协议性文件，对政府、社会组织等大学外部主体也有着规制力，这是一般的大学章程的特质。而且，大学章程法治效力保证了其对各主体的行为规制具有一定的强制性，因为通过适当程序建立的大学章程可作为诉讼依据。现代大学制度建设的核心是建构起学术本位的治理结构，而大学章程借助其独特的法治效力对大学各权力主体的行为进行规范，通过合理规制政府的大学治权、引导社会参与管理权、协调大学内部权力关系，以及规范大学的自主权和专业权等，建构起了符合大学组织本性的权力格局和运行秩序。正是大学章程独特的法治效力，确保大学相关主体必须做出合乎章程要求的行为。这样，在章程本身具备学术本位性质的前提下，就保障了大学主体行为反映学术本位原则。

3. 基于文化建构功能，推动形成学术本位的大学文化

现代大学制度建设在广泛意义上是一个文化建构的过程。对于我国大学而言，制度问题背后反映的是大学组织文化问题，官本位文化、实利主义文化，以及民主、自由意识的缺失和使命感的匮乏，都是阻碍我国大学发展的深层文化因素。因而我国大学急需建构起反映大学本质的大学文化，引导大学回归学术本位。大学章程不仅通过预设的反映大学组织属性与使命的价值指向，对大学利益相关者的思想与价值观产生导向作用，引导建立起尊重大学、坚持精神标准、崇尚真理的组织文化；而且它还通过确立反映时代精神的程序法治文化，消解我国大学盛行的人治传统、官僚主义传统，从根本上推动我国大学“去行政化”。从制度建设的角度来说，文化建构本身就是大学制度建设的内容，因而大学章程文化建构功能的发挥，正是我国现代大学制度实施的过程。

应该说，我们对大学章程治理功能的期望，正标识着我国大学章程促进现代大学制度取得积极成效的可能性；我国大学章程治理功能的充分发挥，主要包括其权力规制和文化建构的功能，也正是我国现代大学制度得以落实的过程。简言之，基于学术本位的大学章程建设是我国现代大学制度的建构路径。

二、大学章程建设：可能性与必然性的分析

大学章程建设及其功能的充分发挥不是一个顺利的过程。L 书记谈到，他任大学党委书记期间，曾将制定大学章程纳入规划之中，但基于一些现实的“顾

忌和困难”并没有付诸实践。但他同时强调，从长远来看大学章程建设是一个趋势，依据章程管理会成为一种常态，只不过要达到这个程度还需要一个较长时间的实验摸索过程，它不是一蹴而就的。笔者同样认为，大学章程建设在我国虽暂时面临诸多困难，但它具有必然性，同时也具备可能性。

现代大学制度是我们有关大学或大学制度的理想，其使命在于改变当下不合理的大学制度安排，通过制度的规范和引导作用促使大学真正实现学术本位。在现代大学制度的基本框架下，大学章程担负着推进新制度实施的使命。然而，理想高于现实，无论是现代大学制度还是大学章程的建设，由于现实因素的局限而不可能是一个简单过程，也就是所谓的“国情”是大学制度和章程建设的羁绊。眼下我国大学章程建设面临困难，这其中既有制度环境因素，也有思想观念和文化的因素。然而，大学章程是我国现代大学制度建设的重要内容和实施机制，大学章程建设必须由国家或政府发布的一道道法规、政策转变成具体的改革行动，由大学里束之高阁的章程文本转变成扎实有效的制度实践。而这既要求改革实践者具有躬行精神，也要求理论研究者具备必需的理想，国情必然是改革的客观基础，但改革也必然是对现实的改变和超越，大学制度改革和大学章程建设必须要坚持基本的政治方向和原则，但更要对传统的制度加以创新，或改变不合理的制度因素。例如，大学章程建设在制度设计中必须坚持党的领导，这是一个不可动摇的根本原则，但在创新党的领导方式基础上加强党的领导，以及改变大学党委过多干预大学具体事务的现状，则是大学章程建设关于新制度设计的最大价值所在。当然，这是一个复杂的、艰难的过程，但这个过程却必须要经历。这就是改革的实质和精神。

在本研究中，大学章程被赋予了很高的期望。通过大学章程建设，我国大学制度将发生质的变化，不仅有大学内部微观的机制转化，也有宏观的高等教育管理制度的变革。在很大程度上，本研究中大学章程的治理功能、作用机制及其价值实现即其推动达致的大学之治，或许在一些人眼中是脱离“国情”、不切实际的“幻想”，而笔者坚持以“理想”的标准去看待大学章程的未来。从我国大学发展的历史来看，很多次大学或大学制度的变革和进步都曾被视作不可能，但事实是大学的变革从未停歇。从清末新政，历经民国、新中国成立初期，到改革开放三十多年后的今天，我国的政治、经济和文化环境发生了巨大变化，大学也由最初的具有浓厚封建性特征的洋务学堂变革发展为今天的现代化大学，尽管在世界大学体系中我国大学仍处于近乎边缘的位置，但从纵向来看已经实现了巨大的历史进步。所以，以历史和发展的眼光来看，我国现代大学制度与大学章程建设不过是大学发展与改革长河中的一步，我们的期望不会仅仅停留在理想阶段。从这个角度来说，理想终会变成现实，现在我们需要的首先是将理想照进现实的勇气和行动。

幻想之为幻想，是因为完全不具备可能的基础；而大学章程建设及其价值实现之所以是理想而非幻想，则是因为它是现实所需的，代表着一种必然性趋势，同时还具备了可能的基本条件。具体说，当前我国大学改革和发展陷入了多重问题交织而成的困境，推进现代大学制度建设是我国大学走出困境并获得持续发展的根本举措，而大学章程是推动实现现代大学制度的重要保障；从大学发展的历史来看，大学章程从其原初形态逐渐演变为制度化，与大学的诞生和进化是不可分离的；世界上高等教育发达国家和高水平大学历来都非常重视大学章程的治理价值，在现实中大学章程作为大学自主、规范、有序运行的基本依据和保障；我国大学章程建设已有一段历史，当前正掀起新一轮建设章程的高潮，政府通过法制、政策手段组织和推动大学章程建设，越来越多的大学也正自觉、积极地探索章程建设。从这个意义上说，我国大学章程建设正在将理想照进现实。

当然，要最终实现大学章程的治理价值，在根本上要求它是科学的，也就是要符合大学组织本性，体现学术本位的大学逻辑；只有大学章程所反映的制度设计是合理的，它才可能具备存在的基础。坚持学术本位的基本价值导向，是我国大学章程建设取得进展的根本保障。同时，我国大学章程建设必须是着眼于现实问题的，即我国大学改革发展中正面临的一系列困境，并将解决问题作为章程建设的归宿，从而凸显出改革的时效性，这是大学章程建设的重要动力来源。所以，大学章程治理功能的发挥既是着眼于现实的，又是面向未来的。而大学章程之所以能够发挥治理功能，从技术的角度而言在于其特殊的法治效力，以法的程序和规范来制定章程是我国大学章程建设的重要内容。如果从整个章程建设过程来看，必须承认的是政府扮演着组织者、主导者的角色。我们并不否认大学本身在现代大学制度和大学章程建设中的主体地位及其主动性、能动性，但在特殊的制度和文化背景下，政府将在很大程度上决定着改革的成败。所以，一方面需要大学作为改革的主体积极探索大学章程建设，另一方面则寄希望于政府自觉主动地改变大学管理方式，为大学章程实施创设一个适宜的外部环境。很多时候，大学制度改革包括章程建设，之所以不被人看好，正是因为存在宏观政治体制对微观大学制度的制约。但从我国大学制度的变革历史来看，以新中国成立之初至今这段时期为例，我国大学制度实际上正处于积极变革之中，这集中表现为政府高度集中的大学管理权逐步下放，地方政府的大学管理权和大学自主权逐渐扩大。因此,我国大学制度改革和章程建设呼吁政府善治的智慧,而以发展的眼光来看,政府与大学之间平等伙伴关系的建立是可能的。当然,强调政府在改革中的主导作用并不否定大学主动探索改革道路的必要性及其意义,因为改革是一个多方主体博弈的过程,政府善治的智慧需要在同包括大学在内的其他主体的博弈之中被激发。我国南方科技大学从艰难筹办到今天一步步走上正轨,正体现了大学与政府的相互博弈及其在博弈中取得的共识。

综合以上几点可以认为,我国大学章程承载着推进学术本位大学制度建设的期望,代表着关于大学制度改革的理想,但却绝非不可实现的幻想。只是我们不要期望改革可以一蹴而就,并且必须坚信理想正照进现实,理想终会变成现实。而这需要我们必须具有改革的精神和“绝知此事要躬行”的勇气。作为理论工作者,不能满足于解读和宣传相关政策,更不能囿于狭隘的利益关切,既要立足现实,又要坚持理想,也就是温家宝所说的“脚踏实地与仰望星空”,积极促进理论创新,以创新的理论来推动实践的创新,这正是理论研究的价值所在。

附录

1. 我国大学章程建设问题访谈提纲

一、您认为当前阻碍我国大学发展的关键问题是什么?

二、您认为大学章程建设将发挥何种功能,承担什么使命?

三、如果贵校制定有章程,那么:

1. 贵校有无开过专门会议,部署制定本校大学章程?

2. 贵校有无成立专门的章程建设领导小组、章程起草委员会等机构?

3. 贵校章程的起草者是什么部门、哪些人?是个人起草还是集体起草?

4. 章程起草中有无成立专门的咨询委员会,相关专家和师生有无参与?

5. 如果相关专家和师生参加了章程制定,那么是以何种形式参与的?

6. 贵校章程草案形成后有无公示和民主讨论环节?

7. 贵校由什么机构行使章程的审议和通过权?终稿是否经政府核准?

8. 贵校章程在大学管理中的作用有无得到体现?具体体现在哪些领域?

四、您如何看待我国当前大学章程建设面临的困难?

五、您认为大学章程建设如何才能更好地发挥作用?

2. 柏林洪堡大学宪章

（2006 年 6 月 1 日生效）

根据 2003 年 2 月 13 日公布的《柏林高等学校法》第 3 条第 1 款和第 2 款之规定（见《法律与法令公报》，第 82 页），以及根据 2004 年 12 月 2 日公布的《工资改革与调整法》第 2 条所做修订（见《法律与法令公报》，第 484 页），柏林洪堡大学全校大会 2005 年 11 月 22 日，表决通过以下章程。如果该章程与《柏林高等学校法》第 24－29 条、第 34－36 条、第 51－58 条、第 60－67 条、第 69－75 条以及第 83－121 条之规定有不一致之处，则该不一致之处通过第 7a 条对比第 137a 条被修正。

经学术评议会于 2005 年 11 月 22 日同意，以及校董会于 2006 年 5 月 2 日根据《柏林高等学校法》第 64 条的批准，柏林州政府中负责高校事务的主管部门根据《柏林高等学校法》第 90 条第 1 款之规定，于 2006 年 6 月 1 日批准柏林洪堡大学的申请，本章程生效。

序言

在我们的时代，国家和社会对大学的要求在提高，而大学的资源却在减少。大学的业绩要服从经济标准，大学的结构要服从层级效率的逻辑。而洪堡大学坚持研究与教学的统一、学生与学者的共同体、学术自我负责和自主管理等原则，因为学术离不开自由，自由离不开责任。柏林洪堡大学本此精神修订其章程。

第 A 章　州与大学的关系

1　总则

(1)大学的人事、经济、预算和财政管理，学费征收以及健康医疗属于国家事务，但由大学统一的管理机构与学术事务一起实施。柏林州对此拥有业务监督权；在下达指令前，校董会可发表意见。若无其他规定，校董会可在国家所委托的领域内向其他机构发出具有约束力的指令。

(2)柏林州拥有法律监督权，柏林州负责高校事务的主管部门可根据《柏林高等学校法》第 56 条之规定行使监督权，而且此监督权独立于校长监督权。

(3)夏里特-柏林大学医学院是柏林洪堡大学与柏林自由大学共同拥有的法人组织。具体事宜参见州法律文件。

第 B 章　校董会

2　校董会的构成与选举

(1)柏林洪堡大学校董会是大学的机构，同时根据《柏林高等学校法》第 2 条第 4 款第 2 句的规定，也是柏林州的机构。校董会成员拥有柏林洪堡大学校董之衔。

(2)校董会由 9 名具备投票权的成员组成。柏林州高等学校负责人和柏林洪堡大学校长是校董会的当然成员，其他成员由学术评议会选举产生。候选人提名须经柏林州高等学校负责人批准。新成员由校董会主席任命。大学副校长可列席校董会会议并有发言权。

(3)提名权：

——全校大会中的学生、学术助理人员以及其他工作人员各自有权提名校董会成员 1 人；

——全校大会的教师有权提名校董会成员 2 人；

——柏林工会有权提名 1 人；

——以柏林雇主协会为代表，柏林经济界有权提名 1 人。

(4)提名者应注意，被提名者必须与柏林洪堡大学在教学、研究和社会服务方面的特殊要求相符合，并且重视环境保护。校董会中男性和女性成员分别不得少于两位。提名者要共同确保这一规定不会总是与特定的提名相联系。除了因职位担任校董会成员外，校董会成员不得为洪堡大学全职工作人员，也不得在州政府、州管理部门或者议会中任职。

(5)选举产生的校董会成员任期四年，学生成员任期两年。校董会成员任期结束时，原提名群体根据本章第 3 条的规定有权提出新的人选。可以连任一次。如果选举未能如期举行，相关校董会成员的任期延长至新选举举行之时。如果选出的校董会成员同时离职，那么在新选举两年后，通过抽签决定哪三位校董离职。

(6)选举产生的校董会成员可因其校董会的荣誉性工作获取津贴，其具体数额由学术评议会根据校长的建议决定。

(7)如因故不能出席校董会，州政府高等学校主管人可由其国务秘书代表出席，校长可由副校长代表出席。

(8)校董会从选举产生的校董中选出一位主席，任期两年。可以连任。如果主席之位提前空缺，可为余下的任期补选一位主席。

(9)若无其他规定，校董会以简单多数的方式通过决议；可制定其议事规程。

校董会可公开举行会议，第 51 条第 3 款所列举的公职人员、其他大学成员以及外来人员均可旁听，校董会必须公布其议程与决议。妇女专员、全体职工代表大会的代表可列席校董会会议，并有发言权和动议权。全体职工代表大会可将其发言权和动议权授予其具体部门的代表。在决定预算时，柏林州议会中各党团或团体的代表均享有发言权和动议权。校董会主席每学期向学术评议会进行一次工作汇报。

(10)校董会的日常工作由大学负责安排。

3 校董会的职责

(1)校董会的权限如下：

①确定预算计划；

②商议中期基建与投资计划；

③公布结构计划，并在以下情况下决定相关教授招聘过程是否启动，如有校董会成员在会议记录草案呈交后的两周内，根据本章程第 5 条第 1 款 b 目第 7 项之规定对学术评议会的决议表示反对；

④设立、更改和撤销各学院与研究中心；

⑤设立和撤销中心机构，根据本章程第 25 条之规定，设立、更改、延长和撤销跨学科中心；

⑥公布收费条例；

⑦提出大学发展的战略方案；

⑧在全校大会讨论之后，对校务会的工作总结进行讨论；

⑨根据《柏林高等学校法》第 88a 条的规定作出决定；

⑩根据《柏林高等学校法》第 4 条第 2 款的规定作出决定；

⑪根据本章程第 13 条第 2 款第 1 句的规定，在酝酿后提出柏林洪堡大学校长及副校长的人选，根据本章程第 13 条第 2 款第 5 句的规定，在征得多数校董同意的情况下，校董会可以代替妇女专员作出决定；

⑫根据《自然博物馆条例》的规定履行其职责；

⑬在以下情形下，设置和撤销专业设置：如有校董在会议记录草案呈交后的两周内，根据本章程第 5 条第 1 款 b 项第 8 目的规定，对学术评议会的决议表示反对。

(2)在上述第 1 款第 1—6 项以及第 13 项的情况下，学术评议会享有提名权。校董会可将提案与修正或指导意见一同返还学术评议会。如果学术评议会已经全票通过提案或者全票驳回校董会的要求和指示，校董会必须与之保持一致；

(3)校董会最多可提名三位校长候选人;

(4)此外,在涉及委托给大学的国家事务时,校董会负责对基本性事项作出决策,全校大会对新权限的分配职能不受影响;

(5)校董会可要求大学领导和大学自治机构委员会向其述职,为柏林州主管高等学校事务的部门、柏林州政府和议会提出建议,并请求其对特定事项进行审查;

(6)校董会是最高主管部门,是校长和副校长的主管和人事部门,因此校董会可将其负责的权限委托给校董会主席;

(7)根据《柏林高等学校法》第 64 条的规定,校董会的存在及其决定暂行条例的权限不受影响。

第 C 章　学术评议会和全校大会

4　学术评议会的构成

(1)学术评议会包括 25 名拥有表决权的委员,分别为:

①13 名高校教师;

②4 名学术助理人员;

③4 名大学生;

④4 名其他职工。

(2)列席会议并具有发言权和动议权的人员如下:

①校长与副校长;

②学术评议会各委员会主席;

③校董会主席;

④各学院院长;

⑤各校级研究中心主任;

⑥自然博物馆馆长;

⑦部门负责人委员会的代表 1 人;

⑧妇女专员 1 人;

⑨职工代表会的代表 1 人。

(3)如议事规程没有其他规定,学术评议会的会议由校长主持。

5　学术评议会的职责

(1)学术评议会的权限如下:

a. 对以下事项的建议权:

①公布结构计划;

②设立、更改和撤销学院与校级研究中心；

③设立和撤销中心机构，根据本章程第 25 条之规定，设立、更改、延长和撤销跨学科中心；

④依据《柏林高等学校法》第 4 条第 2 款所述之规定，建立、配备和撤销公司，或者参与以上活动；

⑤公布收费条例。

b. 对以下事项的决定权：

①批准大学的预算草案；

②批准本校与柏林州的高校协议草案；

③决定各个学院内部的专业划分；

④公布学院和研究所权限之外的各项章程(收费条例除外)；

⑤确定招生人数；

⑥决定教学、学习、考试的原则以及跨专业的大学考试程序规定；

⑦根据结构计划公布教授招聘职位和确定教授岗位要求，如果与结构计划的规定有出入，必须征得多数委员的同意；

⑧设置与撤销培养专业；

⑨制定促进女性发展的指导方针；

⑩设立、配备、发展和分配重大研究项目；

⑪委任跨学科中心负责人，批准跨学科中心的规章制度；

⑫决定科研、学术和艺术后备力量的原则性问题；

⑬授予名誉教授、编外教授和名誉评议会成员头衔，批准各学院授予名誉博士学位；

⑭决定绩效资金分配的原则。

c. 就以下事项发表意见：

①就大学的中期基建和投资计划向校董会提出意见；

②学院的学习与考试条例；

③学院的教授聘任名单；

④研究生院的建立与归属；

⑤有关全校的重大原则性事务。

(2)当校务会根据本章程第 12 条第 1 款之规定使用其权限时，学术评议会可要求其提供最新的信息。

(3)学术评议会可制定其议事规程。

6　学术评议会的委员会

(1)为了进行决策和支持校务会的工作，学术评议会设立以下常务委员会，分别负责：

①发展规划；

②财务预算；

③科学研究与学术后备力量；

④教学与学习；

⑤媒体；

⑥本校地位发展；

⑦促进女性发展。

(2)教学与学业常务委员会中，学生必须占一半的席位和票数。

(3)学术评议会可以设立其他委员会，或者授权工作小组就特殊问题进行调研。

(4)学术评议会可以将个别事项或一类事项的决定权授予常务委员会，并可随时收回授权。

7　全校大会的构成

(1)全校大会包括61名成员，除学术评议会的成员外，还包括：

①18名教授；

②6名学术助理人员；

③6名大学生；

④6名其他职工。

(2)全校大会与学术评议会的成员在同一轮投票中按照不同群体的人数比例选举产生。根据选举产生的61名入围候选人的票数排行，前25名候选人是学术评议会成员，其余的是全校大会成员。如果有一人放弃评议会席位，那么依次顺延，由下一位未进入评议会的最高得票人替补入席。

8　全校大会的职责

全校大会：

——决定章程与选举程序；

——决定将国家授予的新权限授予大学的何种机构；

——在选举之前决定副校长的人数，并根据校董会的建议选举校务成员；

——讨论校务会的年度工作报告；

——应学术评议会或校董会的要求对相关事项提出意见。

9 全校大会的组织

全校大会：

——从全体成员中选举出一个理事会，根据《柏林高等学校法》第 45 条第 1 款所述之规定，每一群体必须有两名代表参与理事会；

——根据全校大会理事会的建议选举主席以及一名或几名副主席。

第 D 章 大学领导

10 大学领导

(1)校务会由校长和 3 至 4 名副校长组成。有关预算、学习与教学方面的规章制度必须经过公示和投票表决。校长是校务会主席，为其他成员确定基本方针。

(2)校长与副校长共同协商职责的分工。代理工作由校务会负责。根据《州财政条例》第 9 条所述之规定，主管财务的副校长同时也是预算专员。

(3)副校长根据学校的方针独立负责其分管领域，领导属于其管辖范围的大学中心组织与行政部门。其他事务由校务会决定。

11 校长的职责、权利和义务

(1)若无其他规定，校长为本校的代表。

(2)校长负责本校的正常运转，必须为维护或重建秩序作出必要的决策，同时拥有校园管辖权。

(3)在不影响本章程第 3 条第 4 款所述规定的情况下，大学校长行使行政权力，并且是最高行政机关、人事机构和人事管理机构的最高负责人。校长可将其权限授予他人。

(4)如果校董会之外的机构或其他部门有违法的决议和举措，校长有义务对此明确表示反对，并组织其实施或者将其撤销。如果出现违法的失职行为，校长应亲自下达必要的指示或者采取补救措施。

12 校务会的职责、权利与义务

(1)没有其他机关管辖的大学事务由校务会决定，校务会有义务及时向学术评议会通报此事务。

(2)在紧急情况下，校务会可以代替主管机构或本校其他主管部门，采取紧急措施，发布命令，并立即向负责机构进行通报。这些机构的自主决定权不受影响。只要不损害第三人权利，相关机构可以改变或者撤销相关措施。

(3)校务会可以授权给夏里特医学院院办或者大学附属医院的理事会，由其代理相关权限。医学院和附属医院的相关事务由其院长或者理事会主席主责。

(4)在所有学术自主管理机构的委员会议上，校务会成员均有发言权、知情权和动议权。他们必须熟悉其分管领域的重要事务，特别是重要经费的使用或者相关委员会的决定权权限。

(5)校务会每年以书面形式向校董会和全校大会汇报工作。

13 校务会成员

(1)校务会由全校大会根据校董会的提名选举产生，当选者须获简单多数票，任期五年，而且可以连任。柏林洪堡大学校务会成员当选者，可在两年半后宣布，将在三年后卸任。

(2)候选人由校长遴选委员会确定。该委员会由四名校董会的代表和全校大会内部各群体的四名代表组成。主席由该委员会选举产生。在副校长的选举中，校长或已选定的校长必须是遴选委员会的成员。妇女专员或者来自师生员工大会的代理委员有权参加会议。遴选委员会所提名的每个职位的候选人中，至少三分之一须为女性，除非妇女专员判定，没有适当的女候选人可供选择。主管学习与教学校长的选举，至少须获得一张学生的选票，否则该选举无效。

(3)如果只有一名候选人，并且该候选人在第一轮选举中的得票不占绝对多数，必须进行第二轮投票。如果有多名候选人，最多可能进行三轮投票。第二轮投票以后，只能从排名前二的候选人中再选。

(4)如果在其他大学任职的教授当选本校校务会成员，他们可在申请的基础上被聘为本校相应学院的教授。本校的教授或其他人员在当选之后，按现行规定从原职位休假离职。校务会成员的薪水在公务员工资法的基础上根据公法特殊合同执行。

(5)与上述第4款之规定相关的谈判在与校董会主席协商的基础上进行。

(6)校长由柏林州政府任命，副校长由柏林州政政府中主管高等学校的负责人任命。他们在接受任命后行使职权时维护大学的利益。

(7)全校大会可通过三分之二的多数票弹劾校务会成员。

第E章 学院、系所和其他科学机构

14 学院

(1)柏林洪堡大学下设学院和其他学术机构。学院是大学的基本组织单位，是集合相关学科、规模适度的单位。学院下设系所。

(2)学院在其职权范围内执行教学、学业与考试、科学研究以及促进青年学术人员的发展等任务。

(3)学院由校董会根据学术评议会的建议而设置、更改或者撤销。

(4)学院决策机构包括院务委员会、院务会、院长、教学副院长以及其他被授权的委员会。

(5)学院下设系所，决策机构包括系务委员会、系所主任，也可设副主任。

(6)自 2004 年 2 月 25 日起生效的《柏林洪堡大学自然博物馆条例》适用于自然博物馆，见 2004 年《法律与法令公报》第 94 页。

15 学院内授权

(1)除了规章和条例规定的情况，个别事项或一类事项的决定权可以委托以下人员或机构：

①院务委员会授权院长；

②根据本章程第 24 条之规定，由院务委员会授权系务委员会以及校级研究中心；

③根据本章程第 24 条之规定，由院长授权系所主任或副主任；

④根据本章程第 24 条之规定，由系务委员会授权系所主任或副主任。

(2)根据《柏林高等学校法》第 45 条第 1 款之规定，上述第 1 款第 1 项和第 4 项所述的授权只要有一个群体全体反对就不能实行。如果权限已经转移，必须及时向所委托的机构汇报。

(3)可以收回授权。根据《柏林高等学校法》第 45 条第 1 款之规定，如果一个群体中的所有人都要求收回权限，那么必须收回上述第 1 款第 1 项和第 4 项所述之授权。

16 院务委员会的规模

(1)院务委员会包括 13 名成员，分别为：

①7 名教授；

②2 名学术助理人员；

③2 名大学生；

④2 名其他职工。

(2)下设专业较多的学院，经学术评议会批准，其院务委员会可以扩大至 19 名成员，分别为：

①10 名教授；

②3 名学术助理人员；

③3 名大学生；

④3 名其他职工。

(3)以下人员可以列席院务委员会会议，并有发言权和动议权：

①校务会成员或校务会委托人员；

②院务会成员；

③本章程第 24 条所规定的系所领导；

④学生会代表或相关专业学生会代表；

⑤人事部门代表；

⑥《柏林高等学校法》第 59 条所规定的妇女专员。

(4)不属于该学院的教授，可以在商讨其专业领域内的所有重要事务时发表意见。、

(5)在不影响《柏林高等学校法》第 47 条第 3 款规定的情况下，在院务委员会就教授聘任人选、青年教授考评、大学执教资格授予，以及执教资格，与博士学位条例的确定等事宜作出决定时，该学院所有全职教师至迟应在会议前两天收到通知，并参与决策；参与决策者应视为在院务委员会的高校教师代表。《柏林高等学校法》第 47 条第 3 款对此同样适用。

17　院务委员会的职责

(1)院务委员会的权限如下：

①公布该院章程；

②选举和弹劾院长与副院长；

③就该院下设系所的结构提出建议；

④制定该院的结构与发展规划；

⑤决定该院教学、学习和研究的基本事务，特别是协调教学与研究工作；

⑥决定课程设置及课程开设的完整性；

⑦决定教授岗位的聘任人选；

⑧决定授予大学执教资格；

⑨决定对青年教授的考评；

⑩根据本章程第 27 条之规定，决定该院部门一揽子预算、院层岗位的使用、编外劳务人员酬劳的支付，以及事业费用的支配，按照本章程第 24 条分配给各系所的经费除外；

⑪决定该院的教学报告、教学评估报告、学业和考试条例；

⑫决定该院的女性促进计划；

⑬商议所有涉及全院的问题；

⑭决定跨学科中心对学院物力和人力的占用问题；

⑮在院务委员会权限所及的方面，与校务会达成目标和工作协议；

⑯每年召开一次由该院所有成员参加的全体大会，属于本章程第 24 条所规定系所结构的学院除外；

⑰就名誉头衔的授予提出建议。

(2)院务委员会的成员在该院的所有委员会中都享有发言权和动议权。

(3)院务委员会可以建立一个假期委员会，以处理紧急事项。

(4)院务委员会可以制定其议事规程。

(5)院务委员会的人事管理权根据本章程第 26 条而定。

18 院务会

(1)学院由院务会领导。院务会至少包括：

①1 名院长；

②2 名副院长；

③有建议权的行政负责人。

在院务委员会以三分之二多数表决通过，而且学术评议会以三分之二多数表示同意的情况下，该院可以只设一名副院长。院务会应至少有一名女性成员。

(2)院长和副院长由院务委员会选举产生，任期两年；院务委员会可以三分之二多数弹劾院长和副院长。院长以及至少一名副院长必须是该院的全职教授；在上述第 1 款第 3 句规定的情况下，本款规定不适用于副院长。根据第 4 款所述之规定，副院长必须获得至少一张学生的选票，否则该次选举无效。

(3)院务会按照集体原则进行工作，也可以授权其成员完成任务。

(4)主管教学和学业的教学副院长，不能兼任考试委员会主席。经院务委员会同意，教学副院长可根据本章程第 24 条之规定将考试委员会主席的权力授予负责教学与学业的系所负责人。

(5)依据《柏林高等学校法》第 59 条，妇女专员可以参与院务会的商议。

19 院务会的职能

(1)院内事物由院务会决策，由其他决策机构负责的事务除外。

(2)院务会的任务主要包括：

①确保教学和考试工作有序进行，为科学研究提供支持；

②制定预算草案，就院层岗位的安排以及编外劳务人员经费的使用提出建议；

③处理日常的人事与行政事务，但校行政部门和人事部门主管权限内的事务除外。

此外，人事管理权根据本章程第 26 条而定。

(3)在紧急情况下,院务会可以代替院务委员会发出指令,采取紧急措施。这种紧急决议必须尽早得到院务委员会的许可。院务委员会的自主决定权不受影响。只要不触及第三人的权利,院务委员会可以改变或者撤销紧急决议。

(4)院务会成员在该院所有学术自主管理机构的委员会议上都有发言权和动议权。他们有义务通报其职务范围内的重要事务以及为各机构的决策提供信息。

20　院长的职责

院长对内和对外都是学院的代表,他(她)主持院务委员会的工作,并且必须致力于确保该院成员有序完成其本职工作,特别是履行其教学和考试义务。院长有权向院内人员下达人事指令,只要该权限未被分配给教授或院内其他机构。院长必须定期向院务委员会汇报工作。

21　教学副院长的职责

(1)教学副院长的中心任务是:

①就课程设置和外聘教师经费的使用向院务委员会提出建议,落实课程的开设以及确保教学活动按照考试和学习条例有序实施;

②组织制定考试与学习条例;

③负责教学评估;

④完成学院教学报告;

⑤与相关专业的学生组织合作,对新生进行入学指导;

⑥持续的教学改革。

(2)教学副院长是学院教学与学业委员会的当然成员。研究与教学部门的负责人、工作人员,以及从事学业咨询的学生助理都归教学副院长领导。

(3)教学副院长的工作有特殊的津贴。

(4)如果学生担任教学副院长之职,将获得薪酬,其学习年限的计算可适当放宽。薪酬金额视工作量以及学院规模而定。学术评议会制定有关细则。

22　学院的专门委员会

(1)院务委员会可以设立专门委员会以支持其工作,进行共商。院务委员会同时确定委员会的组成、任务和持续期限。院务委员会将考试与授予博士学位的决定权委托给专门委员会;细则参照考试条例和博士学位授予条例。

(2)专门委员会成员从院务委员会内各个不同群体的代表中提名产生,其任期不超过院务委员会的任期。专门委员会的主席和副主席由委员会选举产生。考试委员会的主席不得兼任教学与学业委员会的主席。

(3)院务委员会设立教学与学业常设委员会，其中学生占一半的席位与选票。其任务是：

①为教学副院长和院务委员会就学业和教学的基本问题提供咨询；

②制定学习条例和考试条例的草案；

③决定学院教学报告草案；

④根据《柏林高等学校法》第 36 条第 5 款第 3 项之规定，提供相关活动包括高级教学法活动的有关材料，参与教学评定；

⑤教学评估。

如果院务委员会根据本章程第 24 条之规定将教学与学业委员会的任务委托给系所，那么系所应设立其教学与学业委员会。

(4)教学与学业委员会必须保证，所有专业及其学习与考试条例定期接受评估。第一次评估必须在第一届学生于规定的期限内完成学业之后进行。委员会向院务委员会呈交评估报告，就外部评估报告提出意见，提出修订学习和考试条例的修改意见，供院务委员会决策。

(5)在科研和学术后备力量专门委员会中，教授和中层教师群体至少各占三分之一的席位。

(6)在进行教授聘任提名的专门委员会中，教授占多数。学术助理人员和学生有权参与委员会，原则上他们平分剩余的席位，但是委员会中学术助理人员与学生的总人数必须少于教授的人数。其他职工可以参与讨论。在教授招聘委员会中女性应当占半数，而且其中至少有两位女性学术成员。

如果院务委员会根据本章程第 28 条第 2 款之规定，并经校长许可至少包括两名外来成员，则不需要外部的鉴定意见。

(7)在大学执教资格评定的专门委员会中，除教授外只有获得高校执教资格的成员有表决权。无相应资格的学术助理人员和大学生应具有参与讨论的机会；参与方式根据相关条例而定。

23　共同委员会

(1)当多个学院需要面对共同任务时，可设立共同委员会。这也同样适用于不同高校的学院间的合作。

(2)参与各方的院务委员会决定共同委员会的任务、工作期限、人员构成和工作程序。

(3)学术评议会可要求各学院建立共同委员会。与上述第 2 款有所出入的是，学术评议会有权在听取相关学院的意见后组建共同委员会。

(4)能够为相关合作学院作出有约束性决定的共同委员会,其构成须符合本章程第 16 条第 1 款和第 2 款有关各群体的席位和表决权的规定。本章程第 16 条第 3 款的规定也相应适用。每个学院的代表由院务委员会根据各个成员群体的提名选出,学院代表可以不是院务委员会的成员。常设共同委员会的成员任期与所属学院的院务委员会任期一致。替补和补选的委员继续前任委员的任期工作。

(5)负责教授招聘提名、大学执教资格以及执教资格条例与博士学位授予条例的共同委员会应服从本章程第 22 条第 6 款的规定。本章程第 16 章第 5 条的规定也相应有效。

(6)共同委员会可以与校级研究中心相结合。

(7)当一个公共委员会被授权负责专业设置时,必须在决议中明确,参与各院的教学和学业由哪个委员会负责。

24 学院的系所

(1)根据《柏林高等学校法》第 75 条之规定,系所由执行主任领导。与上述第一句有所出入的是,院务委员会可以根据申请,组成系所领导班子,具体包括一名执行主任和两名副主任。在这种情况下,一名系所领导成员主管教学与学业。

(2)执行主任在系务会决议基础上进行领导和管理。主任可以在紧急情况下代替系所委员会采取紧急措施,发布指令。紧急决议必须尽早得到系务委员会的确认。系务委员会的自主决定权不受影响。只要不影响第三人权利,系务委员会可以改变或者撤销紧急决议。根据本章程第 15 条之规定,可以将进一步的权限授予执行主任。按照本章程第 18 条第 4 款的规定,可以将管理教学与学业的权限授予副主任。

(3)系务委员会通过选举产生。根据《柏林高等学校法》第 45 条第 1 款之规定,系务委员会应包括四名教授以及其他群体代表各一名。与上述第一句有所出入的是,院务委员会可以根据建议,确定系务委员会的人员结构比为 7∶2∶2∶2。如果一个系所只有三名教授,那么在系务委员会上,教授的投票要加权乘以因数 4/3;如果只有两名教授,那么教授的投票要加权乘以 2,如果特殊情况仅一名教授,则加权乘以 4。

(4)系务委员会选举产生执行主任、副主任,即系务委员会成员。执行主任和一名副主任必须是该系所的全职教授。主管教学与学业事务的系所领导必须获得至少一张学生的选票,否则该次选举无效。系所领导在院务委员会中有发言权和提议权。系所领导可以凭借三分之二多数弹劾其成员。

(5)系务委员会决定系所的基本事务,包括分配职位、编外工作人员的薪酬以及教授的事业费用使用。根据本章程第 15 条之规定,系务委员会可获得其他职权;本章程第 16 条第 3—5 款以及第 17 条第 3 和第 4 款在相应的情况下适用。系务委员会每年至少召开一次该机构全体成员大会。

25 跨学科中心

(1)除学院、系所、研究中心和中心机构之外,还可以建立跨学科中心。这些中心致力于教学、研究、青年学术队伍的培养以及学术性继续教育等方面的跨学科项目。各院或共同委员会在教学与学位授予上的权限不受影响。

(2)校董会可以根据学术评议会的申请,为学校成员相应的创新活动设立跨学科中心。

(3)学术评议会对必要的能力水平、跨学科性和计划的可行性进行考察,听取各相关学院的意见,并考虑其工作的完成情况。

(4)跨学科中心的成立期限最多为五年。经过考评之后可以延长。校董会可根据学术评议会的建议调整和撤销跨学科中心。

(5)跨学科中心的成员编制依然属于原来的单位。学术评议会根据中心的建议任命一名中心召集人。召集人必须是柏林洪堡大学的成员。

中心的组织和成员资格由内部章程规定,此章程须经学术评议会批准。相关群体的权利应根据《柏林高等学校法》第 45 条第 1 款得到保障。

26 学院与系所的人事管理权

(1)分派给各个教授的全职和兼职人员的任用与解聘及其工作安排,由以下部门根据教授的建议而决定:

①根据本章程第 24 条之规定,在没有划分为系所的学院中,由院长决定;

②根据本章程第 24 条之规定,在划分为系所的学院中,由系务委员会决定,如果有系所领导班子,则由系所领导班子决定。

根据《柏林高等学校法》第 59 条之规定,必须有妇女专员参与以上决策。

(2)没有分派给教授的工作人员的相应事宜:

①根据本章程第 24 条之规定,在没有划分为系所的学院中,由院务委员会决定;

②根据本章程第 24 条之规定,在划分为系所的学院中,由系务委员会决定。

若工作人员不属于任何系所,则其相应事宜由院务委员会决定。根据议事规程,可以将决定权授予院长或者系所领导。

(3)客座教授与特聘教师：

①根据本章程第 24 条之规定，在没有划分为系所的学院中，由院务委员会决定；

②根据本章程第 24 条之规定，在划分为系所的学院中，由系务委员会决定。

(4)与《柏林高等学校法》第 120 条 1 款第 2 句有所出入的是，柏林洪堡大学的教师以及获得相应资格的学术助理人员可以根据院务委员会的决议，在本职工作之外——特别在教学工作量之外，可获得特聘合同，以从事继续教育的教学。此类教学活动可以获得报酬，前提是经费来自第三方或者有特殊的预算经费，而且本职工作未受到影响。

27　部门一揽子预算

(1)学院、校级研究中心和中心机构获得部门一揽子预算，一揽子预算根据下述第 2 款之规定包括用于自主经营的资金、人员经费、事业经费以及投资方面的收入和支出。在部门一揽子预算中，人员经费与事业经费可相互挪用。一揽子预算按年度编制，经费可跨年度使用。各个部门自主负责其资源的使用。

(2)预算通过后，主管财政事务的副校长应向学术评议会通报一揽子预算的执行方案并听取意见。

(3)为提高部门一揽子预算的灵活性，加快其执行过程，校长可以根据本章程第 2 条第 3 款之规定，将有关权限特别是人员经费方面的权限，授予各学院、研究中心和中心机构。

(4)院长可以在预算范围内拨出包括人员经费和事业经费在内的专项经费，用以促进创新和鼓励成绩，专项经费的使用必须向院务委员会通报。如有三分之二的院务委员会成员反对预算使用计划，则计划必须重新制订。

第 F 章　成员与参与决策

28　教授与青年教授的聘任

(1)院务委员会招聘教授与青年教授时，原则上应当提出包括三名申请者的候选人名单。

(2)根据上述第 1 款之规定，院务委员会为此应设立一个教授招聘委员会。该委员会应当包括外来的成员。如果院务委员会经校长许可已聘请了至少两名外来招聘委员会成员，则不需要另行提供校外评审的意见。

(3)如果妇女专员在其权限范围内对聘任人选表示反对，则可以要求院务委员会提供校外专家的评审意见。

(4)学术评议会可以任命院外评议人以评判招聘过程。

29 第二成员资格

(1)学院或研究中心的成员,只要具有相应的资格,并在工作上有必要或有实际需要,就可以同时是另外一个学院或研究中心的第二成员。第二成员资格的获得首先须经该成员作为第一成员的学院同意,以及接受其第二成员资格的学院的同意。如果第二成员资格严重影响保有该成员第一成员资格的学院的利益,原学院可以收回决定。第二成员资格可以随第一成员资格的结束而取消,或通过自愿放弃而取消,或通过接受其第二成员资格的学院或中心研究所的开除决议而结束。对于各系所的第二成员资格,上述第 2 句和第 3 句的规定同样适用。

(2)第二成员资格使该成员在此具有参与学术自主管理的所有权利。

(3)对于那些在多个专业注册的大学生,其选举权和被选举权由选举条例规定。

30 选举权

年龄达到 65 岁的编外讲师、编外教授、名誉教授具有与退休教授相同的大学成员资格。

31 退休后留职

(1)根据《柏林高等学校法》第 45 条第 1 款第 1 项之规定,全职教授退休后依然享有与教学相联系的种种权利,如讲课、参与考试以及博士学位和大学执教资格授予工作。他们有权指导研究工作,完成在退休前已开始的研究项目。

根据本章程第 22 条第 6 款之规定,如果不涉及其继任教授,院务委员会可以提名退休教授作为高校教师的代表参加教授招聘委员会。

(2)如有特殊理由,编外讲师、编外教授和名誉教授经院务委员会同意,可接受有明确期限的工作。

(3)当以上人员从事上述第 1 款和第 2 款所规定的工作时,大学没有义务提供相应的设备和报酬。

32 招聘与辅助岗位

招聘的职位原则上要公开进行,学生助理职位原则上要在校内公开招聘。如有特殊理由,上述第 1 句规定可以例外。

33 名誉教授与编外教授

(1)关于名誉教授的聘任需要两名专家——其中至少一名是校外专家——根据教授的水平要求,就候选人在学术或艺术方面的卓越成就提出鉴定意见,并在此基础上作出决定。

(2)校长根据学院的建议，在两名校外专家鉴定意见的基础上，经州政府主管高等学校的部门同意，可以为获得执教资格四年以上并且在教学和研究上做出卓越贡献的编外讲师授予编外教授的头衔。此头衔在退休后依然有效。《柏林高等学校法》第117条第2款第3目不受影响。

34　名誉职位

大学可以根据学术评议会的决议向有贡献的人士授予柏林洪堡大学名誉校参的称号。评议程序、条件以及称号的取消都由学术评议会依照规章处理。

第G章　地位平等

35　禁止歧视

本校反对歧视，并在其工作中注意减少特别是针对女性职员和女性大学生的种种不利因素。本校注意满足残疾成员的特殊需求和外籍成员的特别要求。

36　妇女专员的权利

《柏林高等学校法》第59条之规定不受影响。

37　妇女专员及其代理人的选举;职务津贴

(1)全职的妇女专员及其代理由选举委员会在招聘并公开听证后选举产生。各部门中的妇女专员可以参加听证后的讨论。根据《柏林高等学校法》第45条第1款的规定，选举委员会由各群体的三位女性代表组成。她们由大学的女性成员选举产生，同时也按照同样的原则被选人全校大会。

(2)各部门中的妇女专员及其代理由该部门的女性成员通过投票箱选举或函选产生。各部门的选举指导委员会对此负责。

(3)如果学生担任学院或其他部门的妇女专员或代理之职，则可获得职务津贴。数额视工作量和学院规模而定。在计算其学习年限时，其工作应予考虑。学术评议会依照规章制定细则。

38　性别专用语

在信件往来中以及法律文件和行政文件(包括学习、考试、博士学位授予和执教资格授予条例)中，必须使用中性的称谓或者同时使用女性和男性称谓。

第H章　学术管理机构成员的权利，议事规程与决策

39　学术管理机构成员的法律地位;知情权

(1)任何成员都不得因其在自主管理机构中的工作而遭到歧视或得到偏袒。只具有参与讨论权的成员，除没有表决权外，与所有的成员享有同等权利。

(2)每位成员都有审阅公文的权利，并有义务对学术管理机构的负责人、校长或者院长的质询给出答复。如果问题涉及私人的或需要保密的信息，则必须遵循信息保护方面的法律规定。细则按议事规程予以处理。

(3)如果学生在学术自主管理机构中任职,在计算修业年限时,其工作应予考虑并可获得劳务费。上述第1款第二句之规定也同样适用于学生成员。细则由学术评议会制定。

40 议事规程

(1)学术自主管理机构的委员会可制定其议事规程。根据《柏林高等学校法》第47条第4款第3句之规定,议事规程应以书面形式确定表决的过程。如果院务委员会、研究中心委员会以及有决策权的共同委员会没有议事规程,则以学术评议会的议事规程为准。

(2)根据第5条第1款所述之规定,如果学术评议会对各院、有决策权的共同委员会、校级研究所以及中心机构提交的有关规定有疑问,可以驳回,责令其复审。

(3)根据《柏林高等学校法》第47条第3款之规定,第一轮和第二轮表决之间应有至少一个星期的间隔;并力求协商沟通。

(4)在表决中被否决的每一名委员可要求:

①将其个人的意见写入会议记录(会议说明);

②在转呈其他方面的决议中附加说明少数派意见。

会议说明必须在会议期间申明,并在会议结束后的第一个工作日提交。

少数派意见必须在会议期间申明并在14天之内提交。

41 群体否决权

(1)根据《柏林高等学校法》第45第1款第2项至第4项之规定,在有决策权的委员会中,有关科研、艺术项目、教学和教授聘任的表决,一旦遭到某一群体中所有成员的反对,则应当根据申请重新审议。这一规则也适用于无记名投票。在这种情况下,通过分组清点选票来确认群体否决。

(2)在群体否决的表决之后,应建立一个调查委员会。相应委员会的主席兼任调查委员会的主席。每个群体向调查委员会选派一名拥有表决权的全权代表。而投反对票的群体则拥有两票。调查委员会应拟出解决方案,用简单多数法进行表决,然后将该项事务移交给委员会进行最终表决,移交后同一个群体不能再投反对票。

(3)根据《柏林高等学校法》第47条第3款之规定,如果一项决议进行多轮表决,那么一个群体的群体否决票只能使用一次,即在第一轮投票或第二轮投票中使用。

(4)决议在委员会批准之后,必须即刻执行。在第一次表决和下一次会议之间,必须至少有一周的间隔。

第 I 章　图书馆、档案与大学收藏

42　图书馆

柏林洪堡大学的图书机构构成统一的图书馆系统,为研究、教学和学习提供文献及其他——尤其是电子的——信息资料。图书馆系统分为大学图书馆和分馆,各分馆为大学中各分散的学术机构直接提供文献资料。

43　档案与大学收藏

柏林洪堡大学的档案与大学收藏部门面向学术与行政领域,通过保管官方的文字材料和收购艺术作品,为大学的研究、教学、学习和管理提供支持,并为展示大学、下属机构及其成员的历史提供文献和艺术作品。

第 J 章　暂行条例和最终条例

44　失效

下属文件已失效:

(1)颁布于 1990 年 10 月 15 日的《柏林洪堡大学章程》[《柏林洪堡大学通告》,1990 年 10 月 16 日第 90 号(10—17)]

(2)柏林洪堡大学专项基本规章,制定于 1992 年 4 月 29 日(1992 年 4 月 14 日全校大会决议)[《柏林洪堡大学官方公报》,第 1a 号/1992]

(3)柏林洪堡大学专项基本规章,制定于 1992 年 10 月 28 日[《柏林洪堡大学官方公报》,1993 年 3 月 23 日第 15 号/1993]

(4)关于教授参与院务委员会及其投票权的暂行条例[《柏林洪堡大学官方公报》,1994 年 3 月 28 日第 14 号/1994]

(5)关于柏林洪堡大学名誉成员资格授予的暂行条例[《柏林洪堡大学官方公报》,1994 年 4 月 15 日第 15 号/1994]

(6)关于柏林洪堡大学专业名称的暂行条例[《柏林洪堡大学官方公报》,1994 年 8 月 16 日,第 39 号/1994]

(7)关于柏林洪堡大学各个学院与中心机构妇女专员选举的暂行条例,制定于 1997 年 1 月 17 日[《柏林洪堡大学官方公报》,1997 年 4 月 7 日第 12 号/1997]

(8)关于全职妇女专员及其副代表选举的暂行条例[《柏林洪堡大学官方公报》,1997 年 5 月 16 日,第 13 号/1997]

(9)关于自然博物馆教授的选举权的暂行条例[《柏林洪堡大学官方公报》,

1997年11月5日第36号/1997]

45　生效

(1)本章程自《柏林洪堡大学官方公报》公布之日起生效。

(2)本章程的修订须经全校大会多数成员批准。修订案原则上必须至少经过两次大会讨论。章程修订后应在官方公报中重新公布。

参考文献

一、著作

[1]潘懋元.多学科观点的高等教育研究[M].上海:上海教育出版社,2001.

[2]潘懋元主编.高等教育研究方法[M].北京:高等教育出版社,2008.

[3]湛中乐.通过章程的大学治理[M].北京:中国法制出版社,2011.

[4]马陆亭.高校分层与管理[M].广州:广东教育出版社,2004.

[5]林杰.西方知识论传统与学术自由[M].北京:北京师范大学出版社,2010.

[6][美]博耶.关于美国教育改革的演讲[M].北京:教育科学出版社,2002.

[7]万力维.控制与分等——大学学科制度的权力逻辑[M].南京:南京师范大学出版社,2005.

[8]苏智先,等.现代大学制度创新研究[M].成都:四川人民出版社,2008.

[9]高平叔.蔡元培教育论著选[M].北京:人民教育出版社,1991.

[10]王恩华.大学学术失范与学术规范[M].长沙:湖南师范大学出版社,2010.

[11]夏仕武.大学教师学术权利的制度设计研究[M].北京:北京师范大学出版社,2011.

[12]陈立鹏.学校章程[M].北京:光明日报出版社,1999.

[13]马陆亭,范文曜.大学章程要素的国际比较[M].北京:教育科学出版社,2010.

[14]米俊魁.大学章程价值研究[M].青岛:中国海洋大学出版社,2006.

[15]唐朝纪,等.依法治教:中华人民共和国教育法学习问答[M].北京:人民教育出版社,1995.

[16]邓洪波.中国书院章程[M].长沙:湖南大学出版社,2000.

[17]湛中乐.大学章程精选[M].北京:中国法制出版社,2010.

[18]胡金平.学术与政治之间的角色困顿——大学教师的社会学研究[M].南京:南京师范大学出版社,2005.

[19][德]舍勒.知识社会学问题[M].艾彦,译.北京:华夏出版社,2000.

[20][美]劳斯.知识与权力——走向科学的政治哲学[M].盛晓明,译,北京:北京大学出版社,2004.

[21]周佳.学术权利的政治哲学基础[M].太原:山西教育出版社,2010.

[22]缪榕楠.学术组织中的人[M].南京:南京师范大学出版社,2008.

[23]全球治理委员会.我们的全球伙伴关系[M].牛津:牛津大学出版社,1995.

[24]汪习根.权力的法治规约——政治文明法治化研究[J].武汉:武汉大学出版社,2009.

[25]陈洪捷.德国古典大学观及其对中国的影响[M].修订版.北京:北京大学出版社,2006.

[26][比]里德—西蒙斯.欧洲大学史:第一卷　中世纪大学[M].张斌贤,等,译.保定:河北大学出版社,2008.

[27][法]韦尔热.中世纪大学[M].王晓辉,译.上海:上海人民出版社,2007.

[28]贺国庆,等.欧洲中世纪大学[M].北京:人民教育出版社,2009.

[29][美]哈斯金斯.12世纪文艺复兴[M].夏继果,译.上海:上海人民出版社:2005.

[30]张磊.欧洲中世纪大学[M].北京:商务印书馆,2010.

[31]刘海峰,史静寰.高等教育史[M].北京:高等教育出版社,2010.

[32]鲍耀三.简明自然科学史[M].开封:河南大学出版社,1998.

[33][美]哈斯金斯.大学的兴起[M].张堂会,等,译.北京:北京出版社,2010.

[34][美]布鲁贝克.高等教育哲学[M].王承绪,等,译.杭州:浙江教育出版社,1998.

[35]张楚廷.高等教育学导论[M].北京:人民教育出版社,2010.

[36]周光礼.学术自由与社会干预——大学学术自由的制度分析[M].武汉:华中科技大学出版社,2003.

[37]张维迎.大学的逻辑[M].北京:北京大学出版社,2004.

[38]王英杰.美国高等教育的发展与改革[M].北京:人民教育出版

社,1993.

[39]陈学飞.当代美国高等教育思想研究[M].沈阳:辽宁师范大学出版社,1996.

[40][英]巴特菲尔德.剑桥奇迹——高技术在大学城的成长[M].上海:上海翻译出版公司,1987.

[41][英]波普尔.猜想与反驳——科学知识的增长[M].上海:上海译文出版社,1986.

[42][美]李普塞特.政治人——政治的社会基础[M].上海:上海人民出版社,1997.

[43]张斌贤.大学:社会分层与社会流动[M].北京:北京师范大学出版社,2007.

[44][西]加塞特.大学的使命[M].杭州:浙江教育出版社,2001.

[45]张敏,杨媛.芝加哥大学[M].长沙:湖南教育出版社,1996.

[46][美]肯尼迪.学术责任[M].阎凤桥,等,译.北京:新华出版社,2002.

[47][美]克拉克.探究的场所[M].王承绪,等,译.杭州:浙江教育出版社,2000.

[48][美]克拉克.高等教育系统[M].王承绪,等,译.杭州:杭州大学出版社,1994.

[49][英]梅尔茨.19世纪欧洲思想史:第一卷[M].周昌忠,译.北京:商务印书馆,1999.

[50][德]费希特.论学者的使命[M].梁志学,等,译.上海:商务印书馆,1984.

[51][美]克尔.大学的功用[M].南昌:江西教育出版社,1993.

[52][英]德兰迪.知识社会中的大学[M].黄建如,译.北京:北京大学出版社,2010.

[53]黄宇红.知识演化进程中的美国大学[M].北京:北京师范大学出版社,2008.

[54]许纪霖.智者尊严——知识分子与近代文化[M].上海:学林出版社,1991.

[55]张文显.法理学[M].北京:中共中央党校出版社,2002.

[56][英]布什.当代西方教育管理模式[M].强海燕,译.南京:南京师范大学出版社,1998.

[57]周丽华. 德国大学与国家的关系[M]. 北京：北京师范大学出版社，2008.

[58][美]弗莱克斯纳. 现代大学论[M]. 徐辉，等，译. 杭州：浙江教育出版社，2001.

[59][加]范德格拉夫，等. 学术权力——七国高等教育管理体制比较[M]. 杭州：浙江教育出版社，2001.

[60]王绽蕊. 美国高校董事会制度：结构、功能与效率研究[M]. 北京：高等教育出版社，2010.

[61]谷贤林. 美国研究型大学管理——国家、市场和学术权力的平衡与制约[M]. 北京：教育科学出版社，2008.

[62][美]克尔，盖德. 大学校长的多重生活[M]. 赵炬明，译. 桂林：广西师范大学出版社，2008.

[63]欧阳光华. 董事、校长与教授：美国大学治理结构研究[M]. 北京：高等教育出版社，2011.

[64][美]梅兹格. 美国大学时代的学术自由[M]. 李子江，等，译. 北京：北京大学出版社 2010.

[65]顾建民. 自由与责任：西方大学终身教职制度研究[M]. 杭州：浙江教育出版社，2007.

[66]郭卉. 权利诉求与大学治理：中国大学教师利益表达的制度运作[M]. 青岛：中国海洋大学出版社，2009.

[67][美]博克. 走出象牙塔[M]. 浙江教育出版社，2001.

[68][美]科伯. 高等教育市场化的底线[M]. 晓征，译. 北京：北京大学出版社，2008.

[69][加]雷丁斯. 废墟中的大学[M]. 郭君，等，译. 北京：北京大学出版社，2008.

[70][美]伯恩鲍姆. 高等教育中的管理时尚[M]. 毛亚庆，等，译. 北京：北京师范大学出版社，2008.

[71]阎光才. 精神的放牧与规训：学术活动的制度化与学术人[M]. 北京：教育科学出版社，2011.

[72]刘明. 学术评价制度批判[M]. 武汉：长江文艺出版社，2006.

[73][美]布鲁姆. 美国精神的封闭[M]. 南京：译林出版社，2007.

[74][加]许美德. 中国大学 1985—1995：一个文化冲突的世纪[M]. 徐洁

英,译.北京:教育科学出版社,2000.

[75]朱有瓛.中国近代学制史料:第2辑上册[M].上海:华东师范大学出版社,1987.

[76]别敦荣.中美大学学术管理[M].武汉:华中理工大学出版社,2000.

[77]王学珍.北京大学纪事:1898——1997(上)[M].北京:北京大学出版社,1998.

[78]南开大学校史编写组.南开大学史(1919——1949)[M].天津:南开大学出版社,1989.

[79]西南联大北京校友会.国立西南联合大学校史——1937至1946年的北大、清华、南开[C].北京:北京大学出版社,1986.

[80]林荣日.制度变迁中的权力博弈[M].上海:复旦大学出版社,2007.

[81]胡建华.现代中国大学制度的原点:50年代初期的大学改革[M].南京:南京师范大学出版社,2001.

[82]鲍嵘.学问与治理——中国大学知识现代性状况报告:1949－1954[M].上海:学林出版社,2008.

[83]赵德胜.1949——1957:共和国教坛风云[M].福州:福建教育出版社,2005.

[84]季羡林.牛棚杂忆[M].北京:中共中央党校出版社,1988.

[85][英]华尔德.共产党生活的新传统主义[M].龚小夏,译.香港:牛津大学出版社,1996.

[86]张鸣.姑妄集[M].西安:陕西人民出版社,2009.

[87][日]青木昌彦.比较制度分析[M].上海:上海远东出版社,2001.

[88][法]福柯.福柯集[M].上海:上海远东出版社,1998.

[89][德]雅斯贝尔斯.大学之理念[M].邱立波,译.上海:上海世纪出版集团,2007.

[90][美]坎德尔.比较教育方法论[M]//赵中建.比较教育的理论与方法.北京:人民教育出版社,1994.

[91]卢现祥.西方新制度经济学[M].北京:中国发展出版社,2003.

[92]林志扬.管理学原理[M].厦门:厦门大学出版社,2004:.

[93][德]韦伯.社会科学方法论[M].杨富斌,等,译.北京:华夏出版社,1999.

[94][美]汤普逊.中世纪经济社会史:上册[M].耿淡如,译.北京:商务印书

馆,1997.

[95][法]勒戈夫.中世纪的知识分子[M].北京:商务印书馆,1996.

[96]侯钧生.西方社会学理论教程[M].天津:南开大学出版社,2006.

[97][英]德兰迪.知识社会中的大学[M].黄建如,译.北京:北京大学出版社,2010.

[98]劳凯声.中国教育法制评论[M].北京:教育科学出版社,2003.

[99][德]康德.道德形而上学原理[M].苗力田,译.上海:上海世纪出版集团,2005.

[100]吕继臣.中国公立高等学校法人制度研究[M].北京:北京师范大学出版社,2011.

[101][德]韦伯.经济与社会[M].林荣远,译.北京:商务印书馆,1997.

[102][美]罗尔斯.正义论[M].何怀宏,等,译.北京:中国社会科学出版社,1988.

[103]吴国娟.大学制度伦理反思[M].北京:中国社会科学出版社,2012.

[104]章开沅.中国著名大学校长书系[M].济南:山东教育出版社,2004.

[105]陈学飞.美国、日本、德国、法国高等教育管理体制改革研究[M].北京:教育科学出版社,1995.

[106][德]包尔生.德国大学与大学学习[M].张弛,等,译.北京:人民教育出版社,2009.

[107]萧宗六,贺乐凡.中国教育行政学[M].北京:人民教育出版社,1997.

[108]龙卫球.民法总论[M].北京:中国法制出版社,2002.

[109][美]格林菲尔德.民族主义:走向现代的五条道路[M].王春华,等,译.上海:上海三联书店,2010.

[110][美]克拉克.高等教育新论——多学科的研究[M].王承绪,等,译.杭州:浙江教育出版社,2001.

[111]李福华.大学治理与大学管理[M].北京:人民出版社,2012.

[112]贺国庆,王保星,朱文富,等.外国高等教育史[M].北京:人民教育出版社,2006.

[113]刘海峰,史静寰.高等教育史[M].北京:高等教育出版社,2010.

[114][美]诺思.制度、制度变迁与经济绩效[M].刘守英,译.上海:上海三联书店,1994.

[115]于阳,江湖中国——一个非正式制度在中国的起因[M].北京:当代中

国出版社,2006.

[116]刘道玉.中国高校之殇[M].武汉:湖北人民出版社,2010.

[117][美]杜威.我们怎样思维·经验与教育[M].姜文闵,译.北京:人民教育出版社,1991.

[118]湛中乐,等.公立高等学校法律问题研究[M].北京:法律出版社,2009 .

[119][美]杜德斯达,等.美国公立大学的未来[M].刘济良译.北京:北京大学出版社,2006.

[120]季卫东.法治秩序的构建[M].北京:中国政法大学出版社,1999.

[121]袁振国.中国教育政策评论:2012[M].北京:教育科学出版社,2012.

[122]湛中乐.大学章程精选[M].北京:中国法制出版社,2010.

[123]张国有.大学章程:第一卷[M].北京:北京大学出版社,2011.

[124]张国有.大学章程:第二卷[M].北京:北京大学出版社,2011.

[125][美]克鲁克洪.文化与个人[M].高佳,等,译.杭州:浙江人民出版社,1986.

[126] 劳凯声.中国教育法制评论[M].北京:教育科学出版社,2011.

二、期刊论文

[1]曾长隽,胡劲松.论大学章程制定主体[J].教育发展研究, 2011(11).

[2]张德祥.关于高等学校章程制定与实施的几个问题[J].高等教育研究,2006.

[3] 张国友,胡少诚.中国大学章程建设的历程与形态[J].北京大学教育评论,2012(4).

[4] 王大泉.我国高校章程建设的现状与路径[J].中国高等教育,2011(9).

[5]万华.论低质公立高校的退出与转型[J].现代教育管理 2011(12).

[6]邬大光.大学分化的复杂性及其价值[J].教育研究,2010(12).

[7]潘懋元,吴玫.高等学校分类与定位问题[J].复旦教育论坛,2003(3).

[8] 殷爱荪,许庆豫.试论我国高等学校章程的制定和实施[J].苏州大学学报:哲学社会科学版,1997(4) .

[9] 陆俊杰.论大学章程的形式合法性[J].现代教育管理,2009.

[10] 周光礼,等.大学章程的法律透视[J].高教探索,2004(3).

[11] 孙华.特许状:大学学术自由的张力和社会控制的平衡[J].教育学术月刊,2010(3).

[12] 季玲燕,陆俊杰.大学章程的历史生长逻辑与价值预期[J].教育学术月刊,2009(7).

[13] 陈学敏.关于大学章程的法律分析[J].武汉大学学报:哲学社会科学版,2008(2).

[14] 湛中乐.通过章程的现代大学治理[J].法治与社会发展,2010(3).

[15] 张建初.论高等学校章程[J].教育研究,2009(2).

[16] 焦志勇.论我国公立大学章程的地位和作用[J].山东科技大学学报:社会科学版,2009(8).

[17] 牛维麟.现代大学章程与大学管理[J].中国高等教育,2007(1).

[18]陈立荣.大学章程:落实高校办学自主权的制度保障[J].现代教育科学,2009(3).

[19] 张文显,等.大学章程:现代大学制度的载体[J].中国高等教育,2006(20).

[20] 潘艺林.大学章程:构建和谐高校的制度保障[J].大学教育科学,2010(1).

[21] 刘承波.大学治理的法律基础与制度架构:美国大学章程透视[J].国家教育行政学院学报 2008(5).

[22] 范文曜.大学章程的治理意义——英国大学章程案例研究[J].理工高教研究,2008(6).

[23] 陈立鹏.日本的大学章程建设[J].中国高等教育,2010(17).

[24] 于丽娟.国外大学章程文本探析:以牛津大学和康奈尔大学为主要案例[J].高教探索,2009(1).

[25] 王晓燕.日本国立大学法人化改革中的大学章程建设[J].全球教育展望,2009(4).

[26] 刘文娟.加州大学章程的"思想"给我国公立大学的启示[J].辽宁教育研究,2007(7).

[27]曲耀华.香港科技大学章程对我国大学章程建设的启示[J].曲靖师范学院学报,2008(5).

[28] 金一超.从审核到立法——论大学章程的生效程序[J].中国高教研究,2008(12).

[29]陆俊杰.法理视阈大学章程的合理性[J].现代教育管理,2010(11).

[30] 金维才.高校自主办学与大学章程的合法性[J].安徽师范大学学报:

社会科学版,2010(3).

[31] 王春业.论高校章程法律化及其实现路径[J].中国高教研究,2011(6).

[32] 杨军.我国公立大学章程制定中存在的问题及对策[J].中国高等教育,2008(19).

[33]陈立鹏.关于我国大学章程几个重要问题的探讨[J].中国高教研究,2008(7).

[34] 焦志勇.提升公立大学章程效力的根本途径[J].湖北社会科学,2011(2).

[35]章晓莉.现代大学制度下大学内部权力结构的制衡[J].苏州大学学报:哲学社会科学版,2010(5) .

[36] 王建华.从中国式大学到大学的中国模式[J].现代大学教育,2008(1).

[37] 易连云.论组织文化视域下的大学章程建设[J].中国高教研究 2011(2) .

[38] 衣俊卿.论微观政治哲学的研究范式[J].中国社会科学,2006(6).

[39] [英]斯托克.作为理论的治理:五个论点[J].国际社会科学:中文版,1999(2).

[40]俞可平.治理和善治引论[J].马克思主义与现实,1999(5).

[41] 赵沁平.发挥大学第四功能作用,引领社会创新文化发展[J].中国高等教育,2006(Z3).

[42] 刘精明.教育与社会分层结构的变迁——中高级白领职业阶层分析[J].中国人民大学学报,2001(2).

[43] 唐玉光.国际化——知识经济时代大学的新职能[J].高等师范教育研究 2000(5).

[44] 王洪才.大学“新三大职能”说的缘起与意蕴[J].厦门大学学报:哲学社会科学版,2010(4).

[45]李志锋,欧洲中世纪大学学术研究的形式与特征[J].北京科技大学学报:社会科学版,2006(3).

[46] 王洪才.教育是何种善[J].新华文摘,2011(16).

[47] 谢作栩.高等教育大众化视野下我国社会各阶层子女高等教育机会差异研究[J].教育学报,2006(4).

[48] 阎光才. 大学组织的管理特征探[J]. 高等教育研究,2000(4).

[49] 王金红. 高校知识分子公共意识的实证分析[J]. 求实,2009,(6).

[50] 杜书瀛. 学术本位的回归[J]. 文史哲,2000(1).

[51] 路风. 单位:一种特殊的社会组织形式[J]. 中国社会科学,1989(1).

[52]张小杰. 关于柏林大学模式的基本特征的研究[J]. 华东师范大学学报:教育科学版,2003(2).

[53] 李强. 德国大学治理的特点及启示[J]. 当代教育科学,2010(1).

[54]张俊宗. 德国高等教育改革与建立现代大学制度的探索[J]. 天水师范学院学报,2003(3).

[55] 张帆. 德国大学的内部管理结构及特点——以马堡菲利普斯大学为例[J]. 大学:学术版,2010(6).

[56] 蒋洪池. 美国大学学术权力与行政权力冲突的案例探析[J]. 现代大学教育,2010(4).

[57] 刘北成. 以职业安全保障学术自由[J]. 美国研究,2003(4).

[58] 余雅风. 从美国教育法制看公立大学教师学术自由的原则与界限[J]. 比较教育研究,2006(7).

[59] 林杰. 美国大学的组织冲突及冲突管理[J]. 清华大学教育研究,2007(1).

[60] 王建华. 中国大学转型与去行政化[J]. 清华大学教育研究,2012(1).

[61] 杨德广. 如何评判我国高教发展改革中的几个问题——与杨东平教授商榷[J]. 江苏高教,2011(5).

[62] 张超. 高等教育高收费:公共政策为何排斥社会公正[J]. 当代中国研究,2005(3).

[63] 郝文武. 新读书无用论的根源及其消解[J]. 中国教育学刊,2009(9).

[64] 王洪才. 高等教育强国与现代大学制度建设[J]. 厦门大学学报:社会科学版,2011(6).

[65] 杨移贻. 论高等教育核心质量[J]. 大学教育科学,2009,(6).

[66] 姚利民. 论学术腐败及其治理[J]. 湖南大学学报:社会科学版,2002(4).

[67]杨玉圣. 为了中国学术共同体的尊严——学术腐败问题答问录[J]. 社会科学论坛,2001(10).

[68]唐劭廉. 对学术腐败的道德心理学分析[J]. 福建师范大学学报:哲学社会科学版,2004(4).

[69] 王洪才."去行政化"与"纪宝成难题"求解[J]. 高等理科教育,2011(2).

[70] 别敦荣. 论大学权力结构改革——关于"去行政化"的思考[J]. 清华大学教育研究,2011(6).

[71] 刘亚荣. 我国高校学术自主权变迁的实证研究[J]. 高等教育研究,2008(7).

[72] 茅于轼. 三十年前的中国百姓[J]. 中国商业,2008(11).

[73] 齐秀生. 官本位意识的历史成因及对策[J]. 文史哲,2002(2).

[74] 眭依凡. 大学者,有大学文化之谓也——兼谈大学新区的文化建设[J]. 教育发展研究,2004(4).

[75] 衣俊卿. 论微观政治哲学的研究范式[J]. 中国社会科学,2006(6).

[76] 王冀生. 建设有中国特色的现代大学制度[J]. 高教探索,2000(1).

[77] 张继明,我国现代大学制度研究述评[J]. 黑龙江高教研究,2012(2).

[78] 王长乐. 对一种权宜性现代大学制度理论的分析[J]. 大学教育科学,2012(1).

[79] 王洪才. 论现代大学制度的结构特征[J]. 复旦教育论坛,2006(1).

[80] 邬大光. 建设有中国特色的现代大学制度[J]. 中国高等教育,2006(16).

[81] 彭江. 初论现代大学制度的本质与逻辑[J]. 高教探索,2005(6).

[82] 王洪才. 对露丝·海霍"中国大学模式"命题的猜想与反驳[J]. 高等教育研究,2010(5).

[83] 张继明. 论市场化洪流中的大学操守——美国高等教育市场化的启示[J]. 中国地质大学学报:社会科学版,2011(1).

[84] 王洪才. 论中国文化与中国大学模式[J]. 华中师范大学学报:社会科学版,2012(1).

[85] 别敦荣. 教育理念与世界一流大学的形成[J]. 高等教育研究,2010(7).

[86] 别敦荣. 我国现代大学制度探析[J]. 江苏高教 2004(3).

[87] 王洪才. 论大学内部治理模式与中位原则[J]. 江苏高教,2008(1).

[88] 湛中乐,苏宇. 西方大学章程的历史和现状[J]. 中国高校科技,2011(5).

[89]杨阳. 行政合同:一种新型行政技术[J]. 中国行政管理,2005(5).

[90] 于忠海.合法性与再生产:大学学术权力与行政权力博弈反思[J].现代大学教育,2009(5).

[91]陈运超.大学章程的价值与实现[J].复旦教育论坛,2012(3).

[92]胡赤弟.高等教育中的利益相关者分析[J].教育研究,2005(3).

[93]陆一,熊庆年.大学章程文本的构成——美日比较的视角[J].复旦教育论坛,2012(3).

[94] 贺卫方.程序本身是一种文化[J].中国图书评论,2006(7).

[95]黄捷,段平华.论程序法治文化[J].湖南师范大学社会科学学报,2011(4).

[96] 马廷奇.大学管理的科层化及其实践困境[J].清华大学教育研究,2006(2).

[97]张继明,王洪才.问责制视角下的大学管理制度变革[J].国家教育行政学院学报,2008(10).

[98]王洪才,赵琳琳.现代大学制度:缘起、界定与突破[J].江苏高教,2012(3).

[99] 季卫东.程序比较论,比较法研究[J].1993(1).

[100]别敦荣,吴国娟.论大学制度的公正性[J].教育研究,2006(7).

[101]杨军红.菩提树下的思考——柏林洪堡大学的困顿与出路[J].全球教育展望,2004(9).

[102]胡劲松,周丽华.传统大学的现代改造——德国联邦政府高等教育改革政策评述[J].比较教育研究,2001(4).

[103]王晓辉.步履蹒跚 依然优秀—— 巴黎索邦大学创建800年之思考[J].比较教育研究,2004(8).

[104]朱桦,巴黎索邦大学[J].世界教育信息,1996(5).

[105] 东士.希伯来大学[J].中国高校师资研究,2003(1).

[106] 林杰.美国大学的学术休假制度[J].比较教育研究,2008(7).

[107]丁三青.21世纪初台湾高等教育改革述评[J].比较教育研究,2003(7).

[108] 王孙禺,等.祖国大陆与台湾高等教育体制的宏观比较研究[J].清华大学学报:哲学社会科学版,2000(2).

[109] 周谷平,张雁.中国近代大学理念的转型[J].高等教育研究,2007(10).

[110] 杨敏.寻访《山东大学章程》[J].中国新闻周刊,2011(11).

[111]熊丙奇.谈如何依法制定大学章程[J].中国高等教育,2011(8).

[112]康宁.高等教育资源配置:规律与变动趋势[J].教育研究,2004(2).

[113]江赛蓉.大学章程的制定和完善——大学“去行政化”的法制保障[J].国家教育行政学院学报,2011(8).

[114]王洪才.南方科技大学:一次现代大学制度的实验[J].高校教育管理,2011(5).

[115]祁占勇.转型期政府与高校的行政法律关系及其权限边界[J].中国高教研究,2009(6).

[116]谢南斌.基于复杂性科学的高等教育系统管理研究[J].管理世界,2010(11).

[117]周晓蕾.中国高等教育制度变迁的路径依赖分析[J].中国高教研究,2011(6).

[118]王洪才.论教育中介组织的培育与教育制度创新[J].江西教育科研,2004(4).

[119]王长乐.诠释性的大学制度理论何以能长期流行[J].全球教育展望,2012(4).

[120]王长乐.对一种权宜性现代大学制度理论的分析[J].大学教育科学,2012(1).

[121]冒荣.学术行政化与学术资本化的联姻[J].江苏高教,2011(4).

[122]陈时见.正视问题　研究对策——践行党委领导下的校长负责制[J].中国高等教育,2003(23).

[123]毕宪顺.试论高等学校内部领导管理体制的构建—一个政治学研究的视角[J].教育研究,2005(11).

[124]杨德广.关于高校“去行政化”的思考[J].教育发展研究 2010(9).

[125]倪洪涛.大学生学习权的类型化[J].现代大学教育,2010(3).

[126]毕宪顺.教授委员会:学术权力主导的高校内部管理体制[J].教育研究,2011(9).

[127]龙宗智.依法治校与高校领导体制的改革完善[J].北京大学学报:哲学社会科学版,2005(1).

[128]李建华.公共政策程序正义及其价值[J].中国社会科学,2009(1).

[129]余雅风.从美国教育法制看公立大学教师学术自由的原则与界限[J].

比较教育研究,2006(7).

[130]邓光平.美国大学董事会的制度特点[J].高等工程教育研究,2005(5).

[131]薄建国,王嘉毅.美国公立高校的法人治理结构及其特征[J].国家教育行政学院学报,2010(12).

[132]朱志峰.公益信托的法律特征及我国模式的探索[J].当代法学,2008(6).

[133]别敦荣,徐梅.论现代大学制度的公正性[J].山东社会科学,2012(8).

[134]王洪才.现代大学制度的内涵及其规定性[J].教育发展研究,2005(11).

[135] 马陆亭.我国现代大学制度的建设框架[J].国家教育行政学院学报,2009(5).

三、报纸文章

[1]北大教授:大学正培养利己者　掌权比贪官危害大[N].中国青年报,2012-05-03(3) .

[2]朱建华.云南大学副教授:教师全心全意投入教学是自我毁灭[N].长江日报,2011-05-22.

[3]查普曼.从毛时代到金钱至上[N].陈一,译.环球时报,2012-05-26.

[4]樊立宏.教授争当处长的无奈[N].光明日报,2011-08-03(15).

[5]朱向东.高校行政化管窥[N].中国改革报,2007-10-22(5).

[6]佚名.北大教授钱理群:北大等大学正培养利己主义者[N].中国青年报,2012-5-3(3).

[7]霍建伟.纪宝成在“江苏大学发展论坛”上疾呼:大学要坚守使命,育人是大学第一职责[N].科技日报,2011-04-12.

[8]佚名.高考改变了我们,我们改变着高考动向[N].新京报,2007-6-6.

[9]钟祥财.人类文明的两种知识[N].光明日报,2011-11-24.

[10]张晓鹏.大学章程不可无[N].中国教育报,2005-06-03.

[11]张建.吉林大学推出“学术休假”制度[N].中国青年报,2012-04-30(2).

四、学位论文

[1]阎光才.识读大学:组织文化的视角[D].上海:华东师范大学,2001.

[2]朱家德.权力的规制:大学章程的历史流变与当代形态[D].武汉:华中科技大学[D],2011.

[3]黄莺.美国州立大学总校管理体制研究[D].厦门:厦门大学,2005.

[4]樊雪莱.国外大学章程的研究和建立我国大学章程的探索[D].南京:南京理工大学,2006.

[5]梁剑.香港与内地大学章程比较研究[D].重庆:西南大学,2008.

五、电子文献

[1]郭少峰.26 所高校将建大学章程[EB/OL].http://www.lianghui.org.cn/news/edu/2010-12/17/content_21560872.htm. 2010-12-17.

[2]李静睿.26 所部属高校拟出台章程 大学去行政化融冰维艰[EB/OL].http://www.chinanews.com/edu/2012/02—24/3695169.shtml.2012-02-24.

[3] 科技体制改革的关键[EB/OL].http://www2.biodiscover.com/news/science/article/86452.html,2011-02-01.

[4] 我国高教多项指标世界第一背后的"尴尬"[EB/OL].http://edu.people.com.cn/GB/1053/10376455.html.2009-11-13.

[5] 朱清时:中国大学 30 年未培养出优秀人才[EB/OL].http://news.inewsweek.cn/news—26177.html.2012-06-06.

[6] 邬大光.中国高校贷款:问题与对策[EB/OL].http://www.sinoss.net/2010/0129/18840.html.2010-01-29.

[7] 张鸣.论文市场的一个小骗局[EB/OL].http://blog.qq.com/qzone/622007855/1338107204.htm,2012-05-27.

[8] 40 岁时没有四千万别来见我[EB/OL].http://news.ifeng.com/gundong/detail_2011_04/07/5590806_0.shtml.2011-04-07.

[9]吴杰.两高校副校长公选成校长[EB/OL].http://www.infzm.com/content/73161,2012-03-21.

[10] 中共深圳市委组织部.关于公开推荐选拔南方科技大学(筹)副校长等领导干部的公告[EB/OL].http://www.szlh.gov.cn/main/zwgk/zwdt/rsrm/171723.shtml.2011-04-29.

[11] 郭静.复旦起草《大学章程》引热议,大学"立宪"有多远[EB/OL].http://www.chinanews.com/edu/2011/01—05/2765888.shtml,2011-01-05.

[12]冯志文,访希伯来大学副校长阿肯[EB/OL].http://news.sciencenet.cn/htmlnews/2012/9/270013.shtm.2012-9-28.

[13]《南方科技大学管理暂行办法》[EB/OL].http://www.sdpc.gov.cn/xxfw/fgdt/t20110610_417366.htm.2011-6-10.

[14] 高等学校章程制定暂行办法[EB/OL]. http://www.moe.edu.cn/publicfiles/business/htmlfiles/moe/moe _ 420/201201/129181. html. 2012-01-12.

[15] 李芃. 复旦去行政化改革遇阻，大学章程遭集体沉默[EB/OL]. http://news.sciencenet.cn/htmlnews/2011/1/243074.shtm，2011-1-19.

[16]辽宁面向全国公开选拔省属本科高校校长公告[EB/OL]. http://www.edu.cn/news_127/20100702/t20100702_492321.shtml. 2010-07-02.

[17]南方科技大学章程已上报教育部[EB/OL]. http://politics.caijing.com.cn/2012－02－10/111670726.html. 2012-02-10.

[18]南方科技大学“去行政化”最主要是立法[EB/OL]. http://learning.sohu.com/20120429/n341998072.shtml. 2012-04-29.

六、外文文献

[1]J Bald ridge. Power and Conflict In the University. New York：John Wiley，1971：22.

[2] W Richard Scott. Institutions and Organizations [M]. California：Sage Publications，2001.

[3] B Guy Peters，Institutional Theory in Political Science[M]. London and New York：Wellington House，1999：134.

[4] Walder. Communist Neo-Traditionalism：Work and Authority in Chinese Industry[M]. California：University of California Press，1987：76.

[5] Evans G R Running their own affairs? [J]Perspectives：Policy & Practice in Higher Education 2006，10(3)79-83.

后 记

约翰·亨利·纽曼(John Henry Newman,1801—1890)是19世纪英国著名神学家、教育家,他在其高等教育经典著作《大学的理想》中表达了关于自由教育的观点:“大学教育应为自由教育而设。”他对自由教育寄予了非常多的美好的期许。罗伯特·M.赫钦斯(Robert Maynard Hutchins,1899—1977)将大学视作灯塔,将智慧与至善视作大学终极的追求,这反映了一位永恒主义者的大学图景。亚伯拉罕·弗莱克斯纳尽管关于大学“所描绘的图画过于灰暗”,但在他的理想中,大学只能是一个知识分子以学术为天职的殿堂,而非其他。在克拉克·克尔(Clark Kerr,1911—2003)的心中,大学就是一个巨型的多功能体,它的触角遍及社会的每一个领域,不是大学属于社会,而是社会就在大学之中!无论是一个“居住僧侣的村庄”,还是一个“知识分子垄断的城镇”,或者是一座“充满无穷变化的大都市”,都反映了关于大学的理想。大学必须有理想,正是因为始终存在理想,大学才不断实现进步;没有了理想,大学就不过是一个平庸的机构,没有了理想,大学就不再“大”。但在通往理想的道路上,大学同样始终面临着现实的羁绊。在理想与现实之中,大学一面憧憬着理想的丰满,一面感受着现实的骨感。然而,为了避免沦为平庸,为了实现大学之“大”,大学必须始终心怀理想,并勇敢地穿越骨感的现实。

高等教育研究实际上是要探讨大学如何从现实通向理想,其使命在于推动大学不断实现理想,因而高等教育研究本身需要有理想,没有理想的高等教育研究不过就是对现实的复制粘贴,也就是王长乐先生所言“诠释性”“权宜性”研究,失去了存在的意义。同样,高等教育研究在探寻大学理想之路的过程中,也会面临理想与现实的冲突;怀有理想、为理想而研究的高等教育学者常常陷入自我怀疑、迷茫以及他人的诘问之中。可以说,高等教育研究也是一个经由艰难的现实才能达致美好理想的过程。然而,高等教育研究必然需要理想,这是高等教育研究的价值来源。高等教育研究绝不能止于政策宣传和无关痛痒的叙述,它应该是负责任的批判,在批判中给大学及其相关利益主体呈现一个关于“大学应该是什么、大学成了什么、大学应该做什么、大学做了些什么”等一系列基本问题的答案。在这里，“批判”不是简单地批评，更不是一味地发牢骚，批判不属于“愤青”。批判是基于理性的、解构与建构相统一的过程，其“根本目的是积极的建设性的肯定，或是要确立新的原则，或是要通过反思批判将原理建立在更为牢靠的新的基础上”；法兰克福学派赋予了批判以解放的品质，霍克海默则认为批判就是“倡导一种以反思和质疑为本质特征的批判意识，其目标在于把人从奴役中解放出来”；批判，是要“在批判旧世界中创造一个新世界”。可见，批判专属于诸如知识分子或学者这一类人。赫钦斯就认为，大学就是一个思想独立的、批判的中心。高等教育研究就是要坚持批判的观点，甚或说，高等教育研究就是一个批判的过程；在批判中高等教育研究呈现出一个清晰标识着大学本质的大学图景，并清晰地告诉我们何以达致这样的大学。

回到大学制度的变革和大学章程建设这一现实。大学制度变革，变革的是我们所不满意的现实，希望达到的是我们理想中的大学状态。但是在此过程中，一些根深蒂固的东西一直在掣肘着大学走向理想。而只有破除这些横亘在大学变革道路上的藩篱，大学才可能成其为大学，实现大学之“大”。当然，这个过程困难重重，但这不该作为我们放弃改革努力的理由，我们更不该将这些不合理的存在视为理所当然。改革不是既有秩序的简单调整，而是对既有秩序的超越意味着打破旧的秩序。当前，现代大学制度建设是我国大学制度变革的集中举措，它不是既存的某个制度框架、制度模式，不是政策照在现实中的影子，它要建构的是一个在大的体制之下的一个特殊存在，它的特殊性需要类似于德国“文化国家理念”下来自各方尤其是上方的宽容、理解和支持。现实却并非如此。大学章程建设同样是这样。我们要以大学章程建设为变革“现在大学制度”的手段，确保达到重构一个大学秩序的目的。但现实中，大学章程建设实践并不尽如人意：一方面，大学章程建设在制定程序上缺乏规范，在文本内容上并没有从我国大学改革和发展的真实需要出发，对既有的大学秩序做出深刻调整，同时由于缺乏可行的实施保障机制，很多大学的章程在制定出来之后便束之高阁；另一方面，整个社会对大学章程建设的必要性缺乏深刻认识，对中国大学章程更是缺乏应有的信心，甚至对当前的大学章程建设持不理解、轻视态度。毋庸置疑，在世界各国普遍以章程作为大学治理重要依据的背景下，我国大学无章办学则已有较长历史，眼下的章程建设更是受历史的、现实的、观念的、制度的等等因素掣肘，大学之治的功效难以充分实现。但我们不应由此而否定大学章程的价值，否定当前中国大学章程建设的必要性。我们不能因为限制性因素的存在而放弃大学章程和大学制度建设的努力，我们也不能一味屈服于环境而降低对于大学章程建设的理想和期望。改革是在博弈中实现超越，我们需要有局部的妥协，但全部的妥协就一定意味着没有改革。这是历史的真理、经验。

正是在这样的思想观、价值观的影响下，本书从大学的组织属性出发，以学术本位为理论分析的工具，建构了一个以大学学术本位为灵魂的大学章程理论体系。这是一个关于大学、大学制度及大学章程的理想，甚至在现实的限制性因素影响下，这个理想与现实间的距离有点儿远。但笔者的初衷就是要呈现出大学章程应该是怎样的，只有明确了这样一个标准，在大学章程建设过程中各权力和利益主体才会在相互博弈、妥协中最大限度地实现大学章程及大学的那些理想，最大限度地维护那些底线。很显然，假如标准本身就不够高，所能达到的就不可能很多。一句话，我国大学章程建设要取得预期的成效，必须清晰地呈现出我们理想中的大学章程是什么样子的，这是我们为之努力的目标。

本书是在我的博士学位论文基础上修改补充而成的。在我写作博士学位论文时，我的导师、厦门大学教育研究院的王洪才教授倾注了大量的心血。虽然论文最终成稿并通过了论文答辩，但其实与王老师的期望是相去甚远的；拙作付梓之际，王老师又在百忙中赐写了几千字的序言，感激之情无以言表。在我的论文开题时，厦门大学潘懋元先生、谢作栩教授、林金辉教授都给我提出了很好的指导意见；在我答辩时，清华大学史静寰教授，华东师范大学阎光才教授，厦门大学史秋衡教授、武毅英教授和郑若玲教授给我提供了许多宝贵的修改建议，更给了我一些人生和学术道路上的启发和鼓励。在此，向各位前辈、老师致以最崇高的敬意、最真挚的谢意！当然，还要感谢厦门大学教育研究院 2010 级博士班的同学们，我们在学习上相互帮助，生活上相互扶持，彼此成为生命中的挚友。本书得以出版，受益于济南大学学术著作出版基金资助，受助于济南大学教育与心理科学学院、高等教育研究院领导的支持，得益于山东人民出版社王晶主任的提携，在此一一表示挚谢。

限于个人能力，恐拙作误谬难免，恳请各方专家多多指正。

张继明

于济南大学 2015.3

现。海南某高校党委书记W教授在谈章程设计时就强调章程对大学文化的影响,特别是期望通过章程建设培育大学的人文文化,促使学生提升精神和智慧。①

六、以具体程序落实法治精神,以程序公正促进制度正义

提高管理法制化水平也应是我国大学管理走向科学化、规范化和民主化的重要方向。依法治教的前提是有法可依,目前我国高等教育法律体系建设并不完善。王洪才教授等就认为,我国现代大学制度建设的一个重要步骤就是"完善大学立法",包括建立《大学法》《大学章程》,修订《高等教育法》,其中修订《高等教育法》在于将笼统抽象的规定转化为具体规定。② 也就是说,我国《高等教育法》作为依法治理高等教育和大学的法律规范,由于其规定的笼统性而导致缺乏具体的指导意义。而大学章程作为我国高等教育法律法规的"下位法",将高等教育法的基本精神与大学需求良好地结合起来,"在高校行政法治的'正当法律程序'上,大学章程还是确保大学有序运行、保障权利的'程序法'","它在实践中的切实有效推行,必将在终极层面上促进高教管理法制秩序的良好形成"③。

大学章程作为高等教育法律法规的具体化,在于将法律精神和要求步骤化、程序化,为大学运行与管理提供了具体的、操作性强的程序。这对于我国大学管理改革具有尤其重要的意义,一方面,大学章程促进了大学运行与管理的程序化和信息公开化,这对于行政化和人治化模式下依据某些人情关系或潜规则来管理大学的、违背大学组织要求甚至违反法律法规的做法是一个有效化解,"在一定条件下把价值问题转化为程序问题来处理,是打破政治僵局的一个明智选择"④。另一方面,大学章程的制定过程本身就是通过章程的程序性作用来改革大学传统管理方式的过程,即大学各利益相关主体在"商议性民主"基础上共同参与章程制定,是大学走向共同治理和提高管理民主化水平的重要表现。"正义是社会制度的首要价值"⑤,同样,大学制度公正就是"一种制度化教育的公

---

① 2013年5月25日,笔者访问了海南某高校党委书记W教授,W教授从一位高校领导、管理者的角度对大学章程建设提出了自己的看法,同时作为该校章程制定的组织者、参与者,介绍了该校章程制定的基本状况。

② 王洪才,赵琳琳.现代大学制度:缘起、界定与突破[J].江苏高教,2012(3):31-33.

③ 湛中乐.通过章程的大学治理[M].北京:中国法制出版社,2011:13.

④ 季卫东.程序比较论[J].比较法研究,1993(1):1-46.

⑤ [美]罗尔斯.正义论[M].何怀宏,等,译.北京:中国社会科学出版社,1988:1.

正……以其强制性和规范性保障大学组织的教育公正"[1],而"程序公正是大学制度公正的外在表现形式,是大学制度合法性的体现"[2]。大学章程的制定过程和作用机制正反映了这种程序公正及其功能,将促进现代大学制度正义的实现。

七、确保大学改革持续稳定,推动实现大学的统一目标

制度功能的发挥需要相对的制度稳定性,作为大学的"宪法",大学章程有利于确保大学的制度、改革发展规划的持续性和稳定性。按我国大学的领导和管理传统,大学校长和党委书记的调离和接任往往意味着大学改革发展政策的改弦易辙,至少新一任领导往往会"新官上任三把火",启动新的改革方案,制定新的制度。显然,规划、制度与政策缺乏稳定性,改革实施缺乏持续性,不仅会造成人力与物质资源的浪费,改革实验的频繁改动更会对广大师生的权益、对大学的学术核心利益带来威胁。"高校颇感痛苦的是缺少相对持续稳定且行之有效的办学准绳,不断地推倒重来,又不断地整顿纠偏,乃至形成周而复始的恶性循环。"[3]而大学章程作为大学改革成功经验的总结,作为大学改革发展规划的根据,将凭借其大学根本法的规范效能保障大学改革发展模式的相对稳定,改革从而走向深入,而不因领导的变更而轻易改变。就如复旦大学杨玉良校长说的那样:"大学的宪章就是大学的法律,把 Vision(愿景)和 Mission(使命)定好,即使换了校长也不会变"[4]。别敦荣教授也从反面指明了章程的这一功能:"没有章程,可能使学校难以稳定地办学,朝令夕改,人在政兴,人去政息,学校不能持续发展,陷于折腾状态。"[5]

同样,由于大学章程的大学根本法地位,其权威性较好地改变了以往大学规章制度规范效力不足、难以成为大学处理相关事务依据的短处。20 世纪末发生的多起学生向大学发起诉讼案件,原因之一就在于校方缺乏充分的内部裁决的依据。随着大学内、外部利益相关者间的关系日益复杂,大学必须具备处理内、外部事务的主动性能力,因而迫切需要有统一有力的制度来规范各主体的行为,协调其间的复杂关系。而大学章程上承国家法律,下启校内规章制度,其科学

---

① 吴国娟. 大学制度伦理反思[M]. 北京:中国社会科学出版社,2012:72-73.

② 别敦荣,吴国娟. 论大学制度的公正性[J]. 教育研究,2006(7):23.

③ 章开沅. 中国著名大学校长书系[M]. 济南:山东教育出版社,2004:总序 6-7.

④ 郭静. 复旦起草《大学章程》引热议,大学"立宪"有多远[EB/OL]. http://www.chinanews.com/edu/2011/01-05/2765888.shtml,2011-01-05.

⑤ 米俊魁. 大学章程价值研究[M]. 青岛:中国海洋大学出版社,2006:序.

性、权威性将确保大学复杂系统在运转中有一个统一有效的准则，推动实现大学之治。当然，此处强调大学章程的统一规范效力，并不是否定大学基层组织依据学科特征实施自主管理以及大学教授在学术自由的环境中自主进行学术研究，而是说大学各利益相关主体应尊重大学组织的统一性目标。

本节结语

在我国大学改革发展过程中，大学章程需要以适当的方式发挥特殊的作用。当前我国大学改革面临着知识与权力、政治与法治、宏观和微观权力格局、旧的大学传统与新的大学文化认知等多重矛盾关系。在我们的理想中，我国大学章程的治理功能就是要规范和调适政府、大学与市场间的冲突以及大学自身的内在矛盾，通过大学章程治理，使得大学获得一个良好的知识生产秩序，使得国家征用知识有度有节，使得大学与市场间相得益彰，而最终目的就是促使我国大学实现回归学术本位的应有逻辑，这是大学章程建设的根本使命。只有在学术本位的运行轨道上，大学才可能实现自立，进而承担起社会与时代的重托。

第四节　我国大学章程建设的实践探索

政府改变大学管理模式、扩大高校自主权是长期以来我国高等教育改革的重要主题，在此背景下大学章程建设成为政府推动深化改革的重要步骤，这就为我国大学章程建设提供了较适宜的大环境。加之大学自身的自觉探索，目前我国大学章程建设取得了初步进展。但客观地说，我国大学章程建设仍面临不小困境，从长远来看大学章程要实现其治理价值，还需要一个较长的改革和建设过程。这要求我们客观冷静地发现问题，并探究问题渊源所在，这是深化大学制度改革、推进章程建设的前提。

一、我国大学章程建设取得了初步进展

我国大学章程建设取得了初步进展，首先是从法制建设和政策支持的角度来说的。改革开放以后，高校扩大办学自主权呼声日高，在一定范围内政府管理高等教育方式也有所转变，我国大学章程建设逐渐成为改革的重点。为此，党和

国家不断地通过各种政策性文件、法律法规来强调制定大学章程的紧迫性和重要性。1995 年原国家教委办公厅《关于印发〈中华人民共和国教育法〉宣传提纲的通知》指出，章程是学校及其他教育机构进行自主管理的基本依据。同年通过的《中华人民共和国教育法》明文规定，设立学校必须具备章程；同年 8 月，原国家教委又下发《关于实施〈中华人民共和国教育法〉的若干意见》，进一步指出，“各级各类学校及其他教育机构，原则上应实行‘一校一章程’”。1999 年 1 月 1 日起施行的《中华人民共和国高等教育法》再次明确规定，高等学校必须具备章程。1999 年 12 月 2 日教育部印发《教育部关于加强教育法制建设的意见》、2003 年 7 月《教育部关于加强依法治校工作的若干意见》都明确提出了建立大学章程的要求；2003 年 11 月，教育部办公厅发布《教育部办公厅关于开展依法治校示范校创建活动的通知》，具体提出了教育部依法治校示范校的 8 条标准，其中第一条就是“管理制度完善健全。依法制定学校章程，经教育行政部门审定并遵照章程实施办学活动”，该文同时指出创建“依法治校示范校”一票否决的三个条件中第一个条件就是“没有章程”一票否决。2010 年，中共中央、国务院颁布的《纲要》中再次明确提出，“各类高校应依法制定章程，依照章程规定管理学校”。可见，高校制定章程是我国法治化进程中依法治教、依法治校的客观要求，同时也是国家规划和发展高等教育的政策性要求。而研究大学章程是对国家相关政策与法律法规精神的适应和响应，有利于我国高等教育依法治教方略的推行。近期，政府责成部分高校进行章程建设试点，并出台了章程制定办法，将大学章程建设推向实践。这就为大学章程建设提供了良好的环境支持，是我国大学章程建设所必不可少的外在条件。

“大学的自主性是知识发现和创新的内在要求，是我国 20 世纪 80 年代以来大学改革一直强调的主线”①，大学章程建设不仅体现了国家推进高等教育体制改革的要求，同时也反映了大学在政府主导下“自主意识的觉醒”，即积极探索管理机制改革、提高办学水平的内在诉求。正是基于此，不少地方高校如黑龙江大学、吉林师范大学等率先制定了章程，是新中国成立以后较早制定大学章程的高校。2005 年 12 月公布其章程的吉林大学则成为较早制定章程的部属大学，引起国家教育主管部门和全国高校的关注。② 其后，《上海交通大学章程》《中国政法大学章程》《兰州大学章程（草案）》《华东师范大学章程（试行）》《合肥工业大学

① 康宁. 高等教育资源配置：规律与变动趋势[J]. 教育研究，2004(2)：3-9.

② 张文显，周其凤. 大学章程：现代大学制度的载体[J]. 中国高等教育，2006(20)：7-10.

章程》等相继制定出台。可以说,在来自政府、市场等外部力量及大学自身追求发展的内力共同驱动下,我国大学章程建设取得了一定的成绩。这一方面反映了政府在高等教育管理体制改革过程中改变大学管理方式、扩大高校自主权的主动性,另一方面也表明了大学作为一类社会组织其自主、自觉意识的增强,在很大程度上标识着一种学术本性的觉醒,而这正是大学实现回归的起点。例如,复旦大学前校长杨玉良指出,包括校长权力在内的大学行政权力必须受到规制,学术权力则必须得以彰显,为此复旦大学制定"复旦宪章",将"理想照进现实",大学基于理想来制定章程,正反映了一种校长个人的"道德觉醒"和"大学权力的自我觉醒"①。改革总是在曲折中前进,在一定程度上,我国大学章程建设目前所取得的初步进展是值得肯定的,对继续强化大学章程建设有着一定的启发意义。

二、我国大学章程建设仍存在诸多问题

(一)大学章程建设整体质量不高

我国大学章程建设取得了初步成绩,还存在诸多问题。从我国大学章程建设的实际状况来看,并不容乐观。第一,大学制定章程的积极性不高。据教育部政策法规司法制办公室的统计数据,截至 2009 年 2 月,已向教育部报送了章程的本、专科院校近 600 所,加上推定 638 所民办高校已具有章程,具备章程的高校仍不足全国高校的 50%,绝大多数的公办高校至今还没有章程,属于"无章办学"②。莫于川等学者随机抽样了 50 所高校,发现仅有 3 所大学已经制定出章程,仅仅占接受调查的大学总数的 6%。③ 第二,大学章程的制定程序存在缺乏民主协商、相关主体缺位等不规范问题,影响大学章程价值的发挥。④ 大学章程作为大学的根本法,作为大学内、外部利益相关者参与大学治理的行动纲领,章程建设必须要遵循一定的程序原则,但实际上并非如此。据《中国新闻周刊》对大学章程建设现状的调查,广大师生群体往往对本校的章程制定与实施一无所知,甚至包括本应在章程制定过程中发挥重要咨询作用的知名教育法学专家都

① 郭文斌.复旦宪章限制校长权力值得期待[EB/OL]. http://www.zaobao.com/forum/pages4/forum_lx110102h.shtml. 2011-01-02.

② 曾长隽,胡劲松.论大学章程制定主体[J].教育发展研究, 2011(11):58-62.

③ 湛中乐.通过章程的大学治理[M].北京:中国法制出版社,2011:125.

④ 张德祥.关于高等学校章程制定与实施的几个问题[J].高等教育研究,2006:49-52.

坦言没有机会参与这一过程。[①] 第三，大学章程的内容有待完善，如党委和校长分工不够明确、对学术权力的运行与监督机制表述不充分、学校自主办学与管理的权责少有体现等。[②] 第四，已制定的大学章程缺乏基本实效性，也就是说，对于很多高校而言，制定大学章程不过是对法律和政策的机械回应，而非真正从大学改革与发展的内在需要出发，如此制定出来的章程往往作为一个摆设束之高阁，起不到任何实质作用。[③] 总之，由于诸多问题与不足存在，大学章程建设整体不力，其大学治理功能不能充分发挥。在众多问题与不足中，文本建设作为大学章程建设的核心环节，是我国大学章程建设不力的要害问题。

章程制定基于政策驱动而非源自自身改革发展的内在需求，章程制定程序不当，以及章程制定后执行难、效力不高等问题，与笔者通过访谈所获得的信息基本是一致的。这些问题的存在具有一定的普遍性，致使当前我国大学章程建设整体质量有待于提高。

（二）大学章程建设的案例分析

1. 关于大学章程文本建设的分析

章程文本是否科学完善，在很大程度上决定着章程建设质量和功能发挥质量，而我国大学章程在文本建设上存在着严重不足。例如，米俊魁博士就指出，现行大学章程仍沿袭着过去"以行政权力为本位"的价值取向，对学校的领导体制与运行机制规定不够具体，等等。[④] 在此本研究以《J 大学章程》和《南方科技大学管理暂行办法》为例，对我国大学章程文本进行分析。

（1）《J 大学章程》：缺乏实质意义。该章程于 2005 年由中国共产党 J 大学第十二次代表大会通过，全文由"序言"和正文八章七十条构成。章程内容体现了我国高等教育法的基本要求，包括了学校基本信息以及"学校功能和教育形式""组织与结构""教职员工""学生及校友""经费、资产后勤"和"校徽等"。

与多数国外大学章程相比，J 大学章程篇幅较短，内容基本以提纲挈领的方式来加以描述，缺乏细化的说明、解释，程序性不强。第一章总则第六条声称要"依法治校，实行教授治学，实施民主管理"，但在整个文本中并没有交代所依何法，同时该章程在大学运行管理中的地位和规范作用也缺乏强调；教授如何治

① 李静睿. 26 所部属高校拟出台章程，大学去行政化融冰维艰[EB/OL]. http://www.chinanews.com/edu/2012/02-24/3695169.shtml. 2012-02-24.

② 张国友，胡少诚. 中国大学章程建设的历程与形态[J]. 北京大学教育评论，2012(4)：140-154.

③ 王大泉. 我国高校章程建设的现状与路径[J]. 中国高等教育，2011(9)：16-17.

④ 米俊魁. 大学章程价值研究[M]. 青岛：中国海洋大学出版社，2006：129.

学,享有哪些基本权力,并没有进行明确规定;作为民主管理重要载体的教职工代表大会享有什么权力,如何行使大学管理和监督权,亦未有清晰规定。这样,章程就缺乏应有的操作性和指导性。甚至,章程存在语焉不详之处。例如,章程第三十八条规定"学院可根据需要设立教授会",按照字面理解,教授会的设立是可有可无的,而教授会在教学科研组织中将发挥重要作用却是我国大学制度改革的一个重要方向。

"去行政化"是我国大学制度改革的关键内容,也是大学章程建设的初衷之一。[①] 但在《J 大学章程》中,关于大学与政府关系的规定严重缺失,从某种意义上说,不能把政府、大学的各自权责及其关系进行厘清,在很大程度上意味着章程价值打了非常大的折扣;从大学的行政与学术权力的关系来看,二者在章程的体例安排上缺乏清晰分野,而在内容上更没有体现出二者间的矛盾性、冲突性,因而谈不上矛盾的解决,尤其是对于校学术委员会、校学位委员会等学术管理机构的权力和职责缺乏详细规定,更不利于学术权力的彰显。对于我国大学中另一对长久存在的矛盾关系,即党委领导与校长负责之间的关系,章程尽管分别规定了二者的权力,但其中仍存在冲突,例如在"制定学校发展战略规划、拟定学校组织机构设置方案、干部的任免和考核"(章程第十九条、二十一条)等方面,对二者权限的规定仍不甚清晰。此外,就各级组织机构如何产生、权力如何运行等基本问题,章程中也缺少应有关照。

教师与学生的权利及其保护应该是大学章程的重要内容。《J 大学章程》第四、五章分别规定了教师与学生的相关内容,包括教师的任职制度、教师与学生的权利和义务等。但需要指出的是,对于教师作为一名学者或知识创造者、传播者而言最为重要的学术自由权,对于学生作为学习者而言最为重要的学习权,章程都只是用了很少笔墨,一笔带过。而对于教师与学生权益保护具有重要意义的申诉制度,在章程中虽有提及,但并没有单独列出和做出进一步的细化规定。同时,对于教师如何参与学校管理,乃至如何参与学术管理,如何保障教师的学术权力等核心问题,章程都没有给出必需的解答。总之,教师应有哪些基本权利,尤其是他们应被赋予哪些不可或缺的学术权力,《J 大学章程》在此基本是失语的。

综上,很大程度上《J 大学章程》的形式意义甚于其实质意义,虽然在全国大学章程建设中具有不可否认的示范性意义,但该章程并没有从根本上反映大学

---

① 江赛蓉.大学章程的制定和完善[J].国家教育行政学院学报,2011(8):49-53.

组织的内在要求，诸如大学自治、教授治校及学术自由等经典的大学理念在章程中未得充分践行，因而它很难具有作为大学发展规范的长效价值；同时，对于较长一段时期以来我国大学改革和发展中存在的关键问题缺乏照应，其解决问题的实效性也难以尽如人意。在本质上，这个大学章程很难说是基于学术本位的。这告诉我们，如何真正以学术本位作为章程建设的指导思想和原则，是我国大学章程建设所必须思考的根本性问题。

(2)《南方科技大学管理暂行办法》：进步中尚有不足。在近些年的高等教育改革中，南方科技大学的探索是一个具有重要意义的事件。公开选拔校长、完全自主招生、独立颁发文凭、“去行政化”的组织管理等一系列创新性举措初步架构起一个新的办学模式，可以说是“一次现代大学制度的实验”[①]。所以，南方科技大学的章程既作为这次改革理念的集中反映，又作为科大运行管理的依据，具有非常重要的示范、参考价值。

被舆论称为南方科技大学“基本法”的《南方科技大学管理暂行办法》经深圳市政府五届二十九次常务会议审议通过，于5月24日由市长签署以政府令的形式颁布。[②] 从该章程的形成或效力产生方式来看，其规制力较强。南科大章程共七章四十八条，包括总则、权责、治理结构、教职工和学生、管理和监督等，在内容构成上打破了《高等教育法》关于大学章程基本内容的规定。从篇幅来看，南科大章程同样篇幅短小，条文多为提纲挈领的形式，当然在操作性和指导性上存在很大欠缺。与前述J大学章程不同的是，南科大章程在总则部分首先表明以我国《高等教育法》为根据，做到有法可依，师出有名；明确提出以学术自治、学术自由的办学理念和指导原则，及理事会管理、校长负责、教授治学及学者自律的治理模式，反映了大学章程应有的内在精神；同时，章程还强调了其作为大学根本法的地位。

作为“去行政化”的一个实验，南科大章程中并没有明文规定大学与政府的各自权力和责任，体现了我国大学章程文本建设的普遍不足之处。但章程明确规定了南科大的一系列自主权，例如人员聘用和工资薪酬水平自主权、教材选编和教学计划制定的自主权、自主制定招生方案和招生自主权、自主制定减免收费制度等。当然，这些自主权依然是一定范围内的自主，在人员编制、下设具有独

---

① 王洪才.南方科技大学：一次现代大学制度的实验[J].高校教育管理，2011(5)：29-34.

② 虽然该《办法》尚不是严格意义上的大学章程，但从其基本内容来看具有章程的实质性，且《办法》中始终以“章程”自称。详见：深圳市人民政府令(第231号)《南方科技大学管理暂行办法》，深圳市政府公报，2011(22).

立事业单位法人性质的机构等方面，南科大仍受到深圳市政府约束。这充分体现了体制因素对大学制度改革的制约。

理事会管理是南科大模式的重要特色。南科大章程第三章“治理结构”对理事会的构成、职责、运行作了较为详细的规定。在构成上，规定理事会由政府代表、科大校长及管理团队、教职工代表和社会知名人士等组成，同时理事长由深圳市市长或其委任人员担任，理事也由政府聘任。这既体现了利益相关主体共同治理的思想，又在很大程度上具有外行管理特征，类似美国公立大学董事会。在理事会运行上，章程规定“理事会会议应当有三分之二以上理事出席方可举行，理事会作出决议须经出席会议人员三分之二以上通过”，这种以投票为形式的民主的、集体的决议方式是对我国目前以人治为特征的行政化管理模式的突破。但章程对于理事会构成代表的席位数并未作出明确规定，因为不同代表的席位所占比例在集体表决的权力运行框架下显然是具有决定意义的；而且章程在赋予了理事会职权的同时，仍规定南科大的副校长聘任与解聘、学校发展规划和年度工作计划、人事制度、机构设置等需上报市政府，章程修改也需“报国家教育部批准”，可见南科大的自主仍受到很大局限。当然，改革从来不是一蹴而就的。

校长产生制度改革是我国大学制度建设中的关键环节。南科大章程对于校长选拔设计出了具有显著进步意义的改革方案，即“理事会根据校长遴选委员会的推荐提出校长人选，报经市政府按规定程序审定后聘任”（十九条）。其中，遴选委员会由政府代表、师生代表、境内外高等教育专家和社会知名人士组成，教授与副教授成员所占比例不少于二分之一；校长不称职者，经理事会三分之二以上代表同意可提出免去其职务的建议，报市政府，由其按程序决定。尽管南科大校长的任免仍绕不开政府，但从校长遴选到理事会推荐以及教授话语权的加大，都表明了南科大冲破旧的校长选拔模式、践行大学自治与教授治校理念的努力。

关于学术管理，南科大章程在其治理结构中也作了相关设计，如校务委员会行使职权中，涉及学术事项的应先经学术委员会审议通过，并规定校学术委员会由教授会（根据章程规定，南科大教授会为进行学术交流和参与大学管理的自治组织）协商选举产生，而其中不担任行政职务的教授代表所占比例不应少于二分之一。同时，章程明确指出，南科大行政单位服务于学术单位的教学科研工作，而学术单位实行自主管理。这就初步设计了理事会统一领导下，行政与学术管理相对各自独立且行政服务于学术的运行管理模式。但需要指出的是，在南科大的方案中教授会组织似乎并没有置于应有的重要地位，关涉较少，学术单位的自主管理权规定也不够详尽，这是章程值得进一步完善之处。

在教职工与学生部分，南科大章程更显单薄和不足，主要是对于教师作为学术生产者的基本权力、利益诉求及相关的保障机制缺乏关照，对于学生作为教学主体之一所应有的基本权益的规定也同样有所欠缺。此外，作为大学民主权力主要载体的教职工代表大会在南科大章程中也处于边缘化位置，教代会如何组织、行使哪些职权而又如何行使职权，与其他权力机构的关系是怎样的，这些基本而重要的问题都没有在章程中得到体现。

总的来说，南方科技大学章程所呈现出的大学模式在一定程度上兼顾了大学的组织要求和我国大学制度改革的方向，与国内其他大学章程相比有了一定的突破，即更多地体现出大学学术本位的逻辑或原则，因而该模式具有很大先进性及其改革的示范价值。同时，其不足之处主要在于政府与大学之间的权责分界仍需进一步科学化和清晰化、基层学术单位和教师的学术自由和学术自主管理权尚待完善，学术权力的运行保障机制亟须建立。这些不足也正是包括南科大章程建设在内的我国大学章程建设所必须关照的核心问题，是大学章程贯彻学术本位原则、发挥促使大学回归学术本位之功能的关键。

此外，2013 年 10 月教育部高等学校章程核准委员会核准了中国人民大学、东南大学、华中师范大学、武汉理工大学、上海外国语大学、东华大学等六所高校提交的章程。可以说，我国在当前大学章程建设的道路上又前进了一步。在特殊的环境下，我国大学章程建设承载着诸如推动“去行政化”“世界一流大学建设”等重大使命，同时，前期所出台的大学章程无论在科学性上还是实效性上，显然都未能充分达到学界和大众的期望。因此，这六所大学的章程可谓备受全社会的关注。从章程文本来看，新的大学章程同样在进步中依旧显现出令人遗憾之处。以《中国人民大学章程》为例，教育教学的主体——学生与教师——继第一章“总则”之后出现，在一定程度上了反映以师生为本的办学理念，但党委与校长间的传统矛盾如何协调仍无法在章程中体现，而且校长的治校权从某种程度上来说仍受到较大限制；传统治理模式中备受诟病、作为高校行政化重要体现的校长任命制仍未发生改观，教育部以及有关地方探索的“面向社会选拔校长制度”没有通过章程形式来反映；学术委员会在大学治理中参与决策或民主参与的权力不仅未能充分反映，甚至连“教授治学”的权力都没有得到保障，这从章程中关于“学术委员会的权力”的表述中即可发现，显然这与 2014 年 2 月教育部审议通过的《学术委员会组织规程》关于赋予学术委员会“学术决策权”的基本精神存在不一致之处；在教授治学尚且不能得到保障的前提下，学术权力在大学治理过程中参与学校决策的空间也必然继续面临局限，与行政权力的矛盾关系得不到改善，高校“去行政化”再次成为空谈。

2.关于大学章程程序建设的分析

2013年5月23日，笔者访谈了福建XX大学发展规划处的H博士，对该校章程的制定作了一定了解。① 该校制定章程的主要原因是基于上级主管部门的要求。据H博士介绍，该校在主管部门“催要章程”的情况下于2012年9月份正式启动章程制定，事实上正式启动之前已经形成建设章程的动议，但一直未付诸实践。确定制定章程的任务后，该校并未成立专门的领导小组，只是由“校领导”责成学校发展规划处具体负责。章程起草工作基本是由H博士一人承担、完成，初稿形成后，由发展规划处的一位副处长进行审核；从章程形成初稿到章程审核，时间较为仓促，且期间并没有建立专门的咨询机构，没有为广大教职工、学生的参与提供发表意见和建议的平台；草稿形成后，在很小范围内向员工和学生征求了意见，且不过是“流于形式”。该章程草案的审议机构是校长办公会，而且章程还明文规定，章程的最终通过及修改也是由校长办公会负责。

可见，该校制定章程是基于行政命令，而不是从自身改革和发展的内在需要出发。从该章程的制定过程来看，显然存在严重的程序不当问题，既缺少一个调研基础上的顶层设计或部署环节，也缺少一个有力的领导和推动机构；章程起草本是一个吸收多元主体、兼顾多方意志的过程，但该校章程仅由一人起草；章程初稿的审核同样需要一个多元主体构成的集体组织来进行，但该校章程初稿只是由一位副处级的行政管理部门负责人来进行审核；同样，章程草案的审议和通过只由校长办公会负责，难以兼顾其他相关主体的利益和意志，且章程审核与通过反映出明显的行政主导色彩；在整个章程制定过程中，教师与学生参与的机会非常少，缺乏必需的、充分的民主商议空间。从章程制定的动机“不纯”到程序“不当”，在很大程度上决定了该校章程难以保证其应有的规范效力。正如H博士在访谈结束时的感慨，她感觉这个章程明显是“为写章程而写章程”，很难在大学管理中发挥实际作用。

同样在程序上缺乏合理性的另一个案例是江西某省属高校的章程制定过程。该校章程建设是“校领导们”在未经过严格论证、部署的条件下启动的，具体制定是由该校直属机构“高教研究室”负责，而章程起草同样是由该研究室副主

---

① 2013年5月23日，笔者访谈了福建XX大学发展规划处的H博士。H博士是该校章程建设的主要参与者，负责起草了该校章程的初稿。访谈中，H博士主要介绍了该校章程的制定过程。

任S教授一人主笔，初稿形成后主要是交由校长办公会讨论，虽有短暂的公示，也曾邀请专家参与“发表意见”，但并没有形成真正意义上的民主商议的局面，基层和专业性的意见很少得到反映，整个讨论、公示都是“走过场”；初稿经过“主要校领导”审核定稿，上报省教育厅获核准。显然，该章程的制定同样缺乏应有的程序合理性，且同样表现出鲜明的行政主导特征；章程制定过程和章程本身被广泛视作明显的“形式主义”，章程制定后，学校运转和管理“一切如故”①。形式主义与程序的合理性及其所要达到的制度公正之目标是相悖的，表面上的“程序完整”不会发挥实质的意义。

三、我国大学章程建设不力的渊源探析

可见，我国大学章程建设在取得初步成绩的同时，更存在一系列不足和问题，严重阻碍着章程治理功用的发挥，亟待我们去弥补不足，革除弊端。而这需要我们进一步探究我国大学章程建设步入困境的渊源所在，以有针对性地制订改革方案，采取行之有效的改革举措。

（一）体制环境成为章程实施的藩篱

大学章程的核心功能在于协调大学与环境间的关系，尤其是大学与政府之间的关系，从某种意义上说章程是大学与外部组织之间博弈的产物，尤其体现着大学与政府之间的冲突与协调。就我国大学章程而言，基于特殊的体制和文化环境，其产生和发展特别受制于政治性、体制性因素。从清末到民国，我国大学章程由深刻体现“以忠孝为敷教之本，以礼法为训俗之方”封建本质，②到逐渐具备了现代大学章程的基本要素，反映大学内在精神，再到新中国成立之初在特殊的政治环境下大学章程建设出现的“历史倒退”③，再到21世纪的今天在政府积极探索大学管理方式改革、扩大大学自主权的有利环境下，大学章程建设再度成为大学改革的重要主题，这一整个过程都体现了体制与政治因素对我国大学章程建设的影响，甚至说我国大学章程建设从整体上更表现为一种体制安排。从这个角度而言，尽管当前我国政府积极推进大学章程建设，但在根本上政府管理大学的方式并没有得到根本性的改变，在传统的“大政府”管理模式下，大学章程建设遭受着体制因素的束缚。笔者在采访W书记时，他认为，当前我国公立高

① 2012年11月，笔者访谈了S教授和L博士，了解该校章程制定过程。

② 周谷平，张雁.中国近代大学理念的转型[J].高等教育研究，2007(10)：97-103.

③ 湛中乐.通过章程的大学治理[M].北京：中国法制出版社，2011：189.

校管理体制具有一定的人治色彩，而这种管理传统在漫长的历史中不断累积强化，成为改革的深层阻碍，所以制定大学章程、依据章程办学面临着重重困难。

（二）各方对大学章程价值缺乏深刻认识

欧、美、日等发达国家和地区的大学章程是大学体系中体系的重要有机组成部分，是这个体系得以有效运转不可或缺的环节之一。对于我国而言，大学制度改革中政府管理方式的改变、大学办学自主权的扩大、大学专业权与自主权的合理行使，以及大学内部治理结构的调整和优化，都不同程度地依赖大学章程建设。换句话说，我国建构现代大学制度必然要以大学章程建设为核心。从制度体系的完善、制度功能的充分发挥，到大学教育质量的提高，以及世界一流大学的建成，在这个过程中，大学章程将发挥其规范、引导及保障的预期效用；从改革探索的意义上来讲，大学章程建设承载着我国大学制度改革突破点的价值期望。然而，对于大学章程的如此价值，我国的大学及其管理者并没有足够清醒的认识，未曾给予充分的重视，至少在推动章程建设过程中仍缺乏实质性动作；包括政府，虽然在推动大学章程建设中正发挥着重要的组织推动作用，但从实践角度来说，政府尚未拿出切实有效的行动步骤，没有狠抓大学章程建设的实效性。正因如此，才会缺乏制定大学章程或者推进大学章程运行和保障机制建设的积极性、主动性和创造性，甚至使得章程仅仅作为针对政策的一个反应而已，并非是出于院校改革和发展的内在需要。H 博士所介绍的章程制定过程就充分反映出这一点，学校对于章程建设的重要意义认识不足，缺乏制定章程的主动性，制定程序严重失当，表明章程建设并未纳入该校重要发展规划之中。

（三）长期实施经验管理造成的路径依赖

依据章程管理大学是大学管理科学化、规范化、专业化和法治化的集中表现，而与之相对的则是基于经验的大学管理，即经验管理模式。而当前我国宏观层面的大学法治环境仍十分不健全，①微观层面上大学内部规章体系的科学性和执行力不强，同时受体制和传统影响，大学管理缺乏充分民主，人治化特征显著，这表明我国大学管理在很大程度上仍停留在经验管理水平。与此同时，在当代高等教育发展的新形势下，大学的组织特征、角色功能等已发生显著变化，相应地大学成为一个复杂系统，“复杂性已成为高校组织及其决策和管理中带本质性的问题”，大学管理科学也被视作一种复杂科学。② 显然，经验管理必须向科

① 祁占勇．转型期政府与高校的行政法律关系及其权限边界[J]．中国高教研究，2009(6)：35-38.

② 谢南斌．基于复杂性科学的高等教育系统管理研究[J]．管理世界，2010(11)：172-173.

学化管理转变。然而，制度变迁内含着自我强化的机制，它使得制度变迁一旦走上了某一条路径，它的既定方向会在以后的发展中得到自我强化，即“路径依赖”①。目前我国现代大学制度建设正面临着路径依赖的束缚。② 路径依赖使得传统的宏、微观大学管理模式在强化自我存在方式的同时，对章程治理模式形成一种拒斥作用，导致大学章程建设在现实中步履维艰。H博士所在高校的章程制定反映了显著的行政主导色彩，这本身就是一个传统的大学管理路径；同时，S教授所反映的该校章程制定并经教育厅核准后，学校运行与管理仍“一切如故”也反映了传统管理模式的惰性及其对新制度实施的阻碍作用。

(四)传统管理模式下利益格局的深层阻碍

改革的本质之一在于打破既有的利益格局，而既有的利益格局也总是阻碍着改革的深入。大学场域本质上反映着一种权力与利益的复杂关系。现代大学制度建设就是一次大学各利益相关主体的权力和利益格局调整，大学章程的本质同样在于此，大学章程的本质形态就是“章程文本及其行为准则或规范中所隐含的价值选择——大学教育利益分配”③。将大学“去行政化”寄希望于大学章程更是集中反映了这种利益关系，因为“去行政化”就是要动行政管理者手中的“奶酪”，包括规则制定权、利益分配的话语权、资源配置权、绩效评价权以及由此带来的各项权利、福利甚至特权；从大学与政府的关系而言，传统管理体制下高等教育资源的配置权、对大学的控制权和评价权都也都隐含着利益的诉求。大学章程治理模式下，大学治理结构的调整从深层次上是利益的重新分配，而这对于利益既得者群体而言需要一个相对艰难的观念更新过程。复旦大学在制定大学章程、改革内部管理机制过程中之所以遭遇“集体沉默”，一个重要原因就在于“去行政化”语境下行政管理群体对丧失职权与利益的担忧。④ 正如笔者在采访两位高校党委书记时发现的，他们始终对“去行政化”问题持谨慎或保留态度，除了行政领导参与学术管理、担任学术组织领导职务并非“行政化”的观点外，甚至认为赋予党委以一定的行政权力也是必需的。

(五)文化认知的建构过程尚未完成

社会学新制度主义理论认为，制度的基本要素包括法令规章、规范和文化认

---

① [美]诺思.制度、制度变迁与经济绩效[M].刘守英，译.上海：上海三联书店，1994：131.

② 周晓蕾.中国高等教育制度变迁的路径依赖分析[J].中国高教研究，2011(6)：29-31.

③ 米俊魁.大学章程价值研究[M].青岛：中国海洋大学出版社，2006：16.

④ 李芃.复旦去行政化改革遇阻[EB/OL].http://news.sciencenet.cn/htmlnews/2011/1/243074.shtm，2011-1-19

知；而当三者发生不一致时，则导致制度的合法性危机。[①] 同样，制度的建构过程便是一个制定和完善相关法规、规范，并形成一致性的文化认知的过程。而大学的章程治理模式要取代传统的大学管理模式，一方面需要旧有的文化认知与规章规范之间的矛盾积累到一定程度，另一方面需要建立起一致的新的文化认知。而现实是，我国传统的大学管理模式中的文化要素依旧顽固地存在，例如我国传统社会的"皇权文化"与"顺民文化"[②]在大学文化中投射而成的官本位文化、犬儒文化，以及市民实利文化对大学知识分子公共意识的消解等。总之，一系列"东方传统的习惯文化"[③]对现代大学制度建设形成着深层的掣肘作用。而学术自由、大学自治及基于大学章程的程序法治文化等在同当前的制度和文化体系中并未占得主导地位，与落后文化间的博弈中并未获得优势地位。在这种情况下，大学章程建设不力也就可以理解了。因此，对于我国大学章程建设的推动来说，舆论宣传的文化准备工作是一个必需环节。

（六）改革者与改革精神的整体匮乏

一部大学史就是一部不断改革创新的历史，而一批富有改革创新精神的大学校长成为这部历史的重要缔造者和书写者。可以说，大学校长作为一个特殊的角色，他们勇于变革的精神与推进改革的智慧成就了一次次大学组织的进化和飞跃。艾略特之于哈佛大学的选修课制度，蔡元培之于老北京大学的全面故革鼎新，刘道玉之于老武大建立学分制、转专业制、插班生制及取消政治辅导员制度，都反映了大学校长的改革开创精神对于大学发展的意义。正是从这一角度，王洪才教授坚持认为我国现代大学制度的建成离不开大学校长选拔制度的改革。[④] 而如今我国要引入大学章程治理，改革大学管理模式，同样需要有富有开创精神和智慧的大学校长来开启、引领改革之风。民国时期大学改革和发展，包括章程建设取得重大成绩，在很大程度上是得力于一批卓越的大学领导人。而反观现实，我们欠缺的正是一批具有担当精神、独立精神和改革精神的改革家型校长，欠缺的正是大学及大学人的批判与改革精神。勇于改革者和改革精神的整体匮乏，也阻碍了我国大学章程建设的进程。从这个角度而言，我们呼吁一批蔡元培式的、具有克里斯玛型人格特征的大学领导者来做改革的先锋。

---

① 缪榕楠．学术组织中的人[M]．南京：南京师范大学出版社，2008：22-31.

② 于阳．江湖中国——一个非正式制度在中国的起因[M]．北京：当代中国出版社，2006：98.

③ 刘道玉．中国高校之殇[M]．武汉：湖北人民出版社，2010：2.

④ 王洪才，张继明．高等教育强国与现代大学制度建设[J]．厦门大学学报：哲学社会科学版，2011(6)：119-126.

本节结语

大学章程建设已成为政府推动高等教育体制改革的“试验田”，无论改革的步伐有多大，政府确实在为大学章程建设提供着一定的适宜条件。考察新中国成立以来的高等教育发展历程，可以清晰地看见在高等教育改革进程中存在的“政府控制”特征，外力诱导、国家主治和精英设计是高校发展、变革的主体形式，政府控制及其对高校的权利赋予，是高校权利生长的外在空间。[①] 我国大学章程建设同样如此，是国家推动高等教育改革的重要举措，政府发挥着组织和推动作用。但由于传统体制并未发生根本转变，仍对章程建设存在着束缚作用，加之思想观念、思维模式、文化传统及利益关系等诸多因素的影响，我国大学章程建设在总体上距离我们的预期尚远，而归于根本，这种差距在于学术本位在章程建设中并未得践行；针对我国大学制度的深层问题、改革过程中长期悬而未决的关键问题，如价值取向问题、行政化问题、权力失衡问题等，大学章程尚未能提出合理的解决方案。简言之，当前我国大学章程仍未真正贯彻学术本位的大学逻辑，因而其推动大学回归学术本位的治理功能也不可能充分发挥。

① 吕继臣.中国公立高等学校法人制度研究[M].北京:北京师范大学出版社,2011:90.

第四章

全球视野中的大学章程建设

——基于大学章程文本的解读

大学章程对于大学的诞生和发展都发挥了重大作用。时至今日，大学章程是欧美国家实施大学治理以及大学自我管理的重要依据。除此之外，日本、澳大利亚以及中国的香港和台湾等地的大学，也都十分重视章程建设。目前，大学章程的建设已成为解决大学改革发展中面临的问题、提高大学办学水平和高等教育质量的重要举措，肩负着治理大学的使命。然而，现实中由于诸多因素的掣肘，我国大学章程建设实践并未取得预期效果，从而提出了进一步提高其科学性与实效性的要求。考察和借鉴国际上建设大学章程的先进经验，就有着重要的意义。本章对若干世界知名高校的章程进行文本的解读，考察其在保护大学学术本性、促进大学学术发展方面的作用及作用机制，发现其中可资借鉴的经验，以期推动我国当前的大学章程建设，提高我国基于学术本位的大学章程建设的成效。

由于各国各校的文化、传统差异，不同的大学章程其形式也有所不同，主要有四种情况：一是法令(Act)或宪章(Charter)，例如澳大利亚司法部门专门为澳大利亚国立大学制定的法令。Charter 是大学发展史上的特许状，如耶鲁大学的 Charter 历经多次修订至今仍发挥效力。二是章程，分为 Statute(呈现较多细节的章程)和 Constitution(侧重于组织原则的章程)。欧洲国家普遍使用 Statute，如牛桥、巴黎高师等；希伯来大学的章程则为 Constitution and General Statute。相对于重视细节的 Statute，Constitution 更像是组织大纲。三是次要法规(Bylaw)。美国大学的现行章程多为 Bylaw，因为在历史上曾经存在 Organic Act 和 Charter 作为其依据。四是准则(Guidelines)或行政指南(Administrative Guide)。如哈佛大学即是如此。上述章程、宪章、校规、规约、规程、条例等都有可能用来表达大学章程的内涵。① 本研究在分析各国、各地区章程时，以学术本位作为工具，大学自治、教授治学或治校、学术自由等则作为解读各文本的视角或维度。

第一节　基于教授治校理念的大学制度设计

——《柏林洪堡大学章程》文本解读②

1810年，威廉·冯·洪堡创建柏林大学。二战结束后，柏林一分为二，柏林大学也分离成两所大学：东柏林的老柏林大学和西柏林的柏林自由大学。1949年老柏林大学改名为柏林洪堡大学，以纪念大学的创始人洪堡。柏林洪堡大学被公认为老柏林大学的继承者，是德国十一所“精英大学”之一。③《柏林洪堡大学章程》(Verfassung der Humboldt-Universitat zu Berlin)于2005年11月22日分别获柏林洪堡大学全校大会与学术评议会通过和同意，以及校董会于2006年5月2日批准，再经柏林州政府高校事务主管部门核准，于2006年6月1日生效。《柏林洪堡大学章程》共10章45款，主要规定了大学与州政府的关系、大学组织机构及其相互关系、院系组织机构及其相互关系、整个大学范围内的组织机构之间的关系等几个方面；其他还涉及“成员制度与集体决策”“平等”“自治委员会成员的权利、议事规程和决定权”以及章程生效的条件。

一、在大学的使命上凸显了老柏林大学的传统

始于18世纪的启蒙运动所带来的理性主义思潮影响了欧洲大学理念。在此背景下，由施莱尔马赫、费希特和洪堡等人推动创立的柏林大学从一开始就深受理性主义影响，崇尚纯科学研究。洪堡确立的学术自由及“教学与研究相统一”原则成为柏林大学的主旨和文化传统，并对德国乃至整个世界的大学教育发展产生了重大影响。柏林洪堡大学继承并践行了这一古老而经典的大学传统。

在《柏林洪堡大学章程》中，有关大学的办学宗旨是以“序言”的形式出现的，

---

① 张国有．大学章程：第二卷[M]．北京：北京大学出版社，2011：1-2.

② 章程文本参照：张国有．大学章程：第二卷[M]．北京：北京大学出版社，2011：216；湛中乐．大学章程精选[M]．北京：中国法制出版社，2010：651．具体可见本书“附录2”

③ 2012德国十一所精英大学介绍[EB/OL]．http://ifc.nju.edu.cn/yuke/article_info.asp?id=582.

“洪堡大学坚持研究与教学的统一、学生与学者的共同体、学术自我负责和自主管理，因为学术离不开自由，自由离不开责任”，这样，大学章程明确规定了大学为学术共同体的组织属性及其内在要求：教学与研究相统一、学术自治和学术自由。值得强调的是，章程序言中还提到“经济标准与层级效率的逻辑”对大学产生的负面影响，反映了在德国教育财政困难的情况下，德国大学在依据市场原则提供有偿教育同维护教育机会公平、维护教育价值等不同取向间的矛盾。[①] 而在不同的价值取向之间，柏林洪堡大学明确以内在的学术价值作为办学的根本标准，体现了学术本位的大学逻辑。

大学的宗旨或使命标识并规定着大学的价值取向和办学定位，是大学改革和发展的坐标。柏林洪堡大学在其章程中首先确立了反映大学本质的核心价值观，从根本上确保大学在多元化取向之间保持清醒和理性，并建构起合乎大学逻辑的组织结构和制度体系，为大学提供合理而有效的行为规范。这在当代主流语境下，固守作为学术共同体、以学术进步为根本追求的大学理念，对于在追逐市场化与社会化洪流的大学能够保留一些“象牙塔”的核心价值观，有着重要启示。

二、在政府与大学的关系上突出了大学自治原则

在德国，几乎所有的高等学校都是由州创立，是国家文化机构体系的组成部分，由州政府资助和控制；20 世纪 70 年代，德国第一部《高等学校总纲法》将高等学校界定为公法的团体法人，从法律上确立了大学的社团法人性质。从管理的角度看，双重身份意味着对大学进行管理的权限也一分为二：作为国家机构的高等学校要服从国家的管理，而作为社团法人的高等学校又享有一定的自我管理权力。[②] 同时，德国的文化国家理念与传统，进一步为大学的自主自治和学术自由提供了空间。尽管经历了自 20 世纪末期以来的以“平等、竞争、效率、开放和自由”为目标的具有市场化特征的高等教育改革，但德国的文化国家传统和大学的国立基础并未根本动摇，而且进一步获得了在财政、人事等方面的自主权。[③]德国政府与大学之间的这种关系表现在《柏林洪堡大学章程》中。

---

① 杨军红. 菩提树下的思考——柏林洪堡大学的困顿与出路[J]. 全球教育展望，2004(9)：48-51.

② 陈学飞. 美国、日本、德国、法国高等教育管理体制改革研究[M]. 北京：教育科学出版社，1995：128.

③ 胡劲松，周丽华. 传统大学的现代改造——德国联邦政府高等教育改革政策评述[J]. 比较教育研究，2001(4)：6-12.

《章程》A 章“州与大学的关系”第 1 款“总则”中规定，“大学的人事、经济、预算和财政管理，学费征收以及健康医疗属于国家事务”，这既表明政府仍在很多领域对大学有着直接的控制权，同时也表明政府对大学具有经费资助与管理的责任。这种关系还明确地表现在《章程》第 B 章第 2 款“校董会的构成与选举”中，该款规定柏林洪堡大学校董会作为大学的权力机构“是大学的机构”；而根据《柏林高等学校法》规定，它还是“柏林州的机构”。这可以理解为：洪堡大学的权力机构校董会同时是柏林州政府的职能机构。在洪堡大学校长产生方式上，也体现了政府对大学的控制和大学作为国家机构的性质，章程规定“校长由州政府任命，副校长由柏林州政府的高等学校主管部门任命”，但章程同时规定“大学校长在接受任命后行使职权时维护大学的利益”[《章程》D 章 13 款(60 条)]，而校长首先由大学民主推荐的制度设计，使大学校长为大学的利益代言成为可能。

同时，章程又规定政府对大学的管理由“大学统一的管理机构与学术事务一起实施”，也即政府的大学治权在一定程度上让渡给了大学。而且，章程还规定州政府在对大学行使某项管理权之前，大学校董会有权提出意见和建议，进一步表明大学具有参与、影响政府决策的权利和空间，并拥有一定的自我管理的实际权力。而对于大学的自主管理，“州政府仅行使业务监督权”。国家让渡治权、大学实际享有自我管理权，体现了德国政府在文化国家理念下对大学的理性干预，符合大学自治的内在要求。包尔生指出：“柏林大学不仅被认定是国家的教育机构，还被认定为‘赋有特权的法人社团’，其最大的功能就是自由地追求知识。”①

正确处理好大学与政府之间的关系，是大学制度改革的首要内容。政府与大学关系的调整从根本上来说是一个政治制度改革问题，因为政校关系的改善意味着政府管理模式的改变，而这在很大程度上依赖于政府自觉，或者对政府权力进行有效规制。《柏林洪堡大学章程》关于二者之间权力配置的安排，兼顾了各自权力需求，确立二者的合理关系，为大学自治和学术自由的实现提供了可能的空间，而这也正是大学学术本位的反映。这对于我国大学章程建设科学界定政府与大学权责，有效协调二者关系以及对于政府在大学制度改革中的角色与职能定位等，具有一定的启示。

① [德]包尔生. 德国大学与大学学习[M]. 张弛，等，译. 北京：人民教育出版社，2009：74-75.

三、在大学组织结构上贯穿了教授治校理念

大学的组织结构是指大学的各组织机构及其相互间的关系，是大学办学理念在制度上的反映。符合大学内在逻辑的组织结构促进大学整体正向功能的发挥；反之则起阻碍作用。《柏林洪堡大学章程》详细地规定了大学在校、院、系各级的组织机构及其权责关系，为洪堡大学架构起了合理的组织结构。

（一）学校层面的组织结构

1.大学董事会的构成与运行反映教授治校理念

章程显示，柏林洪堡大学的校级组织结构主要由董事会、学术评议会、全校大会、校长、校务会与校务委员会等构成。前三者为校一级权力机构，后三者为下一级权力机构。其中，校董事会是大学“最高主管部门”，享有大学常规管理的主导权。但从其构成与权力行使来看，校董会的行政权力始终受到其他权力尤其是学术权力的约束。根据《章程》第2款规定，洪堡大学校董会由9名具备投票权的成员组成，其中，柏林州政府的高等学校主管和大学校长是当然成员，此外的7个人中，教授2名，学生代表、教学与研究人员代表、全校大会行政人员、州工商界代表各1名。显然，在洪堡大学的校董会构成中，教学与研究主体有4名，与其他各构成主体相比具有比例优势。由于校董会通过投票来实行集体决策，那么教学与研究主体作为学术权力的代表，不仅获得了表达学术意志的较大空间，而且能够基于学术利益对行政权力形成制约。更重要的是，董事会中当然成员之外的成员是由集中代表大学学术权力的“学术评议会”选举产生，这进一步体现了洪堡大学学术权力的重要地位及其对其他类型权力的约束。

在权力运行上，洪堡大学董事会负责大学的日常事务管理，包括确立大学的预算和发展规划、建立或废止学院与研究中心、制定收费条例、启动教授招聘程序以及对大学其他组织机构决议的审查等。根据《章程》规定，大学董事会的主席每学期都要向学术评议会进行一次工作汇报。学术评议会对董事会的部分职责（根据《章程》第3款规定的“校董会的职责”第1至6项、第13项职责，涉及大学预算、院系与研究中心的建立和废止、校级机构和跨学科中心的建立和废止、规费条例、课程设立与停止等内容）享有监督权和建议权，当董事会的议案获得学术评议会一致性意见时，董事会须遵照行事。[《章程》第B章3款(2)条]

2.学术评议会保障教授不仅“治学”还能“治校”

柏林洪堡大学的学术评议会并不是纯粹的学术权力机构，从其职权来看，在

学术和行政事务管理领域都具有决策权或建议权。但从组织构成来看，学术群体占有绝对的比例优势，又表明评议会的性质主要是学术权力组织。根据《章程》第C章第4款的规定，洪堡大学学术评议会的主体构成为教学与研究代表，在其25名正式委员中有17个教师和学术助理席位，另外有4个学生席位、4个大学其他职工席位。学术评议会的25名正式委员具有表决权，学术权力代表在构成比例上的优势决定了其投票权和表决权优势。

在学术评议会的议事过程中，校董会主席、大学校长、副校长、学术评议会各委员会主席、学院院长、研究中心主任、博物馆馆长等行政代表，均有列席会议的权利，具有发言权和动议权，即可就议题提出意见和建议，但他们不具有表决权。如此，通过对学术评议会的构成安排和议事规则的明确规定，确立了学术权力在处理相关事务中的决策权和主导权，并对行政权力进行了有效的规约，这就为大学实现学术本位提供了可能的空间。

从洪堡大学学术评议会的权限来看，学术评议会在学术事务管理中具有决策权，例如"学院的专业划分""教学、学习及考试基本规章，考试的程序规定""公布教授招聘职位和确定教授岗位要求""设置与撤销专业""重大研究项目的设立与分配""决定科研方针及原则""授予名誉教授"等。学术权力主导教学与研究过程，是大学学术属性的基本要求，是大学学术本位的核心内容。此外，在关于大学基本重大事务的管理中，评议会也具有决定权，例如"批准大学预算草案""批准高校与柏林州的协议草案""确定招生人数""决定绩效资金分配"等[《章程》第C章第5款(1)条]，因而从此角度而言，学术评议会行使的是大学一级的行政权，具有大学权力机构的性质。由于评议会在很大程度上反映的是学术意志，在行使大学行政管理权的过程中，能够有效保护大学的学术利益。同时，这也表明洪堡大学很好地继承了老柏林大学"教授治校"的传统，这启示我们对所谓"教授治学"进行反思。因为对于本质为学术组织的大学而言，"治校"与"治学"并不是截然分立的；人为地将大学治理分成"校""学"两部分，可能在很大程度上为行政权力的膨胀提供了注解。

3. 全校大会的构成和运行推动教授治校的实现

全校大会是柏林洪堡大学的重要权力机构，其人员构成同样反映出了学术群体的比例优势。据《章程》第C章第7款(1)条规定，在其61名成员中，学术评议会成员是当然成员，另外的36名成员中，教授席位占一半，学术助理人员、大学生和其他职工分别占有6个席位。相比学术评议会，全校大会中学术群体的代表所占比例更大，这也意味着学术权力在大学权力格局中的本体地位。

全校大会的职责包括“审议通过章程与选举条例”“决定副校长人数”“根据校董会建议选举校务委员”“讨论校务会年度工作报告”等。值得强调的是，全校大会有权决定国家授予或委托之权责的分配权，校董事会在对国家授权事宜进行决议时，需要以全校大会的分配方案为前提[《章程》第B章第3款(4)条]。因此，政府将部分大学管理权让渡给大学，而这部分权力的配置与实施则在很大程度上由全校大会负责，作为政府在大学的直接代言者，校董会则要受到全校大会及学术评议会的监督和约束。这就进一步体现了洪堡大学教授治校与大学自治的基本特征。

4.校长和校务委员会的产生、运行遵循教授治校原则

校长是柏林洪堡大学的法定代表，由校董会主管，负责大学的日常运转，对于校董会之外的机构的不当决议和举措，校长有权废止、改正。校长与3至4名副校长组成校务会，负责没有其他机构来管理的事务，或在紧急情况下代替相关主管机构对不可推迟履行的事项采取必要措施。同时，校务会有义务向学术评议会通报相关信息，且每年须向全校大会递交工作报告。也就是说，学术评议会与全校大会对校务委员会行使监督权，背后反映的是学术力量对行政权的约束。

根据《章程》第D章第13款(2)至(6)条规定，柏林洪堡大学的校长与校务会成员由全校大会选举产生。先由校董会与全校大会代表组成校长遴选委员会，由该委员会推选出校长与副校长的候选人，然后全校大会在参考校董会建议的基础上投票产生校长与副校长，进而组成校务会。全校大会推举出的校长和副校长经由柏林州政府、政府高等学校主管部门分别审核任命。也即，柏林洪堡大学校长选拔制度是校内选举与政府任命相结合，校长既要为政府代言，又要履行维护大学利益的义务。值得强调的是，全校大会不仅具有推选校长和校务会的权力，还具有弹劾校务会成员的权力，《章程》第D章第13款(7)条规定，“经全校大学三分之二代表投票表决，即可罢免校务会成员”。这样，就确保校长与校务会必须为全校大会负责，作为学术意志的代言人。这是大学实现学术本位的关键所在。

(二)院系层面的组织结构

1.院务委员会的构成确保“教授治院”

学院的最高决策机构是院务委员会，学院的院长、副院长均由院务委员会选举产生，委员会也有权以三分之二多数表示同意的情况下弹劾院长和副院长。除此外，院务委员会的职责还包括制定学院的结构和发展规划；决定学院的教学、课程、学术等基本事务，特别是负责教学与研究的协调；决定教授聘任和授予

大学执教资格；决定青年教授考评；制定学院的一揽子预算、岗位使用及分配事业费用；召集全院教师大会，等等(《章程》第E章第17款)。可见，院务委员会在财务、人事、教学与科研等方面拥有广泛的决定权，也就是说学院作为大学基层学术单位，具有较充分的自主空间，符合大学作为学术共同体的组织结构要求，是大学实现学术本位的重要表现。

院务委员会的人员构成是保障其基于学术本位而行使学院管理权的决定性条件。根据《章程》第E章第16款(1)(2)条的规定，院务委员会的13名成员中，包含7名教授，超过了总成员数的一半；在下设专业较多的学院，院务委员会成员扩大到19名成员时，教授代表随之增加至10个。这样的规则设计就为委员会集体意志成为教授意志的当然反映提供了基本保障。院务委员会召开会议过程中，校务会代表、人事部门代表列席，并具有发言权和动议权，但无投票表决权，避免干预学院自主。

同时，非院务委员会成员的教授，也有权参加院务委员会的议事，并对相关领域的重大问题有权提出建议。章程特别规定，在院务委员会就"教授聘任人选、青年教师考评、大学执教资格授予，以及执教资格与博士学位条例的确定等事宜"[《章程》第E章第16款(5)条]召开会议时，该院全体教师均有权列席会议并参与决策。广大教师参与行政会议，并就关系到院系发展的核心问题与自己切身利益的事项提出意见或建议，甚至参与决策，有利于保护教学与研究群体的合法权益。教师作为大学教学与学术主体，其基本权利的充分表达是大学学术本位的最终体现。

2.学院各专门委员会进一步贯彻教授治校原则

院务委员会设立专门委员会来承担起职权内的事务，较重要的有教学与学业常设委员会、科研与学术后备力量建设委员会、教授聘任专门委员会及大学执教资格评定委员会等。其中章程规定，在科研与学术后备力量建设委员会中，教授和"中层教师群体"至少各占三分之一的席位。在教授聘任委员会中，教授、学术助理人员和学生占有所有席位，但章程规定教授占有多数席位，后二者席位总数必须少于教授所占席位；同时，章程还规定，教授聘任过程中，委员会应吸收两名外部人员，或者需要专家外审，从而有利于聘任的公正性和科学性。在大学执教资格评定委员会中，具有表决权的只有教授和其他已经取得大学教师执教资格者。从专门委员会的构成与运行规则来看，以教授为代表的学术群体在教学、科研、教师评聘等环节具有充分的自主权和决策权，教授治校原则得到了进一步的贯彻。

（三）系所层面的组织结构

系所是学院下设的基层教学与研究组织，其组织结构与学院基本一致，由系务委员会、系所主任和副主任构成决策与行政系统。系所的主任、副主任由系务委员会选举产生，成为系务委员会委员，系务委员会同时有权通过多数票表决弹劾主任与副主任。系所主任在系务委员会决议基础上实施系所的管理。在系务委员会成员选举中，《章程》明确规定，主任委员或一名副主任委员必须是该系所的全职教授，同样，主管教学事务的副主任也必须获得至少一张学生选票。按照《柏林高等学校法》相关规定，洪堡大学系务委员会应包括 4 名教授和其他群体代表各 1 名，在系务委员会的选举过程中，如果一个系所的教授少于 4 名，如只有 3 名，那么教授成员的表决权要加权乘以因数 4/3，即一名教授成员的投票数相当于其他群体一名成员的 4/3 倍；以此类推[《章程》第 E 章第 24 款(3)(4)条]。这样设计的意图在于确保教授有力地参与表决决议，并掌握主动权，体现了在基层教学与研究组织中教授治校的精神。

本节结语

《柏林洪堡大学章程》开篇明确了大学作为学术共同体的属性，明确了大学以教学和研究为使命，以学术自由和民主自治为治理理念。在大学价值取向多元化的时代，柏林洪堡大学的“宣言”为大学提供了一种必需的精神范式。

大学自治、教授治校与学术自由是永恒的内在要求。《洪堡大学章程》通过对大学治理结构的设计，对政府与大学、大学内部各层类组织机构的关系进行了合理安排，保障大学在与政府正确处理相互关系的基础上，获得了自主自治的较大空间，尤其是通过组织结构设计，形成了一种相互制衡的内部治理结构，加之民主管理作为洪堡大学内部治理的显著特征，有效地规制了政府权力和行政权力；尤其重要的是，通过制度设计，学术力量在柏林洪堡大学运行与内部管理中占有主动权乃至决策权，促使教授治校的传统得以贯彻实施，提供学术自由的必需空间，这是柏林洪堡大学章程最能体现学术本位之处。总的来说，柏林洪堡大学的管理模式表现出鲜明的学术本位特征。其中，洪堡大学在组织结构上的巧妙设计有效地保障了教授治校，这是尤其值得我们借鉴之处。

第二节　行政主导下学术权力的有效运行

——《巴黎第一大学章程》的文本解读①

巴黎大学是一所享有国际盛誉的大学，其前身索邦神学院成立于12世纪初，1180年法国皇帝路易七世授予其“大学”称号，与意大利的博洛尼亚大学和萨莱诺大学并称为欧洲最早的三所大学，被誉为“欧洲大学之母”。在法国高等教育改革过程中，巴黎大学于1971年分化成13所独立的新大学。今天狭义的巴黎大学是指13所各自独立的巴黎第一至第十三大学，广义的巴黎大学则包含全部这13所大学。②③ 巴黎第一大学即“先贤祠-索邦大学”，是一所以文学、法律、政治、经济与管理科学见长的大学。巴黎第一大学在教育教学上奉行精英教育传统，在科学研究上以达到国际最高水平为目标，并以其卓越的教育品质和研究水平跻身世界一流大学之列。《巴黎第一大学章程》分为“序言”和正文，正文包括5编36条，在确立达到国际最高水平的总目标基础上，阐释了教学、研究、继续教育和国际关系等方面的使命，并对第一大学的教学研究机构、领导决策机构及相关制度作出了详细的规定。

一、大学的定位与使命

科学而明确的定位是大学发展的基本条件，因为定位决定着大学发展的目标与模式。巴黎第一大学在其《章程》“序言”中明确规定了大学的性质与定位，即“多学科的、尤以社会学专业见长的”，具有“科学、文化性质的公立机构”。大学作为“科学、文化性质”的机构，既是对大学作为一个学术组织和文化组织的属性规定，又确立了大学促进科学与文化进步的办学目标；而作为一个“公立机构”，则决定了大学的使命在于“实现包括教育、研究和传播知识文化在内的公共服务职能”，并依赖于“公共资金”（《章程》1编1、2条），即大学经费源于政府财政，因而大学背负的是公共责任，它不是一个追求私利或小集团利益的机构。“多学科、尤以社会学专业见长”，则在很大程度上表明大学的学科建设方向，即

---

① 本章程文本来源：张国有．大学章程：第二卷[M]．北京：北京大学出版社，2011：190．

② 王晓辉．步履蹒跚　依然优秀——巴黎索邦大学创建800年之思考[J]．比较教育研究，2004：56-63．

③ 朱桦，巴黎索邦大学[J]．世界教育信息，1996(5)：28-30．

在兼顾多学科发展的基础上追求“社会学专业”卓越。《章程》“序言”中还指出，巴黎一大尊重和保护“知识的客观性与观点的多样性”，大学“不受任何政治、经济、宗教和意识形态的影响”，对于损害大学自由的行为将予以制裁。这反映了学术自由的信念。如此，《巴黎第一大学章程》的“序言”部分实际上确立了整个章程制定过程所必须遵循的主旨精神，也为大学的改革和发展确立了思想和行动的基本范式，包括：科学与文化组织属性、公共责任、学术自由。

《章程》第 1 编“使命”是对巴黎一大办学使命的具体化。其中，章程对大学作为学术机构的原则做了进一步规定，指出“本大学是从事科学研究的场所”，大学应“出版著作和成果，以确保知识和科技的传播”（第 4 条），这再次表明了大学的学术天职。为了促进科学研究和知识发展，“本大学与其他承担同样任务的机构合作”，大学之间建立战略联盟以推动实现协同创新，确实已经成为一个重要的趋势。大学应保持与职业界、产业界的合作，但前提是“尊重独立和教学研究目标”（第 2 条）；大学可以与相关机构签署合作协议，使研究成果实现“增值”，但前提是符合相关规章制度（第 4 条）。这既表明了大学的社会责任，又说明大学在社会服务过程中恪守基本的组织原则，因为大学在与外界尤其是产业界合作过程中，往往会发生价值迷失和不当使用专业权的问题，如何处理好大学与市场之间的关系，如何协调学术自身价值及其外在价值的关系，如何加强学术论理与道德的规范作用，是当代大学所共同面临的问题，如此等等。另外，《章程》强调大学作为一个教育机构的职责，例如，“在高等教育大众化趋势下，以培养尽可能多的高素质大学生为目标”，反映了巴黎一大在大众化背景下对精英教育原则的坚持。为此，《章程》特别强调了“课程设置”“教育组织化”“多学科教育的重要性”（第 2 条）。

通过章程对大学使命的具体化规定，巴黎第一大学作为一个教育和学术组织的性质进一步明确；关于大学的宗旨、使命、责任等不再仅仅停留于理念层面，而是转变为清晰可见的规则、条例，更好地成为大学及其各利益相关者的行为依据，并最终促使大学良性文化的建构。《章程》“序言”与“使命”中所反映出的大学独立、学术自由及其教育与学术责任等，正是大学学术本位的体现。

二、大学的组织机构

（一）具有自治权的教学与科研机构

《巴黎第一大学章程》对大学的院、系所及研究中心等教学与研究单位的规定非常简单，更多的是对大学的决策、行政机构的规定。但在不多的有关教学研究单位的规定中，却包含了一个非常关键的指导原则，就是教学与研究单位的“教学和科研自治权”。根据《章程》第2编第8条规定，巴黎第一大学由教学科研单位、实验室、研究中心及研究院组成，并设有行政部门、公共机构。其第9条“各组成部分（即教学科研单位、实验室、研究中心和研究院，作者注）的教学和科研自治权”规定，以上各组成部分遵照教学科研政策拥有教学和科研自治权。而且，此处的教育科研政策是由国家批准生效，因而成为大学与教学科研单位之间、教学科研单位与大学之间的具有很强规制效力的合同。作为大学的基层教学与科研组织，其自治权获得了可靠的制度保障，整个大学的学术自治和学术自由也就具备了可能的基础。建构起学术自治与学术自由保障机制，是大学学术本位内含之义。

（二）以行政权为主导而体现学术本位的领导决策机构

巴黎第一大学的领导决策机构非常简明：大学校长与三个委员会，即行政管理委员会（C. A.）、科学委员会（C. S. ）和大学学习生活委员会（C. E. V. U.）。其中大学校长对大学的事务管理拥有决策权，行政管理委员会拥有审议权，科学委员会与大学学习生活委员会具有建议权。在整个大学权力运行中，行政权力是主导，但这并没有导致行政权力侵害其他权力运行，大学的权力秩序仍体现学术本位原则。

1. 校长选拔方式民主、开放，且秉持学术性取向

在巴黎一大，校长是大学的法人代表，是大学的领导者。按《章程》第3编第15条规定，校长由行政管理委员会选举产生，且校长候选人必须属于“教师-研究员、研究员、教授、讲师或其他同类人员”系列，也可以是合作交流人员和访问学者，国籍不限。候选人获得行政管理委员会超过半数的选票即可当选。这表明：巴黎第一大学校长的选举具有学术性取向，因为章程规定了校长候选人为学术群体人员；校长选拔是公开和开放的，甚至是有国际视野的，除了巴黎一大本校人员，合作交流人员和访问学者都可参选校长，且不限国籍；此外，校长选拔还是民主的，以集体投票的方式来决定校长人选。“学术性取向”“公开和开放性”“具有国际视野”“民主”这是巴黎第一大学校长选拔的几个关键词，构成了一个科学合理的大学校长选拔模式。如此产生的校长才更可能作为大学虔诚的一份子，向大学负责，真正以促进大学进步为使命；这样的校长才更能够理解和尊重大学的个性，进而在行使决策权、管理权的过程中以大学运行的内在要求为依据，推动大学实现学术本位，最终领导大学走向更为卓越。建立合理的大学校长选拔制度是大学制度改革的关键。

2.行政管理委员会的构成与运作体现了教授治校和权力制约的原则

(1)在构成上,反映学术群体声音。从行政管理委员会的构成来看,30名成员中,学术群体代表14名,其中包含7名教授或教授级别的代表;另外16个代表名额分配于学生、职员、校外人士等。校长实际上作为委员会的当然成员,并有权主持委员会。校长主持委员会有利于提高委员会的工作效率。此外,按章程规定,教学科研单位、研究院的主管或负责人虽也有机会参与行政管理委员会召开的会议,但不具有投票权。总的来说,学术力量在行政管理委员会中占有接近一半的席位,他们是广大普通的教学与研究工作者的代表,将为大学的教学与学术发展提供建议和行使职权。值得再次强调的是,委员会集体行使职权的方式在很大程度上使得来自教学与学术群体的委员真正能够通过行使行政权来服务于学术进步。

(2)在运行上,制约校长领导权。按照章程规定,巴黎一大的三大委员会由校长领导(第16条),但章程第17条表明,校长在采取司法行动时需要经行政管理委员会批准;就某些协定和协议,校长有提议权,审批权却属于行政管理委员会;校长的部分权限属于行政管理委员会授权,在授权范围内校长应就其所作决策向委员会汇报;校长的年度工作报告也需要委员会审批。此外,行政管理委员会还有权审批预算、审核通过校内条例和考试规章等权力。可见,校长一方面作为大学的最高领导者,另一方面又受到行政管理委员会的约束。这种相互制衡的权力格局既有利于推动校长职权正向功能的发挥,又有利于避免校长专权及不正当行使职权。同时,按章程规定,行政管理委员会采取超过半数在任成员投票通过的方式来审议相关决议(第5编36条),集体行使职权的方式有利于决议的科学性,在一定程度上避免了委员会中包括学术人员代表的委员个体基于个人权力的动机来利用行政权力;同时,这也是校长权力与委员会的权力形成良性互动的客观要求。这对于我国大学"去行政化"具有一定的启发意义,例如我国大学中学者"从政"后往往不能成为学者群体的代言人,原因之一就是缺乏集体行使职权的机制环境,对权力不能形成有效约束。

3.科学委员会实际上掌握着大学学术管理的主动权

巴黎第一大学科学委员会是负责"发掘本大学研究潜力"的机构,在人员构成上具有鲜明的"研究性"色彩,即在其40名成员中,除了不属于教学科研系列的3名"工程师和技师代表"(《章程》第3编27条)和1名其他人员代表外,都是具有正式研究资格和一定研究能力的成员,例如教授、研究员、博士生等。使4名校外人士也都是与"研究"有关的代表,如"对研究做出贡献"者、隶属于"国家研究机构范围”者、“在某一组织中负责或曾负责研究和其研究在企业中增值”者等。“研究者”构成科学委员会的绝对主体，符合科学委员会的机构性质和使命，因为研究者才是科研与科研管理的“内行人”。

在职责上，科学委员会负责确定大学的研究政策，预审科研队伍建设，评审科研申请、制定科研经费在各教学研究单位及研究者之间的分配方案，以及检查关于改善研究质量的事项。在人事方面，科学委员会就教师与研究员的调动和晋升、学术序列的准入、实习讲师正式任职、教学研究临时人员招聘等问题提出意见和提供咨询，但没有决定权。

在巴黎第一大学，尽管科研事务主要由科学委员会来负责，但该委员会在很多时候仅具有建议权，而不具有决策权。因为在巴黎第一大学，决策权和审议权属于校长和行政管理委员会，可以说，巴黎一大在很大程度上是属于行政权力主导的大学，然而巴黎一大能够成为一所具有卓越研究能力的高水平大学，按大学发展逻辑可以认为，该大学科学委员会关于大学学术事务的建议是专业的、科学的、负责的，是符合学术发展规律的，属于内行人规划和治理学术；同时也说明，行政管理委员会在行使审议权、校长行使决策权时，对科学委员会的建议是充分尊重并积极促进科学发展计划向实践转化的，也就是说大学的行政权力成为学术发展的促进者，在实际上行政与学术之间是一对服务和被服务的关系，学术处于本位的位置，这与行政主导的美国大学模式相近。可以认为，按章程规定只享有建议权的科学委员会在实质上掌握着巴黎一大的学术主动权。行政权力保障学术权力，促成学术目标与学术利益，这正是大学学术本位的另一重要表现。

4. 大学学习生活委员会的构成有利于表达教学主体的意志

大学学习生活委员会的职责是检查课程计划、教育评估、与教学相关的协议等事项。就学生就业指导、学生文化生活和学习条件、学术的自由等问题，“它可以就其职权范围内的所有事务提出愿望”（章程第 3 编 23—24 条）。在其人员构成中，教师与学生代表各占 16 个名额，占总人员的 80%。与其他委员会相比，学生代表在学习生活委员会中的比例大大提高，充分显示了学生在学习与学生生活领域的主体性和核心权益；与其他群体代表相比，教师代表占有较高比例，说明了教师作为教学主体、作为学生发展的直接合作者在大学生学习与生活领域中的重要性。教学主体具有充分的利益表达渠道，这是大学学术本位的核心内容。同样，在权力运行上，该委员会享有的是建议权，校长和行政管理委员会根据其建议作出决策并监督执行。

三、大学的共同治理

(一)校外人士加入大学各委员会,参与大学管理

巴黎第一大学非常重视引入“校外人士”参与本大学的治理。根据章程第3编18条规定,行政管理委员会的30名成员中,包含8名校外人士,包括1名大巴黎区代表、1名巴黎市政府代表、1名企业领导人、1名具有工会工作经验的社会界代表,以及4名“为基础教育或职业教育政策,为科研或为学生生活做出贡献人士”;根据21条规定,科学委员会的40名代表中,有4名要求具有研究能力或研究管理经验的校外人士;第23条规定,大学学习生活委员会中也包含4名校外人士,其中包括巴黎地区大学和学校事务中心的代表、涉及教育领域的工会组织代表和雇佣者组织代表等。

各委员会吸收校外人士参与大学管理,并委以其职责,是有着相关教育法典规定为依据的。法国《高等教育法》明确表示大学应允许外部人士参与管理。① 为了更好地发挥校外人士在委员会中的作用,章程还就校外人士加入委员会的规则进行了规定,如“雇佣者与雇员代表均等原则”(《章程》第4编33条),这就为雇、佣双方提供了均等的表达各自意志的机会,等等。校外人士参与,从现实角度而言,有助于大学相关工作的顺利开展,例如雇佣者组织代表、企业领导人的参与,对于重视大学生就业,将大学生就业指导、职业规划、实习实训作为重要工作的巴黎一大来说,显然是有利的;从大学管理的角度而言,由于大学社会性角色与职能的不断强化,大学走向利益相关者共同治理以及是大学管理模式转变的必然趋势,引入校外人士参与大学管理正是这种模式转变的反映,有利于大学在追求学术进步的基础上履行社会公共职责,同时也有助于避免大学专业权力的自私,促成大学内、外部价值的共同实现。

(二)政府设置科学咨委会,支持大学自治和提高学术权力地位

法国政府非常重视大学的研究工作,根据《章程》第5编35条规定,“国家大学委员会”(C. N. U)在每一座大学或大学联盟总部设立一个科学咨询委员会,就大学的研究和研究人员招聘事宜提供咨询。该委员会由所在大学按相关规定组成,其基本原则是由教学与研究人员按“教授与讲师人数对等原则”选举产生。由此可以认为:其一,该委员会由学术群体代表构成,体现了学术权力为本;其二,对等原则有利于保护年轻教师和低职称教师的应有权益,防止在教授和前者

① 马陆亭,范文曜.大学章程要素的国际比较[M].北京:教育科学出版社,2010:9.

之间形成资源与利益分配的不公平；其三，科学咨询委员会是政府在大学里的委托性机构，表明了政府对大学研究的重视和支持，在实际上提高了学术权力在大学权力格局的地位和影响。这都是大学学术本位在制度上的具体表征。

国家治权的涉入还体现了政府作为大学利益相关者的大学治理职责，同时由大学自身组成咨询委员会又体现了政府对大学自治的尊重。从某种程度上说，科学咨询委员会的组织和运行反映了巴黎第一大学与政府之间关系的一种安排，即国家授权大学实施自主管理。所以，尽管法国的大学（在法国，所有大学均为公立机构，私立教育机构不得冠以“大学”之称号）为国家所有，但大学并非完全受国家控制，在国家规定的范围内具有自主的内部管理权。这意味着在法国集权式的体制环境下，国家对大学的管理是以尊重大学的组织特性为前提的，在相当程度上达到了一种善治的效果，这正是大学实现学术本位的关键。可见集权体制与大学的民主自治并不是必然的对立关系。政府基于管理智慧的善治之可能，为大学积极与政府进行博弈并征得自治权提供了意愿上的期望和实践中的空间。

本节结语

大学章程建设是一个大学文化的建构过程，章程关于大学性质及使命的定位，对于形成正确的大学文化认知具有引导价值。《巴黎第一大学章程》明确了大学作为“科学与文化组织”的属性和履行学术与教育的“公共责任”，强调大学独立和“学术自由”，从根本上说这正是学术本位的大学逻辑。

在组织机构方面，《巴黎第一大学章程》一方面明确赋予了基层学术组织的学术自治权。另一方面，确立了以行政权力为主导、以行政权力保障学术权力从而使学术组织获得学术管理实质权力的组织结构，即学术权力在大学权力格局中虽不处于支配位置，但具有充分运行的空间，其重要表现就是从各委员会的构成与运行来看，学术群体具有较充分的大学管理参与权，在集体投票决策机制下，学术意志获得较充分的表达机会。这是大学学术本位在大学组织结构上的重要体现。

法国的教育管理体制具有显著的集权特征，政府直接干预大学既是一种政治权力，也是一种教育管理的传统。[①] 但从《巴黎第一大学章程》中关于“科学咨

① 萧宗六，贺乐凡. 中国教育行政学[M]. 北京：人民教育出版社，1997：31.